北京师范大学史学文库

中华传统文化探幽

汝企和　著

商务印书馆
2008年·北京

图书在版编目(CIP)数据

中华传统文化探幽/汝企和著.—北京:商务印书馆,2008
(北京师范大学史学文库)
ISBN 978-7-100-05574-1

I. 中… II. 汝… III. 传统文化—研究—中国 IV. G12

中国版本图书馆 CIP 数据核字(2007) 第 117285 号

ZHŌNGHUÁ CHUÁNTǑNG WÉNHUÀ TÀNYŌU
中 华 传 统 文 化 探 幽
汝企和 著

商 务 印 书 馆 出 版
(北京王府井大街36号 邮政编码100710)
商 务 印 书 馆 发 行
北 京 龙 兴 印 刷 厂 印 刷
ISBN 978-7-100-05574-1

2008年6月第1版 开本 880×1230 1/32
2008年6月北京第1次印刷 印张 10 ⅛

定价:21.00元

《北京师范大学史学文库》总序

北京师范大学历史学系是中国高校最早形成的系科之一，由1902年创办的京师大学堂“第二类”分科演变而来。1912年称北京高等师范学校史地部，1928年单独设系。1952年院系调整，北京师范大学历史学系与辅仁大学历史学系合并。北京师范大学历史学系的师资力量与综合实力，由此得到了前所未有的加强，为日后的发展奠定了良好的基础。

在百年的演进历程中，一批享誉海内外的著名学者，如李大钊、钱玄同、邓之诚、朱希祖、王桐龄、张星烺、楚图南、陈垣、侯外庐、白寿彝、柴德赓、赵光贤等，先后在北京师范大学历史学系辛勤耕耘。经几代人的努力开拓，北师大历史学系学术积累丰厚，学风严谨，久已形成了自身的优势与特色。

如今的北京师范大学历史学系是我国历史教学与研究的重镇，学科门类大体齐备，师资力量较为雄厚，既有国内外知名的老教授何兹全、龚书铎、刘家和等，又有一批崭露才华并在国内外史学界颇具影响的中青年学者，综合实力居全国高校历史学科前列。在教学方面，我系的课程改革、教材编纂、教书育人，都取得了显著的成绩，曾荣获国家教学改革重大成果一等奖。在科学研究方面，同样取得了令人瞩目的成就，如由白寿彝教授任总主编、我系众多教师参与编写的多卷本《中国通史》，被学术界誉为“20世纪中国史学的压轴之作”。其他教师的学术论著也多次荣膺国内外各类学术奖项，得到学界好评。

北京师范大学历史学系业已铸就自己的辉煌，但学术的发展无止境。今天，中国社会政通人和，学术研究也日新月异，我们又面临着新的挑战与机遇。为了更好地传承先辈学者的治学精神，光大其传统，进一步推动学科与学术的发展，本系决定编辑《北京师范大学史学文库》，陆续出版我系学者的学术论著，以集中展示北京师范大学历史学系的整体学术水准。同时，相信这也将有助于推动我国历史学的发展。

商务印书馆向以奖掖学术、传播文化著称，此次《北京师范大学史学文库》的编辑出版，也承蒙其大力支持。在此，谨致由衷谢忱！

《北京师范大学史学文库》编辑委员会

目　录

自　　序

本书名为《中华传统文化探幽》，中华传统文化是睿智的先哲留给我们的极为珍贵的财富：在政治方面，有二十四史、《资治通鉴》等——它们详细而生动地记述了千百年来王朝更迭的经验教训，以今观之，实为管理学的最佳课本。

军事方面，《孙子兵法》早已引起国外军事家的瞩目；现在仍有定期召开的世界性的《孙子兵法》研讨会；有些国家不但视之为军事宝典，而且将其运用于商界；我们的先人还留下了《孙膑兵法》、《武经七书》等诸多经典的军事专著。

哲学方面，《老子》在全球有几十种译本；《周易》越来越吸引各国哲人的目光——它们以及先秦诸子的著作中，蕴涵着极为深邃的哲学思想，后世思想家的传注，又不断丰富、发展着这些思想，从而形成了涵盖各个领域的思想宝库。

医学方面，则有《黄帝内经》、《伤寒论》、《神农本草经》、《针灸甲乙经》等众多流传千载的名著，时至今日，它们仍在诊病、治病方面发挥着重大作用。

此外，在建筑、烹饪、养生、美术、音乐等诸多方面，先人都为我们留下了珍贵的遗产，历经劫难而流传至今的十余万种古籍中深藏着各个领域的奇珍异宝，它们时时在呼唤着我们去发掘。

然而从上个世纪起，几代国人所受的都是近乎全盘西化的教育，那场史无前例的浩劫更在“打倒封资修”的“革命”口号下，摧毁了无数灿烂文化成果，其结果是祖国优秀的传统文化受到不应有的冷落与忽视，乃至当今有些年轻人说得一口流利的外语，写起中文来却是别字连篇，更毋庸说弘扬传统文化了。故而在今天，弘扬传统文化的任务就显得格外紧迫与繁重。而为完成这一任务贡献微薄之力，正是撰著本书的主旨所在。

传统文化内容极为丰富，涵盖了社会的各个领域，本书则主要围绕着她的一个重要方面——文献学的内容展开。文献学是一门古老而又新兴的学科——说她古老，是因为这方面的实践已在中华大地上延续了两千余年；说她年轻，是因为其理论体系的真正建立，仅始于二十几年前，而迄今仍有诸多方面尚待完善。文献学又是一门通史性学科，即文献学史的研究囊括了上至先秦，下迄当代两千余年的历史，故而至今仍有许多处女地尚待开垦。本书即试图探索一些以往学者甚少耕耘的领域，完善一些文献学理论。

本书由三部分组成：文献篇、校勘篇与教学篇。

文献篇主要是笔者对历史上某些文献的研究。

对文献的研究是文献学的重要内容，对单篇文献的研究则是探讨中华文献发展史乃至文化史的基础。本篇首先对汉代两篇尚少为人关注的术数文献进行了探讨，并进一步研究了孕育这两篇文献的社会背景。纵观中华几千年文明史，术数文化与儒学文化相比，一直处于非正统、非主流的地位，然其在广大民众中的影响力，却丝毫不逊于后者，因此对术数文化的研究，往往可以揭示出在研究儒学文化时所不易发现的中华民族文化、民族心理方面的某些表现与特征，这正是研究术数文化之深意所在——它为我们提供了考察中华传统文化的新视角。多年来由于极左思潮的影响，术数文化几乎成为学术禁区，甚少有人涉足，故诚望本节能够成为引玉之砖，使更多人关注与研究术数文化。

《续编两朝纲目备要》是研究南宋史的重要史籍，笔者在读研期间即选中此书作为毕业论文的题目，对其标点校勘于前，而探索研究于后。书中所收，就是对这部史籍名称、成书年代、史料价值诸问题的探研结果。

《宋史》是二十四史中卷帙最长者，因成书仓促，故其"舛谬不能殚数"(《四库全书总目》卷四六)，一向受到后世学者的尖锐批评。虽经许多著名学者点校，然因点校正值"文革"期间，故此留下颇多缺憾。《〈宋史〉校勘记补遗》即试图部分地填补这些缺憾。

《四库全书》是治史者经常翻检的重要史料书，尤其是近年来其电子检索版问世后，更为学者们带来巨大便利，也使人们查找它的频率大幅度提升。然从文献学角度考察，其版本绝非上乘，而是存在诸多问题。本节即通过解剖其中的一部史籍，管窥《四库全书》在版本方面存在的种种问题，以期进一步引起使用者的警觉；然后又对这些问题一一剖析，探寻其形成的学术原因与社会原因，以便为今日之修书取鉴。

校勘篇主要探讨了宋代中央政府的校勘活动。

校勘是对以往书籍在流传过程中所产生的种种讹误进行查找和纠正的工作。我国古代先秦时期随着典册的日渐增多，就已出现了校勘工作，然其真正繁荣却是在千余年后的宋代才出现的。本篇将展现两宋官府(主要是北宋时期)对经部、史部、子部、集部，以及各部综合等方面典籍校勘及刻印所取得的卓越成就，并深入探讨其成因。这些成就对我国各部书籍的发展，乃至中华传统文化的传承，都起到至关重要的作用，成为宋代文化中极为璀璨的篇章。

本篇的研究方法是将宋代校勘事业放在整个社会的大背景下考察，力求探寻出社会的各个领域及层面，如学术的发展变化、社会思潮、重大科技发明、最高统治者的思想倾向等等，对校勘事业发展所产生的种种影响，以便为今后之校理群书借鉴。

本篇在运用史料方面所使用的方法，即统计出宋代官府对各部书籍的校勘次数，则可谓是既笨拙又危险——笨拙在于运用这种方法，必须搜检清楚每一次校勘的具体情况，并需要对史籍中相互矛盾的记述详加考证，去伪存真，而不能有一丝一毫的取巧；危险则在于，印刷术在宋代已广泛使用，因而流传下大量文集、笔记等各种文献，已可称之为浩如烟海，人们在查阅时难免有所疏漏。然而不使用这种方法，对宋代官府校勘的研究就将永远停留在雾里看花的状态，难以有突破性进展。因此现在呈现在读者面前的，与其说是成果，毋宁说是供后来者“攻击”的靶子——这种“攻击”越多，则这方面的研究也将越深入。

书籍搜求是校勘的前提条件，也是高质量校勘的根本保障。北宋太祖、太宗两朝在寻访书籍方面多有创获，为当时乃至整个北宋时期的校勘奠定了良好基础。故本书对宋初两朝的搜求情况亦加以考察研究，并附于校勘之后，以期使读者对宋初访求书籍的情况有所了解。

宋代官府校勘在取得卓越成就的同时，也提供了丰富的经验，其中大部分对今日之集体校勘仍颇具启迪意义。而这些经验中最引人注目者当属北宋君臣将传统医学的理论视为治国方略，而且这种看法至少在汉代就已经萌芽了——今天有不少科学家预言21世纪将是人体科学的世纪，而早在20个世纪以前，中华的先哲就已经认识到人体的规律中，蕴涵着宇宙运行的规律；至一千年前的北宋，其最高统治集团更从哲学的高度看待传统医学的理论，并从中领悟治国之道，从而造就了北宋医书校勘（与刻印）的繁荣。这种对中医理论的认识，具有深刻的哲学意蕴，可谓是传统文化中之又一闪光点。这种认识即使在今日也仍是发人深思的。

教学篇是笔者多年从事"中国历史文选"课教学的一些总结。"中国历史文选"是我国各大专院校历史系的重要基础课，更是研究传统文化与从事文献学工作必不可少的基石。因此这门课授课质量的优劣，直接关系到中华文化的传承，关系到文献学人才的培养，乃至文献学今后的命运。本篇探讨了这门课的教材、教学方法，并对这门课的创始人陈垣先生的教学理念、教学方法、教学经验进行总结；最后对此课教学改革的前景予以展望。

本书中的绝大部分内容，都曾以论文的形式发表，且其中多数发表于核心期刊。

全书最后附上一篇纪念家父家母的文章——笔者之所以能够取得一些成绩，除了党和国家的培育外，首先应当归功于我的双亲——他们不但把我带到这个世界上，更给予我良好的教育和无忧无虑的童年。他们的养育之恩令我没齿难忘，他们的人格魅力和为事业献身的精神更是激励我永远奋进的无穷动力！

此外，这篇文章还表明作学问天资固然重要，锲而不舍则更是事业成功的首要条件（这篇或许是全书中可读性最强者，读者不妨先睹之）。

本书在时间与空间上均有很大跨度，笔者自知才疏学浅，不当之处在所难免，最真诚地盼望得到方家的赐教！

汝企和

丙戌年仲春

文 献 篇

第一章　汉代文献研究

第一节　《骨相篇》与《相列》产生之背景研究

东汉著名思想家王充的《论衡·骨相篇》与王符的《潜夫论·相列》都是探讨相人术的专文，其产生背景就是在当时流传较广的相人术。因此欲对《骨相篇》与《相列》有更为深刻的理解，就必须对汉代的相人术进行考察与研究。

钟敬文先生曾指出："要搞好中国民俗学的学问，就一定要深入进行中国民俗学史的建设。"[①]相人术是我国民俗的重要内容之一，由于种种原因，对其发展史的研究迄今尚属鲜见。笔者迄今未见有专门研究汉代相人术的论文。祝平一先生的《汉代的相人术》对相人术的社会功能、意义多有研讨，故本节在这些方面从略，而详于从相术自身之发展史的角度揭示其文化内涵及其对汉代社会的影响诸方面进行探研，对与祝先生观点相异处（如相工问题、圣人异相问题）尤详之，以期最终揭示《论衡·骨相篇》与《潜夫论·相列》产生的深刻社会与文化背景。

---

① 见钟敬文为《先秦民俗史》所作序，载晁福林：《先秦民俗史》，上海人民出版社2001年版，第3页。

一

在相人术的方法与种类方面，汉代对先秦既有继承，又有发展，兹分四方面述之。

其一为相面。相面是相人术的大宗，又可分为相形与相气色两大类。相形在汉以前已出现，如："平原君对赵王曰：'……臣察武安君之为人……小头锐上，断敢行也；瞳子白黑分明者，见事明也。'"①

至汉代则进一步发展，如："世祖（即东汉光武帝）为大司马……（朱）祐侍宴，从容曰：'长安政乱，公有日角之相，此天命也。'"②"郑玄《尚书中候注》云：'日角谓庭中骨起，状如日。'"③在古代相术中，人前额正中自上而下名为"天中"、"天庭"、"司空"、"中正"，"庭中"应即为此处④。后世相书中"日角"是指"左眉上隐起者"，与汉代不同⑤。

又如相工茅通见到一位十三岁女孩时，大吃一惊，"再拜贺曰：'此所谓日角偃月，相之极贵，臣所未尝见也'"。后此女成为梁皇后。⑥ 此处之"日角偃月"盖指人的前额"庭中骨起"，状如新月之形。

再如李固："貌状有奇表，鼎角匿犀，足履龟文，公侯之相也。后果为汉太尉。汉太尉，三公也。"⑦

---

① 《太平御览》卷七二九。

② 《后汉书》卷二二《朱祐传》。

③ 《后汉书》卷一上《光武帝纪》注。

④ 麻衣道者：《麻衣评释》，北京华语教学出版社 1993 年版，第 15、20 页。

⑤ 《人伦大统赋》卷一。

⑥ 《后汉书》卷一〇下《顺烈梁皇后纪》。

⑦ 《新编分门古今类事》卷九《相兆门上》。

又如名将班超："相者指曰：'生燕颔虎颈，飞而食肉，此万里侯相也。'"①

有些相面更为某种特征即对应某种特殊的命运，最典型者即许负相周亚夫："君后三岁而侯……其后九岁而君饿死。亚夫笑曰：'……然既已贵如负言，又何说饿死？指示我。'许负指其口曰：'有从[纵]理入口，此饿死法也。'"②

许负所言"纵理入口"，是指人从鼻侧长出的法令线，其末端弯入嘴角。清代相书曰"(腾)[螣]蛇入口，饥死饿殍"，即为此种情况。③

相面的另一大门类是相气色，如《宋史》中就著录了《气色经》一卷、《相气色诗》一卷、《相气色面图》一卷，等等④。这一门类在先秦也已出现，如："师旷见太子晋曰：'汝声轻浮，汝色赤——火色不寿……"⑤此例即从面色赤红来推断其寿命不长。

汉代则更为普遍，如《汉书》中有一段颇为有趣的记载：李陵为匈奴所围时，"上欲陵死战，召陵母及妇，使相者视之，无死丧色。后闻陵降，上怒甚"⑥。

古代通讯方式甚不发达，李陵远在千里之外与匈奴作战，汉武帝欲知实时战况，居然用相者相李陵母亲和妻子气色的方法，来判断李陵是否与匈奴血战至死——这段史料说明相气色的方法在当时应当已颇为普遍，皇帝才会在紧急之时想起以此法来判断千里

---

① 《后汉书》卷四七《班超传》。
② 《史记》卷五七《绛侯周勃世家》。
③ 《太乙照神经》卷二《论法令》。
④ 《宋史》卷二〇六《艺文志》。
⑤ 《太平御览》卷七二九引《周书》。
⑥ 《汉书》卷五四《李广苏建传》。

之外的战况。

相面术的一项重要内容是相流年运气，即从面部的特征来判断此人某一年的运气。如《麻衣评释》内即有“流年运气部位图”，图中将人面分为一百个部位，每一部位对应人生的一年（如“天庭”部位若有一疤痕，则表明此人在十九岁时有劫难）。书中还有“流年运气部位歌”①。

从现存文献来看，这种面部的流年运气部位在汉代相人术中应已出现，最明显的例证即《论衡》：“人面色部七十有余，颊肌明洁，五色分别，隐微忧喜，皆可得察。”②

其次是王符《潜夫论》的“骨法角肉各有分部，以著性命之期，显贵贱之表”，以及“部位为年时”一句③。

流年运气部位的出现，是汉代相人术发展水平的重要标志。然从现存典籍中未见这方面的运用实例来看，此法在当时应并未广为流传——这亦反证了其问世之时日尚浅。

其二为相声。相人说话的声音也是相术的一大门类，如署名为陈抟所撰之《神相全编》中，就有《论声》、《许负听声篇》等专门论述如何相声的段落④；还有《正声歌》等。此法汉代亦有之：“龙渊善相。刘宏造渊，渊闻宏声，乃起迎曰：‘公当极位也。’宏曰：‘家贫负债，何得贵乎？’渊曰：‘公相然也。’……宏后为……灵帝。”⑤

---

① 麻衣道者：《麻衣评释》，第18、20页。

② 黄晖：《论衡校释》，中华书局1990年版，第1196页。

③ 彭铎：《潜夫论笺校正》，中华书局1985年版，第308、310页。

④ 《神相全编》卷三，载《古今图书集成·博物汇编·艺术典》卷六三三。

⑤ 《太平御览》卷七二九。

这种方法在先秦时期也已出现,如:"且是人也,蜂目而豺声,忍人也,不可立也。"①

又如:"是子也,熊虎之状而豺狼之声,弗杀,必灭若敖氏矣。"②

再如:"大梁人尉缭……曰:'秦王为人,蜂准,长目,挚鸟膺,豺声……'"③

以上三例都是"豺声"或"豺狼之声",都表示为人残忍。足见以声相人的方法亦由来已久。

其三为相体型。司马子文相越椒"熊虎之状"、尉缭相秦王"鸷鸟膺",皆其例。相班超之"虎颈",亦属体型。

汉代史籍中还有若干事例,如:"(翟)方进……蔡父大奇其形貌,谓曰:'小史有封侯骨。'"④

又如:"相者见后惊曰:'此成汤之法也。'"其注云:"《续汉书》曰:相者待诏相工苏大曰:'此成汤之骨法。'"⑤

以上两例均提到"骨"(即"骨法"或"封侯骨"),然先秦、秦汉典籍中多以"骨法"泛称人相(如王充的《论衡·骨相篇》与王符的《潜夫论·相列》均如是),而非后世特指的"相骨";此处之"封侯骨"前即有"大奇其形貌","骨法"前亦有"成汤之法",当亦为以骨法代指人相,因此本文未将此两例单列为"相骨",而仅附于此。

其四为相手足。如前引李固之相为"足履龟文",即为相足之

① 杨伯峻:《春秋左传注》,中华书局1981年版,第513—514页。

② 同上书,第679页。

③ 《史记》卷六《秦始皇本纪》。

④ 《汉书》卷八四《翟方进传》。

⑤ 《后汉书》卷一〇上《和熹邓皇后纪》。

例,而且是相足底纹,这从后世相书中亦可得到证明,如《麻衣评释》云:“足下有龟纹者,两千石禄。”[①]

《左传》中记述了若干相婴儿手纹的例子,如:“宋武公生仲子,仲子生而有文在手,曰为‘鲁夫人’,故仲子归于我。”[②]

又如:“当武王邑姜方震大叔,梦帝谓己:‘余命而子曰虞……’及生,有文在其手曰‘虞’,遂以命之。”[③]

再如:“及生,如卜人之言,有文在其手曰‘友’,遂以名之。”[④]

以上三例都是手掌中有象某个汉字的纹理,然皆非对手纹带规律性的总结。而后世相书中,虽亦有象汉字的掌纹,如:“‘口’,此为金印纹,在明堂、方正明白者,少年登科……‘手’,手字印;‘女’,女字印——凡手有印,为人有信,自小无非横之灾。”[⑤]然这些掌纹均可适用于大多数人,因此先秦时期的相手纹与后世大为盛行的以三大线为主的手相学尚有本质的不同。

笔者在两汉文献中,尚未见有相手纹的直接例证,然在《潜夫论·相列》中,有一句话颇耐人寻味,即“手足欲深细明直”——显然,手足的外形是不可能“深细明直”的,这些词确实是形容手纹(或脚纹)的,如《相理衡真》中即有:“(手)纹深而细者吉,纹浅而粗者贱。”[⑥]况且相手纹比相足纹要方便得多、文雅得多,从发展的逻辑上讲,相手纹不应比相足纹晚出。此外,《论衡·骨相篇》中亦有“察皮肤之理”之语,乃有力之旁证。由此观之,后世那种带普遍性

---

① 麻衣道者:《麻衣评释》,第193页。

② 杨伯峻:《春秋左传注》,第3页。

③ 同上书,第1218页。

④ 同上书,第1520页。

⑤ 《相理衡真》卷八《掌纹善恶论》。

⑥ 《相理衡真》卷八《掌纹论》。

的相手纹方法在汉代也应出现，只是远不及后世那样常见罢了。

汉代相人术在上述四个方面对先秦既有继承，又有发展，其中两项最重要的发展则是相面术中流年部位与带普遍性的相手纹方法的出现。从民俗学史的角度观察，它们反映出这种民俗的实践在纵深与横广两个方向上都有所拓展。

二

在其他方面，汉代相人术较先秦亦有所发展，主要为相人者与相书。

首先，从相人者的角度考察，汉代有两位突出的代表人物：许负与朱建平。

许负乃"河内温县之妇人，汉高祖封为明雌亭侯"[①]。《史记》注曰："(许)负，河内温人，老妪也。姚氏按：《楚汉春秋》高祖封负为明雌亭侯。"[②]但裴松之对封侯之事存疑："臣松之以为今东人呼母为'负'，(孔)衍以许负为妇人，如为有似。然汉高祖时封皆列侯，未有乡亭之爵，疑此封为不然。"[③]

其事迹今见于《史记》者三项、《汉书》者三项，且后三项与前三项基本相同，其中一项还只是说郭解是她的外孙[④]，所以两书合计，其事迹其实仅两项，即一：相薄姬："及诸侯畔秦……而魏媪内其女于魏宫。媪之许负所相，相薄姬，云当生天子。"后汉王幸薄

① 《三国志》卷三一《刘二牧传》之注。
② 《史记》卷五七《绛侯周勃世家》。
③ 《三国志》卷三一《刘二牧传》之注。
④ 《史记》卷一二四《游侠列传》；《汉书》卷九二《游侠传》。

姬，所生即汉文帝。[①]

第二例即相周亚夫将饿死（见前文），后亚夫果“不食五日，呕血而死”。[②]

有的书中记相邓通者亦为许负：“前汉邓通有此纹（即‘法令入口’），文帝令许负相之，负指其口曰：‘他日当饿死。’”[③]

甚至说相班超者也是许负：“前汉许负相班超，曰，燕颔虎头……”[④]此二例恐为后人之附会。

史又载：“（许）负所著有《德器歌》、《五官杂论》、《听声》、《相行》等篇。”[⑤]

后世相书多有托其名者，如目录学家王重民先生就曾对“原本题汉许负撰”的敦煌本《相书》进行考辨：“此盖均为相近之书……尊许负者便题《许负相法》。”[⑥]又如《神相全编》中，亦有多处相法以许负为名，如“许负相口篇”、“许负相唇篇”、“许负相齿篇”、“许负相舌篇”等，足见其在相术界地位之高、影响之深远。先秦时期相人术方面亦有突出人物，如姑布子卿、唐举等，然与许负相比，其名声、影响均略逊一筹。

两汉另一代表人物朱建平，《三国志》有专传记之：“朱建平，沛国人也……太祖为魏公，闻之，召为郎。文帝为五官将，坐上会客三十余人，文帝问己年寿，又令遍相众宾。建平曰：‘将军当寿八

---

① 《史记》卷四九《外戚世家》；《汉书》卷九七上《外戚传》。

② 《史记》卷五七《绛侯周勃世家》；《汉书》卷四〇《周亚夫传》。

③ 陈抟：《神相全编》卷六，载《古今图书集成·博物汇编·艺术典》卷六三六。

④ 同上。

⑤ 《古今图书集成·博物汇编·艺术典》卷六四七引《怀庆府志》。

⑥ 王重民：《敦煌古籍叙录》，中华书局1979年版，第179页。

十……'谓夏侯威曰……谓应璩曰……凡说此辈,无不如言。"①

尤为值得注意的是,书中亦载其不验之例:"惟相司空王昶、征北将军程喜、中领军王肃有蹉跌云。肃年六十二,疾笃……云:'建平相我逾七十,位至三公,今皆未也,将何虑乎!'而肃竟卒。"②足见陈寿乃秉笔直书,并无溢美之意。

又据《文选·辩命论》:"龙犀日角,帝王之表。"注曰:"朱建平《相书》曰:'额有龙犀,入发左角日,右角月,王天下也。'"③则朱建平很可能也有著述。

其二为专职相工的出现,如前引之"相工茅通";又如:"韦丞相贤者,鲁人也。以读书术为吏,至大鸿胪。有相工相之,当至丞相。"④

更值得注意的是:"(窦皇后年幼时)家既废坏,数呼相工问息耗,见后者皆言当大尊贵,非臣妾容貌。"⑤

还有:"汉法常因八月算人,遣中大夫与掖庭丞及相工,于洛阳乡中阅视良家童女,年十三以上,二十已下,姿色端丽,合法相者,载还后宫,择视可否,乃用登御。所以明慎聘纳,详求淑哲。"⑥

由上述两例可见:在东汉时期,相工在宫廷中应已相当普遍,才可以为相一人而呼多位相工、反复"问息耗";特别是在选妃时,相工的参与已成为制度,发挥着重要作用。

有些相工的名字亦得以载入史册,如茅通、苏大,又如:"长安

---

① 《三国志》卷二九《朱建平》。
② 同上。
③ 刘孝标:《辩命论》,载李善:《文选注》卷五四。
④ 《史记》卷九六《张丞相列传》。
⑤ 《后汉书》卷一〇上《窦皇后纪》。
⑥ 《后汉书》卷一〇上《皇后纪序》。

中有善相工田文者，与韦丞相、魏丞相、邴丞相微贱时会于客家，田文言曰：‘今此三君者，皆丞相也。’其后三人竟更相代为丞相。”①

据笔者统计，“相工”一词出现在《史记》中凡一卷、六处；《后汉书》中凡五卷、八处；《后汉纪》三卷、三处；《东观汉记》一卷、一处（《汉书》、《汉纪》、《风俗通义》、《淮南子》无）。

而于先秦典籍《诗经》、《尚书》、《礼记》、《周礼》、《周易》、《左传》、《公羊传》、《谷梁传》、《尔雅》、《论语》、《孟子》、《孝经》、《国语》、《老子》、《庄子》诸书，及秦之《吕氏春秋》中②，均未见有“相工”一词。《仪礼》中倒是有若干“相工”，如：“弟子相工如初”③，对此《周易象辞》解之甚切：“相……从木从目……瞽者以杖度地而后行，是以木代目也，故相师亦用此，取持危扶颠之意。”④因此“相工”是指扶持着盲乐师，而非本文所言之“相工”。

《战国策》中亦有两处“相工”，一为：“周相吕仓见客于周君，前相工师藉恐客之伤己也……”注曰：“此即后工陈籍。”⑤一为：“韩求相工陈籍而周不听，魏求相綦母恢而周不听……”⑥显然此二处之“相”为官职，“工”为其姓，亦与汉代之“相工”无涉。

故而笔者从现存先秦、秦代重要文献中尚未发现有关相人术意义之“相工”的记述。因此如果说先秦时期已出现看相者的专业

---

① 《史记》卷九六《张丞相列传》。

② 以上诸书均为文渊阁《四库全书》本。

③ 《仪礼注疏》卷一一。

④ 《周易象辞》卷五。

⑤ 《鲍氏战国策注》卷二。

⑥ 《战国策》卷一四。

社群，是有可能的；但若说当时已“成立”“相工社群”①，似尚缺乏文献的支持。

相工在汉代的出现并成为制度，充分显示出当时统治者对相人术的相信及重视程度。

其三为相人者甚为广泛。除上述外，见于史籍的相人者还有相者、善相者、客，等等，甚至有囚犯：“有一钳徒相（卫）青曰：‘贵人也，官至封侯。’”②

而地位最高的相人者则是皇帝：“已拜受印，高帝召濞相之，谓曰：‘若状有反相。’”③

相人者的地位从最卑微的囚徒到最尊贵的皇帝，说明相术在当时已影响到社会的各个阶层。

汉代相人术较先秦发达的另一重要表现是相书的出现。相人术的专书至迟在汉代已出现，当是无疑义的：首先是《汉书·艺文志》著录有“《相人》二十四卷”；其次是前引许负与朱建平的若干著述；此外还有一旁证：“始（黄）霸少为阳夏游徼，与善相人者共载出，见一妇人，相者言‘此妇人当富贵，不然，相书不可用也。’”④

相书的出现意义深刻：从思想史的角度考量，它标志着古人在千百年实践的基础上，试图将其上升为理论的努力——尽管现代科学尚无法完全证实这些理论之正误，然它毕竟反映出近两千年前人们在当时条件的限制下，对人体科学之特殊方式

---

① 祝平一：《汉代的相人术》，学生书局1990年版，第148页。

② 《史记》卷一一一《卫将军列传》。

③ 《史记》卷一〇六《吴王濞列传》。

④ 《汉书》卷八九《循吏传》。

的孜孜求索，在思维成熟之路上艰难蹒跚的步伐。

三

相人术对汉代社会也产生一定的影响，最明显者为如下四方面。

其一是对社会上层的影响。史书所载被相之人，大都为日后地位尊贵者，如后来成为皇帝的刘邦、刘宏、刘秀、曹丕等；成为皇后的马氏、窦氏、邓氏、梁氏等；成为丞相的韦贤、魏相、邴吉、翟方进、黄霸等；以及日后身居高位的班超、卫青，等等。出现这种情况，当是因史书本身的特点所决定的——平民百姓以百万计，入史的只能是极少数与众不同者，即帝王将相、名儒硕学、方技隐逸，等等。上引《朱建平传》就是绝好的证明——他“善相术，于闾巷之间，效验非一”，然《三国志》仅载他所相的“三十余”位官员之中的少数几例，可见当时“闾巷之间”亦有不少相人术的实践，而绝大部分是不可能被载入史册的。因此典籍所载被相者中有如此多的帝、后、大臣、高官，与上文所述相工频繁活动于宫廷及皇帝相人之例，这些史料虽不足以说明相人术在百姓中影响不深，却足以表明它对社会上层影响之深。

其二是对社会下层的青年起到一定的鼓励作用。如翟方进：“家世微贱……年十二三，失父孤学，给事太守府为小史，号迟顿（注：顿读曰钝）不及事，数为掾史所詈辱。方进自伤，乃从汝南蔡父相问己能所宜。”[①]此时相者的一番话增加了他生活的勇气，从而改变了他的命运：“蔡父大奇其形貌，谓曰：‘小史有封侯骨，当以

① 《汉书》卷八四《翟方进传》。

经术进，努力为诸生学问。'方进既厌为小史，闻蔡父言，心喜，因病归家……经博士受《春秋》。积十余年……举明经，迁议郎。"后官"至宰相"[①]。

黥布亦与此相仿："黥布者……秦时为布衣。少年，有客相之曰：'当刑而王。'及壮，坐法黥。布欣然笑曰：'人相我当刑而王，几是乎？'"[②]一般人身遭黥刑，绝无可能欣然而笑，是"客"的话语给了他信心，使他遭逢大难而方寸不乱，后终封王。

其三是婚姻。上引黄霸之例中，"善相人者"相妇人之后，"霸即取为妻，与之终身。"由此可见，完全是相术促成了黄霸的婚姻。

刘邦的婚姻亦与此相类："（吕后的父亲）吕公曰：'臣少好相人，相人多矣，无如季相，愿季自爱。臣有息女，愿为箕帚妇。'"当时刘邦不过是小小的亭长，吕后的母亲根本看不上他，然而吕公坚持将女儿许配给了刘邦。[③]

众所周知，吕后在汉代历史上产生很大影响，从上引吕公相刘邦的史料来看，若说吕雉之所以产生如此大的影响而与相人术毫无关系，恐怕是很难令人信服的。而前引东汉时每年八月都要"遣中大夫与掖庭丞及相工，于洛阳乡中"选"合法相者"做妃子，这种做法则影响了更多人的婚姻乃至命运。

其四是对知识阶层产生重要影响。从上文所引的诸多事例可看出，汉代最著名的史学家司马迁，对此多有记述；而极为正统的儒家学者班固，其《汉书》中也记录了不少实例；更为重要的是：王充、王符皆为当时著名的唯物主义思想家，他们在著作中不约而同

---

① 《汉书》卷八四《翟方进传》。

② 《史记》卷九一《黥布列传》。

③ 《汉书》卷一《高帝纪》。

地以专篇探讨相人术问题，由此《论衡·骨相篇》与《潜夫论·相列》问世——这些都足以表明当时相人术对知识阶层影响之深刻。

而自荀况（撰《非相篇》）、王充、王符开此先例之后，后世一些知名学者亦仿效之，如王朗、曹植、韩愈、杜牧、皮日休、刘克庄等，均撰专文（尽管大都较短）讨论相术问题。诸多高层次学者的关注，对我国古代相人术的发展，无疑具有积极作用。

四

汉代相人术中，值得关注的还有相人术的流行程度，“圣人异相”，以及类比思维诸项，兹分述如下。

由于文献匮乏，稽考汉代相人术的流行程度问题颇为困难。然从《汉志》的著录来看，与相人术有关者只有“《相人》二十四卷”，而同时著录的《相六畜》却有三十八卷之多，《相宝剑刀》亦有二十卷[①]——由此观之，两汉时期相人术尽管有多方面发展，而且对社会产生诸多深刻影响，然亦非十分普遍。上文所考面相的流年部位及相手纹在汉代均属初始阶段，亦可作为此结论之佐证。

古书中有不少关于圣人先哲之异相的记述，最为人熟知者如“舜重瞳子，是谓玄景”；“汤臂三肘，是谓柳翼”；“文王四乳，是谓至仁”[②]；“苍颉四目，为黄帝史”[③]等等。

以今观之，这些记载多涉荒诞，如“文王四乳”，其实“初‘四乳’义即四产（即生育四次）。《说文》：‘乳，字也。’后读‘乳’为奶乳之

---

① 《汉书》卷三〇《艺文志》

② 《白虎通德论》卷六《圣人篇》。

③ 黄晖：《论衡校释》，第 112 页。

乳，则转为文王之身有四乳矣。说殊不经”[①]。

所以，与其说这些记述反映了客观事实，倒不如说是反映了当时人们认为“圣人必有异相”的观念与心理，换言之，它们不过是先人对人相的认识尚处初始阶段的一种表现罢了。

后世相书中对这些圣人的异相虽时有提及，然多是出于后人浓重的崇古思想而不能不言及先圣之相，但类似的圣人异相的实例在汉以后却日益罕见了。最明显者即中国历史上唯一的女皇帝武则天，可谓是数千年来君王中之最特异者，但史籍里对她相法的记述却毫无怪诞之处，仅为：“（袁）天纲视其步与目，惊曰：‘龙瞳凤颈，极贵验也；若为女，当作天子。’”[②]这则广为流传的记述，充分表明后世人们对人相的认识较之上古要成熟得多了，而相书的出现，则是这种成熟的肇始。

透过前述相人术，还可观察到我国古代思想文化方面的一个有趣现象，即古人的思维特征之一——类比思维。

前述许多相人方法，都是以相似之物类比人相，如茅通所言之“日角偃月”，李固之“鼎角匿犀，足履龟文”等。更为明显的是班超之例——相者讲班超下巴长得像燕子，所以要飞往远方；脖颈像老虎，所以要“食肉”、即要作战杀人，因此将封侯。这种以物、尤其是动物类比人相的方法，在后世得到极大发展，如在明代的《三才图会》中，仅眼睛一项，就画出虎眼、狮眼、象眼、牛眼等等几十种眼形，每图下还配有文字，说明这种眼形的运势或性格特点[③]，而这

---

① 黄晖：《论衡校释》，第111页。

② 《新唐书》卷二〇四《袁天纲传》

③ 王圻：《三才图会》，《四库全书存目丛书》本，齐鲁书社1995年版，子191，第611—613页。

些运势和性格或多或少皆与其所像的动物有关。

这在《玉管照神局》中更为明显:“猪蛇并鼠狗,贫薄自无成。”其自注云:“猪无寿,蛇性毒,狗分忧,鼠多疑。能取其象而定理性,无不中矣。”[①]其他相书中这种类比亦随处可见。

这种思维特征,在术数的其他门类中表现得亦十分明显,如在堪舆中,就经常用动物的形象来比拟山势乃至住宅,如将山脉称为“龙脉”,“又根据山脉的起伏和形态,将山脉分布概括为九种状态”,即回龙、腾龙、降龙、生龙、飞龙等[②]。在《周易》中,则是将天地间的万物抽象为八卦或六十四卦,而在占筮过程中又可用它们类比为世间的任何事物。

在我国传统医学中亦如是。中医药物学认为:人参因其形似人,故可“补正气”:“惟人参禀天宿之光华,钟地土之广厚,久久而成人形,三才俱备,故主补人之五脏。”[③]又如:“(酸)枣仁色赤象心,(所以)能导心气以下交。”[④]又如五味子:“核形象肾,入口生津,故主强阴。”[⑤]再如橘皮:“筋膜似络脉,皮形若肌肉,宗眼如毛孔,乃从脾胃之大络而外出于肌肉毛孔之药也。”[⑥]等等,都是认为某种药物的外形或颜色与人的某个部位(或整体)相似或相同,因此可治那个部位(或整体)的病。

而这种类比方法,随着后世相人术及术数其他门类的发展而不断得以强化,成为中华民族思维方式的一个显著特点。

---

① 《玉管照神局》卷下“形气”篇。

② 亢亮、亢羽:《风水与建筑》,百花文艺出版社1999年版,第78页。

③ 仲昂庭:《本草崇原集说》,人民卫生出版社1997年版,第1页。

④ 同上书,第8页。

⑤ 同上书,第24页。

⑥ 同上书,第39页。

这一思维方式的优点在于:“古代中国对于类比思维的成熟运用是非常有意义的。类比思维广泛而长期的运用使得思维保持相当大的活力……而这种活力不仅是想象力的源泉,也是创造力的源泉。”[①]其缺点则在于容易滑入比附的泥淖。而从我国历史来看,这种思维方式的优缺点常常是交替出现,甚至是交织在一起的。

*　　　　　*　　　　　*

李泽厚先生指出:“中华民族之有今天……难道不正是由汉代奠定其稳固基础的吗?物质文明是这样,精神文明方面,例如中华民族的文化心理结构,不也是基本形成在这个时期吗?”[②]

汉代在相人术方面同样是奠定基础的重要时期。从本节的考察不难看出:相人术的许多基本的理论、思想,乃至具体方法,在汉代均已形成,它们不但对当时社会产生种种深刻影响,而且对中华民族的思维方式和文化心理结构均产生了比一般民俗更为深远的影响。

综上所述,王充《论衡·骨相篇》与王符《潜夫论·相列》的诞生绝非偶然,而是有着深刻的社会与文化背景的。这些无论是对今天的纯学术研究,还是对揭示当前某些社会现象的深层原因,都是颇有启迪意义的。

第二节 《骨相篇》与《相列》解析

王充(公元27年—97年)与王符(“大约生于和、安之际,卒于桓、灵之际”[③])皆为东汉时期著名思想家,他们不约而同地撰写了

① 吾淳:《中国思维形态》,上海人民出版社1998年版,第267页。

② 金春峰:《汉代思想史》,中国社会出版社1987年版,李泽厚《序》,第5页。

③ 彭铎:《潜夫论笺校正》,中华书局1985年版,“出版说明”第1页。

关于相人术的文章，即《论衡·骨相篇》与《潜夫论·相列》，足见当时相人术影响之深。古代相人术是完全荒谬还是含有科学成分，不是本节关注的焦点。笔者仅欲通过解析这两篇相人术文献，揭示其中隐藏的丰富内涵。

相人术是我国古代"术数"的组成部分。纵观中华几千年文明史，术数文化与儒学文化相比，一直处于非正统、非主流的地位，然其在广大民众中的影响力，却丝毫不逊于后者，因此对术数文化的研究，往往可以揭示出在研究儒学时所不易发现的中华民族文化、民族心理方面的一些特征与表现，这正是研究术数文化之深意所在——它为我们提供了考察中华文化的新视角。

台湾祝平一先生曾撰专著《汉代的相人术》[①]，颇见功力，是迄今最早、也是最详细地研究汉代相人术的著作，是书对汉代以前的相人术、汉代相人术的方法、"圣人不相"、被相者、相工、汉代人对相人术的态度以及汉代学者对相人术的批评等诸多问题进行了有益的探讨，其中在说明相人方法与学者的批评时，对《骨相篇》与《相列》亦有引述。然由于祝先生的著作旨在全面研讨汉代的相人术，因此既无可能、亦无必要全面深入地解析《骨相篇》与《相列》以及阐明其深远意义，而这正是本节的任务。近年来研究王充、王符的专著、论文不在少数，但专门论述此二文者尚未见有，故本节中的观点多为首次提出。

一

我国古代的相人术方法主要有四大门类，即相面、相声音、相

---

① 祝平一：《汉代的相人术》，学生书局1980年版。

体型（包括步法等动态）与相手足，这四大门类在先秦时期均已出现了，如相面有："平原君对赵王曰：'……臣察武安君之为人，小头锐上，断敢行也；瞳子白黑分明者，见事明也。'"[①]即从头形上小下大推断其人大胆果断、从眼睛黑白分明判断其人观察力敏锐。又如相面与相声音："且是人也，蜂目而豺声，忍人也，不可立也。"即从眼睛形似蜂类和声音似豺类来推断其人残忍。再如相体型与声音："是子也，熊虎之状而豺狼之声，弗杀，必灭若敖氏矣。"[②]即从体型似熊虎和声音像豺狼来判断其人非善类。

《左传》中则记述了若干相婴儿手纹之例，如："仲子生而有文在其手，曰为'鲁夫人'。"[③]又如："及生，有文在其手曰'虞'，遂以命之。"[④]再如："及生，如卜人之言，有文在其手曰'友'，遂以名之。"[⑤]

而两汉以前涉及相人术的专门文章，今日所见仅有荀况的《非相篇》，他提出"相形不如论心，论心不如择术"，即观察人的外形不如考察他的思想，考察思想不如鉴别他立身处堂堂的人却可能成为亡国之君。正因为荀子的目的不是研究或总结相人术，而是对它进行批判与否定，所以并未对当时相人术的方法及其他方面进行总结。

从我国相人术发展史的角度观察，汉代不但全面继承了先秦时期相人方法的四大门类，而且有重大发展[⑥]；更为重要的是，东

---

① 《太平御览》，中华书局1960年版，第3232页。
② 杨伯峻：《春秋左传注》，第679页。
③ 同上书，第3页。
④ 同上书，第1218页。
⑤ 同上书，第1520页。
⑥ 参见本章第一节。

汉时期的《论衡·骨相篇》、尤其是《潜夫论·相列》,是我国古代知识阶层对相人术实践进行的第一次较为全面的总结与理论上的提升。因此如果说先秦时期是我国相人术方法的奠基阶段,那么东汉时期则可称之为相人术理论的奠基时期——两篇文献中提出的观点,有些成为后世相人术的理论基础,有些则在后世得到广泛的认同与不断的发展。

首先应指出的是:《论衡·骨相篇》虽以"骨相"为名,实则论及人体各部位,如其第二段①就有"尧眉八采"、"舜目重瞳"、"禹耳三漏"等,而这些皆非后世所言之"骨相"。因此,文中"骨法"一词,实乃"人相"的代称。《相列》亦如是。

《骨相篇》主要有三个方面的内容值得关注。其一为对命运与人相之间关系的看法,即第一段:"人命禀于天,则有表候[见]于体",故"命甚易知"——"察表候以知命,犹察斗斛以知容矣。"此段乃全文核心,意为人的命运是由上天安排的,而这种命运的征兆会在人的身体上表现出来,因此观察人身体上的征兆,就可以了解人的命运。第二、三、四段则为引述事例来证明这个观点。

汉代以前的相人术实践虽然也是建立在人相可以反映命运的观念的基础之上的,然而从现存文献看,尚未见有文章明确提出这一观念,仅在《非相篇》中有相反的观点(已见上述)。王充在《骨相篇》中首次明确提出了人相可以反映命运的观点,而这一观点实际上成为后世近两千年里相人术实践的理论基础,由此不难看出这一观点的深远影响。

不过王充并未就此止步,而是在书中再三延展这一观点,如

① 本文之分段据黄晖《论衡校释》。

《骨相篇》第五段提出的"富贵之男娶得富贵之妻，女亦得富贵之男"，以及"丈夫有短寿之相，娶必得早寡之妻；早寡之妻，嫁亦遇夭折之夫也"[①]。此论点可视为第一段的合乎逻辑的延伸，即因为人的命运是禀承于天的，而能够得到什么样的配偶是命运的一部分，所以其配偶的富贵及寿夭必然与此人的命运是一致的。

《骨相篇》第八段则为进一步的延伸："夫举家皆[有]富贵之命（黄晖注"[有]字据朱校元本补"），然后乃任富贵之事……故富贵之家……僮奴则有不死亡之相，牛马则有数字乳之性，田则有种孳速熟之谷，商则有居善疾售之货。"这里不但将某个人的命运扩展到全家，而且还延伸到僮奴、牛马，乃至他所经营的农业、商业。因此"案骨节之法，察皮肤之理，以审人之性命，无不应者"。意为观察人的骨节的结构和皮肤的纹理，并以此来探究此人的命运，是十分有把握的事情。以下几段又是以事例证明之。

《骨相篇》的最后一段则是说明以往相人而不准确的原因在于"不能具见形状之实"，也就是"法术浅也"。这段从反面论证了人的命运与人相有着无可置疑的对应关系——如果不对应，那完全是相人者的水平太低造成的。

这种由一人之命运扩展至配偶乃至全家甚至其经营的产业的思想，充分反映出王充对命定论的笃信几乎达到无以复加的程度。他这种由一人命运延伸至全家的思想，在后世相书中也颇为鲜见，因后世相书大都为论说个人之相，仅在论及"克父母"、"克妻妾"、"克子息"等情况时才言及他人。由此亦可看出，后世相书中对命定论的强调，均不及王充那样绝对。相书是对相人术实践的总结，

---

① 黄晖：《论衡校释》，第104页。

因此真实反映出当时相人术的情况，从这个意义上讲，王充这种过度强调命定论的思想对后世相人术的影响并不明显。

王充对命定论如此强调，与其特定的历史条件密切相关，即他的用意在于反对当时“天人感应”的命，然而结果却是走向了另一个极端。从他自身看，官场的失意则是他笃信命运的深层原因。总之，这类观点充分反映出王充思想的消极方面。

《骨相篇》第六段中对人相与命运的关系再加延展，论及一种特殊情况：“夫二相不钧而相遇，则有立死。”下面与第七段仍是以数则事例证明之。

这里是讲男女二人之相如果差距甚大，如一为贵一为贱、或一为长寿一为夭亡，等等，则他们一旦成为夫妻，其中贱命者很快就会死亡。王充对这种特殊情况所下的断语不但同时代的王符未见言及，而且后世近两千年的重要相书中亦罕有所闻（如《麻衣评释》、《神相全编》、《相理衡真》诸书中，均未见有），盖因其有武断之嫌，难于为后人所认同和接受吧。可以说，这一断语更为充分地反映出王充晚年思想僵化的倾向，而其对后世相人术之影响亦甚微弱。

第八段中的一句，则可视为此观点的延伸：“（在富贵之家中）骨法形体有不应者，则必别离死亡，不得久享介福。”意为富贵人家中如果有不具富贵相的人，那么这些人或是离开这个家，或是死去。这里一方面将前面所讲的夫妻之“二相不钧”扩展为全家之中的某些“骨法形体有不应者”；一方面则将上文的“则有立死”扩展为“则必别离死亡”，即既有死亡的可能，也有别离的可能——这一延伸比“立死”显然要和缓一些。

由上述可知：王充首次在文章中正式提出的人相可以反映命

运的观点，实际上成为后世近两千年里相人术实践的理论基础；而他对此观点的种种过度延伸，则没有得到后世的认同。

《骨相篇》值得注意的第二方面在第十六段，即在文章中首次正式提出了人相不但能够反映命运、而且还能够反映性格人品的观点："非徒命有骨法，性亦有骨法。"且明言："贵贱贫富，命也；操行清浊，性也"。其后两段则是以事例证明。第十九段是对前三段的总结，如："由此言之，性命系于形体，明矣。"

从全篇看，这里的"命"是指命运，而"性"相当于今所言之性格人品。实质上，这一观点反映出当时人们对"性"的重要性有了进一步了解，对性与命关系的认识更为深化了——这一观点也是王充首次提出的。

这一思想在后世相人术中得到不断发展——后世相书大多是既论命又论性，如《月波洞中记》："欲知其性行者，察之于眼，验之于口……"[①]而《增订心相百二十善》更是以"性"为主了[②]——足见王充《论衡·骨相篇》的这一观点对后世的相人术产生了深远影响。

值得关注的第三方面是《骨相篇》对当时的相人术进行了初步归纳："相或在内，或在外，或在形体，或在声气。"（第二十一段）首先这种归纳从逻辑学上讲有些混乱：人相"在外"者，应当包括面貌、形体、发肤、斑痣等一切可见的部分，故"形体"与"在外"实为从属关系，而非并列关系。其次在相人术中，面部无疑是最明显、最重要的部分，然此处却并未明确指出。故而与王符相比，这一归纳

---

① 《月波洞中记》卷上"心隐"篇。

② 沈捷：《增订心相百二十善》，《昭代丛书》第14卷。

尚显粗疏(详见下文)。

二

王符的《相列》虽篇幅略于《骨相篇》,却包含了更多意义深远的宝贵信息,其中至少有七项值得关注。

其一,突破——即对以往的命定论有所突破:“虽然,人之有骨法也,犹万物之有种类,材木之有常宜。巧匠因象,各有所授,曲者宜为轮,直者宜为舆……此其正法通率也。若有其质,而工不材(注曰:“‘材’与‘裁’同。”),可如何?……十种之地,膏壤虽肥,弗耕不获;千里之马,骨法虽具,弗策不致。”①

《相列》全文是在命定论的基础上写成的,但在这里,王符提出:尽管是“天授性命决然”(第三段),即性与命者是上天授予的,然而还要因人制宜地加工、鞭策,才能达到命定的高度,“故凡相者,能期其所极,不能使之必至”。意为从人相上只能估计出他可能达到的最高点,却不能让他肯定达到。

显然,这段论述表明王符认为人的命运并非完全是由先天决定的,而是受到后天因素的一定影响。

他在文章结尾处更指出:“(对通过相人术推测的结果)智者见祥,修善迎之,其有忧色,循(原注:“循当作修。”)行改尤。愚者反戾,不自省思,虽休徵见相,福转为灾。於戏君子,可不敬哉!”

王符在这里进一步表明:由于人们对待推测结果的态度不同,亦可使命运发生根本性改变:智者见到好的预兆,更加强自己的善行,即使有不良的面色,也可以通过修行来改变;愚者与此相反,不

---

① 本文之分段据彭铎《潜夫论笺校正》。

时时反省自己，这样即使相上有好的征兆，也会转化为灾难。与王充的上述观点相比，王符的观点显然要积极得多，因为他认为人们在很大程度上可以改变命运，而不必完全消极地听由命运的摆布。

从后世的相书来看，认为命运可改变的显然多于认为不可改变者，较突出者如《神相证验百条》[①]，里面记述了大量因积德行善或恶行而使命运发生很大乃至根本改变的事例——书中明显可以看出佛教因果报应思想的影响，这虽然与王符的思想有所不同，但在认为命运是可以改变这点则是一致的。换言之，王符的这一思想得到了后世多数相书作者的认同。

后世近两千年来对于“命运可以改变”的广泛认同，在深层次上折射出的是中华民族积极、乐观、向上的民族性——这个民族自古以来就不愿意屈从于命运，三千年前的《周易》里已经出现了“天行健，君子以自强不息”这样催人奋进的格言；道家潜心研究出的多种养生功法是向衰老退化的挑战；而古人在几千年里创造出门类繁多的预测术，其初衷绝不是向命运低头，而恰恰是“趋吉避凶”，是对命运的顽强抗争，是要改变命运的强烈愿望。

其二，五行八卦——即明确地将五行八卦与相人术结合起来，这反映在第一段：“一人之身，而五行八卦之气具焉。”并举二例说明之。

第一例是以往相人术的实例：“故师旷曰‘赤色不寿’，火家性易灭也。”意思是面色泛红，红为五行中火的颜色，而火的属性是“易灭”，因此面色总是通红之人亦将短命。

第二例则是《周易》的内容：“《易》之《说卦》：‘《巽》为人多白

① 刘学诚：《神相证验百条》，《述古丛钞》第四集。

眼'，相扬四白者兵死，此犹金伐木也。"这里所引之《周易》原文为："巽……其于人也，为寡发，为广颡，为多白眼。"[①]"多白眼"是指人眼白的面积比一般人大。当时的相人术认为"四白者兵死"，"四白"是指人在平视时，其黑眼球四周均露出眼白。王符则从五行八卦的角度对此诠释：白色为五行中金的颜色，而巽卦属木，五行的生克关系中是金克木，所以说"此犹金伐木也"，意即巽卦所象的人本来是木命，而他们的"多白眼"属金，因为金必克木，所以这些人命中注定要遇到类似"金伐木"这样的事，故而他们将会"兵死"。

（此外，在《潜夫论·叙录》中，王符更明确提出："五行八卦，阴阳所生，禀气薄厚，以著其形……故叙《相列》第二十七。"——足见王符确实认为五行八卦与人相之间有着非常密切的关系。）

通过以上二例，王符极为明确地将五行学说、八卦思想引入相人术。

在王符以前已有将五行与人相联系的论述，如《周易乾凿度》有："八卦之序成立，则五气变形。故人生而应八卦之体，得五气以为五常，仁义礼智信是也。"[②]《论衡·物势篇》亦有："一人之身，含五行之气，故一人之行，有五常之操。五常，五行之道也。"它们都将五行（《周易乾凿度》还将八卦）与人的行为（和身体）相联系，然而也均未将五行（八卦）直接引入相人术。

五行学说、八卦思想是中华先祖从千百年的实践中总结出来的，是其特有智慧在哲学层面上的结晶——五行学说至今仍是我国传统医学最基本的理论依据，依然在诊疗中发挥着重大作用；八

① 高亨：《周易大传今注》，齐鲁书社 1998 年版，第 468 页。
② 《周易乾凿度》卷上。

卦与《周易》数千年来一直吸引着中华乃至全世界诸多杰出思想家的目光，现在仍有众多学者对其不断深入研究。王符将它们引入相人术，就为古代相人术或多或少增加了一些合理成分。

王符的这种引入，在后世得到极大的彰显：五行学说、八卦思想成为后世术数各个门类均不可或缺的基础，如后世诸多相书中，五行学说皆如一根主线贯穿其中。

如《神相全编》卷一的第一句话即："大凡观人之相貌，先观骨格，次看五行。"下文"论气色"一节中，更明确将人依五行分为五大类："木形人要青，火形人要红，金形人要白，水形人要黑，土形人要黄，此人身之气色也。"这里的气色也完全符合五行之本色(即木为青色、火为红色、金为白色、水为黑色、土为黄色)。下文中五行亦多次出现。

又如《袁柳庄先生神相全编》中，亦有专论五行的多个小节，如"五行贵贱"、"论五行说"、"总论(五行)歌"、"五行赋"、"五行象说"、"五官五星说"等①。其他重要相书中亦如是。

八卦在后世相书中，多见于相面和相手掌，如《神相铁关刀》中的"八卦五岳四渎图"，就是将八卦与面部相配：下巴处为坎，顺时针绕行面部一周，依次为坎、艮、震、巽、离、坤、兑、乾，与后天八卦图之次序一致②。

又如《相理衡真》卷之八(上层)第一句就是："相掌之法，先看八卦，次察五行。"其下则有"掌中八卦图"，以掌根处为坎，其他卦位亦依后天八卦图之序环绕掌上。以下还有"掌八卦丰隆歌"、"掌

① 袁柳庄：《柳庄相法·目录》，上海大文书局1939年版。

② 徐宇辰标正：《神相铁关刀》，中川古籍出版社1998年版，第9页。

八卦低陷歌"、"八卦所属歌诀"、"八卦穿宫论"等。[①]

在术数的其他领域里——如奇门遁甲、大六壬、紫微斗数、纳甲筮法、堪舆等等——五行学说、八卦思想皆随处可见，并成为后世许多民俗活动的理论基础与文化底蕴。因此千百年来随着术数文化的不断发展，五行学说与八卦思想在中国民众中的传播也日益广泛和深入，从而形成中华文化迥异于其他各国文化的最明显特征之一。而回溯历史，王符显然是将五行八卦思想明确引入术数文化的最早的学者之一。

诚然，五行八卦思想也有负面影响，如古代帝王常以五行学说论证其统治的合理性；而八卦与《周易》在今天则常常被打着科学旗号的骗子所利用。肃清这些消极方面的流毒，至今仍是精神文明建设中不容忽视的重要任务。

其三，法则——即反映出当时已将五行之"旺、相、休、囚、死"法则引入相人术之中，见于《相列》最后一段中的一句："五色之见，王废有时"。

五行之"旺、相、休、囚、死"，"旺"在早期文献中写作"王"，与"相"本为"帝王"、"将相"之意；"休"意为休息，"囚"意为被囚禁，"死"意为死亡——这五个字在一起，依次比喻五行由旺到衰的五种状态。此法则是指金木水火土五行在每一季节中，各处于不同的状态，例如春天，是木旺、火相、水休、金囚、土死；而秋天则是金旺、水相、土休、火囚、木死。因此上引《相引》之文意为：人面色的变化，是依照五行在四季的旺衰规律而更替的。具体讲就是："春

① 陈钊：《相理衡真》，善成堂藏版（《自序》为道光十三年）。

要青兮夏要红，冬看黑色喜重重，秋间白色乘时旺……”[①]即人的面色在春天最好是略泛青色，夏天以偏红色为佳，秋天透出些微白色为好，冬天则以稍带黑色为宜。

五行之“旺、相、休、囚、死”法则，在《古微书》中已有记述：“假令春之三月木王，水生木，木胜土，土死、木旺、火相，王所生者相，相所生者囚。”[②]这一法则在术数的其他门类中被广泛运用着，如在不少记述奇门遁甲、《周易》筮法、大六壬金口诀等预测方法的书中，都列有说明五行旺相休囚死法则的表，[③]当然在这些预测方法中，此法则的运用已远远不止于相术了。

而这一法则的发现与运用，实质上反映出当时人们对五行与四季之间关系的认识进一步深化了，因此它至今仍在传统医学的诊断学、药物学以及临床治疗诸方面发挥着作用。而王符在《相列》中对此法则的记述确实抓住了要点，从而在后世得以彰显。

其四，四部——即是将当时的相人方法归纳为四大部分，见于第二段：“人之相法，或在面部，或在手足，或在行步，或在声响。”这一归纳，首先没有逻辑方面的混乱；其次此处将“面部”置于四大部分之首，也完全符合相人术的实际情况；第三它大体上涵盖了当时其他文献中所反映出的相人术门类，比前述王充的归纳显然更为具体、全面一些。

更为重要的是，王符还总结出这四部分各以何为上等之相：

---

① 《玉管照神局》卷下“五色得地”。

② 《古微书·春秋运斗枢》，转引自陈立《白虎通疏证》（中华书局 1994 年版，第 188 页）。文中最后之“囚”字当作“死”。

③ 参见郭志诚等：《揭开奇门遁甲之谜》，东北师范大学出版社 1993 年版，第 25 页；钱炳荣：《周易实用预测学精髓》，广深易学研究苑 1999 年，第 124 页；张得计：《金口诀教程》，远方出版社 2003 年版，第 53 页。

"面部欲溥平润泽，手足欲深细明直，行步欲安稳复载，音声欲温和中宫。"

其五，总则——王符在归纳当时相人方法的同时，进而又总结出相人术之总则："头面手足，身形骨节，皆欲相副称。"

此总则意为身体的各个部位应当成比例，而不应该有的大，有的小。这点在后世相书中亦受到重视，如："诀曰：八小皆全，富贵绵年。若不配合，贫苦堪怜。"[①]即谓人的眼、耳、声、面、身等如果都小，亦为佳相；若大小不一，则为苦相矣。这种"皆欲相副称"的相术总则，其实质则是反映出当时人们对人相整体把握的愿望与程度。

其六，"骨法"、气色——既反映出"骨法"与气色在相人术中的作用很不相同："骨法为禄相表，气色为吉凶候。"（第三段）"然其大要，骨法为主，气色为候。"（第七段）意为从"骨法"可以推测人一生的大势，而气色反映的则是近期吉凶方面的事，如将遭遇火灾、水溺等。

对相法的这种认识至迟在西汉就已出现，如《史记·淮阴侯列传》："蒯通曰：'仆尝受相人之术，贵贱在于骨法，忧喜在于容色。'"然而在文章中明确总结出这一点，王符的《相列》尚属首次。而后世则将此奉为圭臬，几乎每部重要相书都有从面色观吉凶的论述，如《神相全编》卷三之"溺水格"、"火灾格"，皆与气色有关；又如《麻衣评释》卷五之"论上停吉气"、"论中停吉气"、"论下停吉气"，等等。

至清代相书中更提升为理论："气色之性，得天地造化转动之机而变化者也。故祸福未至，其气先行。吉徵未能生祥，由气先祥

---

① 《相理衡真》卷之九《八小捷径》。

也；凶徵未能生孽，由气先孽也。”[①]意为人的气色能够反映出“天地造化转动之机”，所以总是在祸福到来之前显现。这些相书中对气色的高度重视，充分表明王符的这一记述亦在后世相人术中得到弘扬。

汉代对气色的这种认识，反映出当时人们对人体科学深入了解的愿望。值得注意的是，观察气色很早就发展为中医诊断学的重要内容，且在“望、闻、问、切”中成为位列第一的手段。

其七，流年部位——即反映出当时已出现了相面术中的流年部位。相面术的一项重要内容是相流年运气，即从面部某处的特征来判断此人某一年的运气。如《麻衣评释》内即有“流年运气部位图”，图中将人面分为一百个部位，每一部位对应人生的一年（比如“天庭”部位若有一疤痕，则表明此人在十九岁时有一次劫难，等等）。书中还有“流年运气部位歌”[②]。

从《潜夫论》的记述来看，这种面部的流年运气部位在汉代相人术中应已出现了，即“骨法角肉各有分部，以著性命之期，显贵贱之表”，以及“部位为年时”一句[③]。

《论衡·自纪篇》中亦明确记有：“人面色部七十有余，颊肌明洁，五色分别，隐微忧喜，皆可得察。”[④]确为有力的旁证。

流年运气部位的出现，表明当时人们并不满足于对命运的笼统把握，而试图了解人生中每一年运势的愿望与努力。

---

① 《神相水镜集全编》卷三“古人观相”。原文将此语附会为相卫青的钳徒之语，未知何据。

② 麻衣道者：《麻衣评释》，第20、18页。

③ 彭铎：《潜夫论笺校正》，第308、310页。

④ 黄晖：《论衡校释》，第1196页。

* * *

上述两篇文章亦反映出东汉时期相人术的特点，主要如下：

一、在相人术发展史上，出现了第一次较全面的总结与理论上的提升；

二、首次在文章中提出了相人术的理论基础，即人相可以反映命运的观点；

三、首次提出人相可以反映性格人品的观点；

四、在相人术中正式提出了命运可以改变的观点；

五、五行与八卦正式被引入相人术；

六、五行休旺法则正式被引入相人术；

七、首次在文章中对相人方法进行了总结；

八、提出了相人术总则；

九、正式认定了"骨法"与气色的不同作用；

十、至迟在东汉，已经出现了相面术中的流年部位。

这些观点与特点均在后世得到广泛认同与不断发展。

这两篇文献对以往相人术实践的总结与理论的提升，不但反映出东汉时期相人术的水平与特点，更使东汉成为古代相人术发展史上重要的理论奠基时期，从而对后世的相人术产生深远的影响；且亦对数术文化的其他门类，乃至中华民族的文化结构都产生了不容忽视的影响。

第二章　宋代文献研究

第一节　南宋史籍《续编两朝纲目备要》探索

两宋时期是我国封建社会史学发展的鼎盛时期，其间不但涌现出《资治通鉴》、《续资治通鉴长编》、《通志》等众多成就甚高、影响深远的巨帙名篇，而且也不乏篇幅较短的史著，其意义虽不能与上列长篇巨著相提并论，却也因其独特的史料价值而流传千古。《续编两朝纲目备要》就是这样一部史书。

本书共十六卷，近十八万字①，以纲目体体裁记述了自南宋光宗绍熙元年（1190）至宁宗嘉定十七年（1224）凡三十五年的史事。在现存史书中，像本书这样详记南宋光、宁两朝史事者为数甚少，因此对它进行深入探索很有必要。如本书原名到底是什么，它究竟成于哪个朝代，其史料价值何在等问题，至今鲜有论及。以下是笔者对这些问题的初步探索。

一、书名与成书年代

当代人论及本书，都称之为《两朝纲目备要》，但它的某些版本

---

① 此数字是据未经标点、分段的影宋抄本统计的。

所标书名却是《续编两朝纲目备要》，二者之中到底哪个是其原名呢？

首先，从版本上看，本书流传最广的《四库全书珍本初集》本、解放后影印的《永乐大典》残卷以及数种清抄本都题名为《两朝纲目备要》，似乎《两朝纲目备要》就是本书的原名。然而，这些版本都是明、清时期的。而它最珍贵的几种版本，即现存最早的善本宋刻元修本和三种影宋抄本，却无一例外以《续编两朝纲目备要》为名，这有力地说明本书在宋代的名称应为《续编两朝纲目备要》。明修《永乐大典》时，将书名略去“续编”二字[①]。清纂《四库全书》时，馆臣仅见到本书存于《永乐大典》内的这种版本[②]，对书名自然也只能原样照搬。而以《永乐大典》或《四库全书》为蓝本的清抄本也是依样画瓢，于是《两朝纲目备要》这一书名便广为流布，而本书的几种善本因世所罕见，其原名也就难免湮没了。

再从内容上看，本书以《续编两朝纲目备要》为名是很有道理的。南宋高、孝、光、宁四朝，被封建史家誉为“中兴”时期。无名氏所撰《中兴两朝编年纲目》[③]记载的是前两朝，即高、孝两朝史事，而《续编两朝纲目备要》所记则是后两朝史事。再看书的体例、款式，后者价值最高的四种善本（即上述的宋刻元修本和三种影宋抄本）均与前者相同。这两本书体例、款式相同，内容相续，所记又皆为南宋“中兴”时期，那么前者即名为《中兴两朝编年纲目》，后续者冠以“续编”二字，确实是再自然不过的事了。

对本书的成书年代，前人书目中的看法主要有两种，一是清代

---

① 《两朝纲目备要》可能是当时人惯用的略称。

② 《四库全书总目》卷四七。

③ 本书现存于中国国家图书馆善本室内。

著名藏书家张金吾根据该书"中遇'昀'字,侧注'御名'"而提出的"盖理宗时人所撰"的推测,陆心源《皕宋楼藏书志》、瞿镛《铁琴铜剑楼藏书目录》两种书目基本承袭了这种看法。另一是《四库全书总目》的看法,四库馆臣认为本书既可能成于宋末,又可能成于元代。但这两种看法都未加展开说明。本文拟用确定上下限的方法,来为其成书年代划定一个范围。

上限问题,此书本身已包含了解决的线索。第十二卷"追赠朱熹官"这条纲目提及理宗淳祐元年(即公元1241年,理宗登基后的第十七年)"以(朱)熹列于从祀"的史事。这是书内出现的最晚年代,故其成书自当在此之后。

下限问题则可从版本与内容两方面进行考察。

首先是本书的版本。如前所述,至今尚存一宋刻元修本残卷,又有三种影宋抄本为佐证,因此本书成于南宋末年本无可怀疑。《四库全书》馆臣正是因为没有见到这些善本,才无法确定其成书年代的。

其次,纵观全书,无论是行文、避讳,还是作者对宋、金、元的不同态度,无一不显露出作者是南宋人。如行文中常有"自祖宗以来……"、"要当如祖宗时……"这一类写法;全书避讳的五个字"贞"、"惇"、"完"、"玄"、"昀"都是宋代当讳之字;作者称宋朝为"国朝",称宋军为"我师",对金军则称为"金虏"、"蠢兹逆虏",甚至是"夷狄豺狼",作者对元的态度也与对宋迥然有别。上述三方面进一步证明本书成于宋末是不容置疑的。

本书成书年代的范围是否可以进一步缩小呢?宋代程大昌所撰《演繁露》为此提供了重要线索,程书明确指出:"本朝著令,则分名讳为二:正对时君之名,则名为'御名',若先朝帝名，即改名为讳，是为庙讳。"《续编两朝纲目备要》内将宋理宗的名字"昀"都改写为"御名"，可见作者的"时君"恰是理宗皇帝。再考虑到理宗死后，南宋小朝廷仅苟延了十五年，这些年战乱频仍，缺少著书的安定环境，本书在这十五年内成书并付梓的可能性微乎其微。

由上述可见，《续编两朝纲目备要》必然成于理宗淳祐元年(1241)至宋亡(1279)这三十九年之中，而且极有可能就是在淳祐元年(1241)至理宗景定五年(1264)这二十四年之内问世的。

二、史料价值

1. 史料来源：

我们在评论一书的史料价值时，首先就应对其史料来源进行考察。在现存宋代文献中，迄今尚未发现有关《续编两朝纲目备要》(以下略作《两朝纲目》)史料来源的记载，但对本书内容全面观察、分析后，仍不难发现其史料的一些重要来源。

最为明显的是，本书援引了大量诏书和奏议的原文。

诏书是了解皇帝处理国政大事最为直接的原始材料。《宋大诏令集》仅收入北宋各朝的诏令，《宋史》等常见史书内，光、宁两朝的诏令也不多见，而《两朝纲目》引用诏书原文不仅达百条之多，而且有些颇为详细。奏议是反映臣僚政见的真实可信的记录。本书详录虞允文、赵汝愚、韩侂胄、真德秀等名臣及朱熹的奏议，其中仅真德秀的上疏就占有相当本书一卷的篇幅(即全书的十六分之一)。可见诏书和奏议都是本书史料的重要来源。

光、宁两朝的实录和各种官方文件是南宋史研究的珍贵资料，遗憾的是其原文早已荡然无存，而其片断在《两朝纲目》内却俯拾皆是。正如《四库全书总目》所指出的："……此书则本两朝实录，……中如称赵鼎为赵丞相，安丙为安观文，钱象祖为钱参政，李壁为李参政，史弥远为史丞相，多仍当时案牍之文，末尽刊正。"这些"两朝实录"和"未尽刊正"的"案牍之文"成为本书又一重要的史料来源。

李心传的《建炎以来朝野杂记》（以下略作《朝野杂记》）是世所公认的史学名著。笔者在校勘《两朝纲目》时发现，书内有二三十处大段行文与《朝野杂记》完全吻合，其中最多一处竟达四千六百余字，可见在这些内容上，《两朝纲目》与《朝野杂记》使用的材料至少是同出一源的[①]。

以上考察表明，《两朝纲目》的史料主要源于诏书、奏议、实录、官方文件等价值极高的资料，由这样的史料构筑成的史著，只要不是观点极端反动或文笔过于拙劣，其史料价值当然是不容低估的。

2. 与他书比较：

有比较才有鉴别。要真正揭示本书的价值，就不得不将它与大量史书进行纵横两个方面的认真比较。从纵向观察，历代系统记述光、宁两朝史事的史著主要有宋代刘时举的《续宋编年资治通鉴》（以下略作《刘鉴》）、无名氏所撰《宋史全文》等八部；从横向观察，与《两朝纲目》所记史事有部分重叠的名著又有《宋会要辑稿》（以下略作《宋会要》）、《宋史》等。

---

① 从以下三点分析，《两朝纲目》很可能就是取材于《朝野杂记》的：1.《朝野杂记》内有的条目自注其材料的出处，而《两朝纲目》的相应段落没有；2.《朝野杂记》的行文间夹注有考证文字，《两朝纲目》也没有；3.《两朝纲目》行文中有明显抄误之处，《朝野杂记》不误。

纵向比较可使我们对本书获得宏观的认识。

仅就篇幅而论,《刘鉴》共十五卷,其中后五卷所载为光、宁两朝史事,计三万七千余字。《宋史全文》凡三十六卷,其中仅有三卷是记这两朝的,字数约十六万。明代陈桱《通鉴续编》的有关内容也只有三卷,约三万二千字,比《刘鉴》还要少。明代官修的《续资治通鉴纲目》仅第十七、十八两卷是记光、宁两朝史事的,若除去里面的“广义”、“发明”之类,其字数尚不足十万。明代薛应旂所撰《宋元资治通鉴》内的有关部分虽有十三卷之多(卷九〇至卷一〇二),但字数也才八万二千左右。王宗沐的《续资治通鉴》内只有五卷、四万余字是记两朝事迹的。清代徐乾学所撰《资治通鉴后编》凡一百八十四卷,有关内容却仅九卷、九万一千余字。毕沅《续资治通鉴》(以下略作《毕鉴》)共二百二十卷,记这段史事的有十一卷,约十三万四千字。而《两朝纲目》的篇幅超过众书,达十七万七千余字(不计标点)。

《两朝纲目》还是群书中材料最为原始的一部。从成书时间上看,上列诸书除《刘鉴》有可能成于宋末外,其余都是元、明、清的著述。而《刘鉴》所载既有宁宗史事,其成书当然在嘉定十七年之后,即不可能早于理宗朝。从目前情况看,尚未见有材料可证《刘鉴》付梓早于《两朝纲目》,而以下二点却已得到证实:一是前者的篇幅只是后者的五分之一;二是前者光、宁两朝的内容后者几乎都囊括了——这是笔者将二书内容详细比勘后得出的结论。换言之,《两朝纲目》有近五分之四的内容为《刘鉴》所无,故而说《两朝纲目》是众书中材料最原始的一部就绝非溢美之辞了。

为使纵向比较的结果一目了然,特列表如下:

朝　代	作　者	书　名	有关卷数	字　数
宋(理宗)	无名氏	续编两朝纲目备要	16	17 万 7 千余
宋末(?)	刘时举	续宋编年资治通鉴	4	3 万 7 千余
元	无名氏	宋史全文	3	约 16 万
明	陈桱	通鉴续编	3	3 万 2 千
明	官修	续资治通鉴纲目	2	近 10 万
明	薛应旂	宋元通鉴	13	8 万 2 千
明	王宗沐	续资治通鉴	5	4 万余
清	徐乾学	资治通鉴后编	9	9 万 1 千余
清	毕沅	续资治通鉴	11	13 万 4 千余

以上纵向比较的必然结论是:在现存系统记述光、宁两朝史事的史著中,《两朝纲目》是篇幅最长、材料最原始的一部。

以往著述中论及本书价值最详者当推《四库全书总目》,但也仅有寥寥数笔:"……如蜀中之减重额,湖北之行会子,范祖禹之补谥,何致之罢制科,胥足补《宋史》所未备。其纪年互异者,……其姓氏之互异者,……俱足以互证异同。"[①]然而本书优于《宋史》之处远不止此。今人所撰史著,有的也指出:"此书叙事简明,所记两朝政治和经济的一些事迹,为其他史书所不载。"[②]但到底是哪些事迹,书中亦未加说明。

大量的横向比较表明,本书史料价值突出表现于如下三方面:

(一)珍贵的少数民族史料。我国史籍浩如烟海,但专记少数民族者为数不多,一般史书对此也吝于笔墨。而《两朝纲目》内保

---

① 《四库全书总目》卷四七。

② 蔡美彪主编:《中国通史》(第七册),人民出版社 1983 年版,第 514 页。

存了四十段珍贵的少数民族史料，其字数逾万，约相当于全书一卷的篇幅（即占全书十六分之一）。它们远详于《刘鉴》、《宋史·蛮夷传》乃至《宋会要·蕃夷》的相应内容，成为该书最富史料价值的部分。下面仅以彝族史料为例加以说明。

据今人考证，宋代的“叙州蛮”、“虚恨蛮”就是“近代峨边、马边、雷波一带彝族的先辈”，[①]《两朝纲目》以六条纲目、三千余字的篇幅详载他们的情况（这六条纲目是：卷一二的“叙州蛮攻陷利店寨”、“叙州蛮犯笼鸠堡”、“叙州蛮寇边”，卷一三的“叙州蛮酋米在降”、“虚恨蛮寇中镇寨”和卷一四的“马榹袭杀虚恨蛮库崖”等）。其中上列三种书未载或载之甚略的内容主要有：

1. 该族祖先的简况。书内上溯其历史至南北朝时期：“（叙州蛮是）西爨昆明之别种也，其地在梁为南宁州，承圣中，刺史徐文圣召去。有爨瓒者遂据其地，子孙相传，后分为东、西焉。”（卷一二）这段史料为研究彝族的祖先及古代西南少数民族中重要的一支——爨氏提供了线索。

2. 该族在南宋时的地理位置。卷一二详载其地域四至：“东南接石门，西南接沙漠虚恨及黎、雅诸蛮与吐蕃之境，而北接叙州之商州寨、宣化县，西接嘉定之赖因、沐川，西北接叙州之宜宾。”这些记载从地域上反映出他们在宋代的发展状况，也为今天追寻古代遗迹划定了范围。

3. 生活习俗。“其民被毡椎髻，而比屋皆瓦屋，如华人之居，饮食种艺多与华同。”（卷一二）可见其习俗在宋代已受到汉族的许多影响。

---

① 尤中：《中国西南的古代民族》，云南人民出版社 1980 年版，第 114 页。

4. 与汉族的关系。本书主要反映出两个侧面，一为与汉人进行贸易："太平兴国中始市马，其后又以木板来售。……蛮日载至叙州之江口，与人互市。太守高辉始置场征之，谓之'抽收场'，至今不废也。"（卷一二）另一方面，书内展现出他们奋起反抗民族压迫的一幅幅画卷，如"叙州蛮酋米在降"、"虚恨蛮寇中镇寨"等纲目，所载几乎都是这方面内容。这些史料对民族史研究的价值自不待言，它们还生动反映出南宋统治者剿、抚并用的民族政策。

除上述之外，《两朝纲目》还记载了不少其他部族，如"黎州蛮"、"雅州蛮"、"龙州蕃部"等的活动情况，这些也多是一般史书失载的宝贵资料。

（二）丰富的川蜀地区史料。本书纲目共计一千三百六十余条，其中有关川蜀史事的竟占了总数的八分之一，这众多的纲目从政治、经济、军事诸方面提供了不少他书所略的情况，兹分述如下：

政治方面，当时川蜀地区的重大事件是"武兴之变"（即吴曦降金），《宋史》等书对此记载甚略，而《两朝纲目》却书之颇详。如嘉泰元年七月"吴曦入蜀"这条四百余字的纲目，展现出吴曦入蜀的背景，描绘出他入蜀时在"大舟十七艘"内装运的各种宝物，还勾画出他入蜀后大兴土木的场景。这些无疑是研究吴曦叛变主观因素的重要依据。

又如开禧三年二月"安丙等诛吴曦，四川平"一段内，有诛吴的经过，有安丙与吴挺、吴曦父子之间关系的追述，有"武兴之变"中川蜀官员的种种表现，最后还有一番"自昔乱蜀者非蜀人"的议论。全段记述翔实，长达一千一百余字。要研究"武兴之变"前后的川蜀局势，考察事变中主要官员的态度，这段史料是必不可少的。

《两朝纲目》内专门记述川蜀经济的纲目有十条之多（即卷二

的“复修蜀盐旧法”、“蠲减蜀中重额钱”，卷五的“四川行对补钱引法”，卷七“置四川提举茶马”，卷一〇的“四川宣抚司科对籴米”、“四川初行小会子”，卷一一“四川收兑九十界钱引”、“四川初行当五钱”，卷一二“四川制置大使司收钱引”，卷一三“四川复榷石脚井盐”。它们从货币、食盐等封建经济的重要侧面，勾勒出川蜀经济的发展大势。

如“四川收兑九十界钱引”与“四川制置大使司收钱引”两条纲目，共计一千三百余字，以追述形式描绘出自北宋徽宗崇宁年间至南宋宁宗嘉定初年这百余年间钱引发放的概貌，记录下宁宗嘉泰末年钱引数已“视（北宋仁宗）天圣祖额至六十四倍”、“每缗止直铁钱四百已下”的景况，并生动反映出面对这种形势，“总领财赋”的陈咸与制置使吴猎、制置大使安丙之间产生的矛盾与斗争。因此它们不仅是南宋经济史的珍贵史料，而且更是研究经济领域内官僚斗争不可多得的史料。

绍熙三年的“泸州军乱”，是当时川蜀军事方面较为突出的事件。对此本书并未停留在简单的过程记述上，而是通过回顾以往，反映出军乱产生的内在原因，对事后的处理也有扼要的交待。全段几百余字，首尾完具，为研究者提供了比它书更为广阔的基础。

还应指出的是，南宋小朝廷偏安一隅，在它相当狭小的版图上，川蜀地区具有举足轻重的地位，因此上述诸方面史料不仅于地方史研究意义重大，而且对南宋史研究也是不容忽视的。

（三）记述翔实的韩侂胄史事。韩侂胄是南宋显赫一时的权臣，其活动直接影响着内政、外交诸方面，他在《两朝纲目》中也是作者施墨最多的人物。书内有关纲目计八十余条，总篇幅达全书的十分之一，更相当于《宋史·韩侂胄传》篇幅的五倍！若将它们辑于一处[①]，则可形成一篇迄今最为详细的《韩侂胄传》，它记述了韩的身世及发达的经过，生动刻画出其势力的逐渐膨胀、至于巅峰而又急转直下、被杀身亡的戏剧性宦海生涯，其间还涉及他与名臣赵汝愚的斗争、反“道学”的斗争和他在抗金中的作用等许多重大问题。下面仅举数例略予表述。

韩侂胄一向是封建史家眼中的奸臣贼子，所以一般史书都津津乐道于他玩弄权谋、招纳党羽之事，对其他方面则很少提及。《两朝纲目》独具慧眼，在“韩侂胄却生日贺仪”一段内，以客观的态度详录他谢绝百官馈赠厚礼的文书四百余字。要全面认识韩侂胄其人，这段众书俱无的史料自然是极为珍贵的。

又如“韩侂胄与吴曦书”一纲，载有韩致吴书的原文二百二十余字，其中“忽传闻不一，深以为疑。有如先世勋德之盛，中兴之功居第一，契丈平日忠诚许国，侂胄所深知，度必无是理”。“万一虚传果或有之，更望深入钧虑，敌情难测，前事可鉴”等语，反映出韩侂胄对吴曦叛金的态度，也是研究韩、吴关系比较原始的资料。

同诸书相比，本书所记其他有关韩侂胄的史事也往往更为丰富、完整。如“韩侂胄请致仕”是其政治生涯中较重要的事件，但《宋史》等书都略于此事，独该书详录其上疏四百余字。再以“庆元党禁”这一重大历史事件而论，书内有关纲目达二十余条，它们对研究韩侂胄本人以及南宋中期的政治斗争诸问题，都是至关重要的。

以上所述只是《两朝纲目》史料价值最为突出的方面，其价值当然远不止于此。如对南宋大理学家朱熹，书内也有许多他书所

① 本书的点校本内附有这八十余条纲的年月、题目一览表。

略的精彩段落，研究朱熹者不可不读。又如书内记宋、金战事的纲目超过全书总纲数的十分之一，它们较详细地勾勒出战争各个阶段的进程，亦可资研究者参考。书内又有大量对特殊天象、异常气候及地震、水灾等自然现象的记录，它们对天文史、气象史、地震史的研究均有一定的价值。此外，本书还生动描绘出临安几次大火及救火的场景，这对今后消防史研究的开展也将发挥积极作用。

以上纵向、横向的比较表明，本书确实是一部具有独特价值的史料书。

三、编纂特点及影响

观察一下《两朝纲目》的编纂特点以及对后世史书的影响，可以使我们对它所作的评价得到进一步印证。如前面提及的重要史著《宋史全文》，汪伯琴在研究考证后就曾指出："《宋史全文》光、宁两朝之取材，实以《两朝纲目备要》为蓝本而稍加增减者。"[①]笔者以《宋史全文》校勘《两朝纲目》的结果也证明这一论断是真实可信的。又如清代毕沅的巨帙名篇《续资治通鉴》，其光、宁两朝史事部分的《考异》将近半数都引用了《两朝纲目》的内容，书本身更有多处与之一字不差的大段行文，显然《两朝纲目》是《毕鉴》的重要史料来源之一。

今人点校的《宋史》，校记中也屡屡引述本书来校正《宋史》之误。上述情况有力地说明本书受到历代治南宋史者的关注，并对后世产生了积极而久远的影响。

---

① 汪伯琴：《宋史全文在宋代史籍中之价值》，《中国史学论文选集》第二辑，台北幼狮文化事业公司1981年版，第443页。

《两朝纲目》在校勘方面也具有不容忽视的价值。本书既是诸光、宁史著中材料最原始的一部，因此很显然，它对那些史书都具有极为重要的校勘价值。

从史学角度观察，《两朝纲目》之所以具有较高史料价值，是与下述特点密切相关的。

第一，本书记述史事基本上做到了"据事实录"[①]。"据事实录"即唐著名史学家刘知几所提倡的"直笔"，是我国史学的优良传统之一，它在本书内得到了较好的体现。《四库全书总目》评价本书为"叙次简明，议论亦多平允"[②]，论其记史事是"一一大书于简，知非曲笔隐讳也"[③]。纵观全书所载史事，基本上没有因作者的立场观点影响而失实之处。尤为难得的是，《两朝纲目》这一纲目体史著只继承了这种史体眉清目醒的特点，而摒弃了其创始人朱熹那套"寓褒贬于其间"的"书法"[④]，这也正是本书史料价值高于后来许多纲目体史书的关键所在。

第二，全书选材得当，特别着眼于重大历史事件与重要历史人物。如韩侂胄是光、宁两朝最有影响的人物之一，"庆元党禁"是当时统治阶级内部争斗的重大事件，宋金之战则关乎南宋王朝的生死存亡，它们恰恰都是作者书之再三的内容，这势必使本书具有相应的分量和价值。与此形成鲜明对照的是，对于那些充斥于野史、笔记中的神鬼怪异、荒诞传说，作者一概拒之书外，这在封建史书中也是难能可贵的。

---

① 《九朝编年备要·自序》。
② 《四库全书总目》卷四七。
③ 同上。
④ 《九朝编年备要·真德秀序》。

第三,本书注意从多角度记述历史事件。作者常常不是孤立地介绍一事件的经过,而是尽量使之因果俱全,即不仅追述其历史,交待事件产生的背景,还有由此而产生的社会影响,一件史事往往不只是一个方面,而是多侧面的、有立体感的。这就为后人研究该事件的前因后果,研究一事件与他事件的联系及其在整个历史进程中的地位,提供了较为宽广的基础。

《两朝纲目》也存在一些不足之处。例如其体裁既为纲目体,纲和目就应自始至终贯穿全书,但书中第一卷的前半卷(约四千六百余字)却是不分纲、目的囫囵一段。这半卷的内容还都是光宗登基前的史事,超出了书名所限定的光、宁两朝的范围。书中个别内容也有欠妥之处,如卷一〇"韩侂胄伏诛"这一纲目内提出"曦之叛逆谁实使之"的设问,就与同卷所载"韩侂胄与吴曦书"所反映的韩、吴关系不甚一致,这很可能是作者照录他人评论,未经改动而造成的。

综上所述,《两朝纲目备要》本名为《续编两朝纲目备要》,它肯定成于宋末,很可能就是在理宗淳祐元年至景定五年这二十四年中问世的。在现存系统记述光、宁史事的史书中,它是材料最原始和篇幅最长的一部。它具有多方面的史料价值,尤突出少数民族活动、川蜀史事和韩侂胄事迹三个方面。它还具有较高的校勘价值。本书虽然在体例和内容上存在个别问题,但仍不失为一部治南宋史者必读的、价值较高的史料书。

第三章 元代文献研究

第一节 《宋史》校勘记补遗

《宋史》是二十四史中卷帙最长的一部，它保存了许多珍贵资料，是今日治宋史者必读之书。然《宋史》成书仓促，错讹、抵牾之处颇多，对此历代学者早有定论，故其校勘任务自然格外繁重，但据上海师范大学徐光烈先生介绍，当年点校《宋史》时，正值“文革”动乱之际，校勘者稍稍多写几条校记，“繁琐哲学”之类的大帽子立即飞来，因此点校工作举步维艰。徐先生忆及此事，犹惋叹不已[①]。笔者点校南宋史籍《续编两朝纲目备要》（又名《两朝纲目备要》）时，发现《宋史》中一些未校出的问题，今辑成此篇，但愿它能填补徐先生深憾之万一。

为叙述之便，特将所补校记分为四类，略述如下。

一、《宋史》中记日的干支与其月份不合，且与众书皆异，从而知必为《宋史》误者

1. 《宋史》卷三七《宁宗纪》：“[绍熙五年九月]庚子，命嗣秀王

① 笔者 1984 年曾拜望徐先生，上述皆为徐先生亲口所讲。

伯圭朝飨太庙。是日，罗点薨。”

按：绍熙五年九月为戊午朔，故当月并无庚子日。

上引《宁宗纪》，于“庚子”日前记“己巳”日之事，“庚子”日后记“辛未”日之事，由此可知此处之“庚子”当作“庚午”。

又考宋袁燮《絜斋集》卷一二《罗点行状》载：“……（罗点）俄得气疾，遂还私第，三日而薨，实九月十有四日也。”查当月十四日为辛未。

《宋宰辅编年录》卷二〇载：“[绍熙五年]九月庚午，罗点……致仕。”

《续编两朝纲目备要》（以下略作《两朝纲目》）卷三[①]载：“……庚午，罗点卒。”

宋刘时举《续宋编年资治通鉴》（以下略作《刘鉴》）卷一一、《宋史全文》卷二八所载皆同《两朝纲目》。

综上：《宋史》载罗点薨于“九月庚子”显误。罗点薨当在九月庚午（或辛未）。

2.《宋史》卷三七《宁宗纪》：“庆元元年春正月丁巳朔，蠲两淮租税。”

按：庆元元年正月朔实为“丁亥”。

考《两朝纲目》卷四载：“庆元元年春正月丁亥朔，蠲两淮租税。”

《刘鉴》卷一二、《宋史全文》卷二九皆作“丁亥（朔）”。

综上：《宋史》之“丁巳朔”显误，当作“丁亥朔”。

---

① 本文所标卷数为该书宋刻元修本及清影宋抄本的卷数，与《四库全书》本略有不同。

3.《宋史》卷三七《宁宗纪》:"[庆元四年]八月丁卯朔,以久雨决系囚。"

按:庆元四年八月实为丙寅朔。

考《两朝纲目》卷五载:"……八月久雨,丁卯,命决系囚。"

《宋史全文》卷二九载:"八月丁卯,以久雨决系囚。"

综上:《宋史》之"丁卯朔"的"朔"为衍字,当作"八月丁卯"。

4.《宋史》卷三八《宁宗纪》:"[开禧元年]六月……己巳……陈自强等上《新修淳熙以后吏部七司法》。"

按:开禧元年六月为丁亥朔,故当月并无己巳日。

考《宋会要辑稿·刑法》(本节以下引《宋会要辑稿》简称《宋会要》)一之五九载,"(开禧元年)六月十九日,右丞相、提举编修敕令陈自强等上表:'……吏部七司条法……今已成书,上进以闻。'"查十九日为乙巳。

《两朝纲目》卷八载:"……乙巳,《吏部七司法》成。陈自强等上《淳熙以后七司法》。"

《宋史全文》卷二九载:"……乙巳,右丞相陈自强等上《新修淳熙以后吏部七司法》。"

综上:《宋史》之"己巳"显误,当作"乙巳"。

5.《宋史》卷三八《宁宗纪》:"[开禧二年]十一月……癸丑,太皇太后赐钱一百万缗犒赏军士。诏诸路招填禁军以待调遣。"

按:开禧二年十一月为戊寅朔,故当月并无癸丑日。

上引《宁宗纪》,于"癸丑"日前记"壬寅"日之事,于"癸丑"日之后记"甲辰"日之事,由此可知此处之"癸丑"当作"癸卯"。

又考《两朝纲目》卷九载:"十一月……癸卯,太皇太后赐犒军钱一百万缗。诏诸路招填禁军以待调遣。"

《刘鉴》卷一三、《宋史全文》卷二九所载皆同《两朝纲目》。

综上:《宋史》之“癸丑”显误,当作“癸卯”。

6.《宋史》卷五六《天文志》:“[嘉定十二年]六月……辛亥,[太白]经天,昼见。”

按:嘉定十三年六月为甲子朔,故当月并无辛亥日。

考《宋史》卷四〇《宁宗纪》载:“六月……辛巳,太白昼见。辛卯,太白经天。”

《两朝纲目》卷一五载:“六月丙子,太白昼见。辛巳又见。……辛巳,太白经天。”①

《刘鉴》卷一五载:“六月……辛巳,太白又昼见。”

《宋史全文》卷三〇载:“六月……辛巳……太白昼见。”“辛卯,太白经天。”

综上:《宋史·天文志》载“太白经天,昼见”于辛亥日,显误。“太白昼见”当在辛巳,“太白经天”当在辛卯。

二、《宋史》之行文与宋代典制相抵牾,且与众书不同故知必为《宋史》误者

《宋史》卷三七《宁宗纪》:“[绍熙五年]十月……辛丑,减两浙、江东西路和市折帛钱……”

按:据《文献通考》卷二〇《市籴米》与《宋史》卷一七五《食货志》载,南宋时杂税名“折帛钱”者,分为“夏税折帛”与“和买折帛”两种(其中“和买”指和买䌷绢),而无“和市折帛”之称。

---

①　《两朝纲目》于嘉定十二年六月内两次记述“辛巳”日之事,与全书体例不符;而且在此两个“辛巳”日之前,已记述了“辛巳”之后的“乙酉”、“丁亥”日之事,故疑此处之第二个“辛巳”为“辛卯”之误。

又考《两朝纲目》卷三载："[绍熙五年十月]减两浙、江东西路和买折帛钱……"

《刘鉴》卷一一、《宋史全文》卷二八皆作"和买折帛钱"。

《宋史》卷一七五《食货志》亦载："绍熙五年，诏两浙、江东西和买䌷绢折帛钱太重。可自来年匹减一贯五百文……"

综上：《宋史·宁宗纪》之"和市折帛钱"显误，当作"和买折帛钱"。

三、《宋史》中某处的记载与他处不同或与上下文不合，且与众书皆异，从而知为该处误者

1.《宋史》卷三二《高宗纪》："……庙号高宗。[淳熙]十六年三月丙寅攒于会稽之永思陵。"

按：考《宋史》卷三五《孝宗纪》载："[淳熙]十五年……三月……丙寅，权攒高宗于永思陵。"

《两朝纲目》卷一载："[淳熙]十五年……三月，永思陵既掩攒。"

《刘鉴》卷一〇、《宋史全文》卷二七皆作淳熙十五年三月。

综上：《宋史》卷三二《高宗纪》之"十六年"误，当作"十五年"。

2.《宋史》卷四一《理宗纪》："[嘉定]十七年八月……壬辰，疾笃，弥远称诏以贵诚为皇子，改赐名昀，授武泰军节度使，封成国公。"

按：考《宋史》卷四〇《宁宗纪》载：[嘉定十七年]闰八月……丁酉，……史弥远传遗诏，立侄贵诚为皇子，更名昀，即皇帝位。"

《两朝纲目》卷一六载："[嘉定十七年]闰八月……丙申，诏立皇侄贵诚为皇子，更今名。……诏曰：'……其以贵诚改赐名御

名。’又诏：‘……御名为武泰军节度使，封成国公。’”

《刘鉴》卷一五载：“闰八月丁酉，……杨皇后、史弥远立贵诚为皇子，进封成国公，即皇帝位。”

《宋史全文》卷三〇载：“闰八月……丙申，诏曰：‘……皇侄……贵诚……其以为皇子，改赐名昀。……昀为武泰军节度使，封成国公。’”

综上：“以贵诚为皇子，改赐名昀，授武泰军节度使，封成国公”的诏书是当年闰八月丙申才下的。“弥远称诏”当在丙申（或丁酉），故《宋史·理宗纪》载“弥远称诏”于八月壬辰误。

又《两朝纲目》卷一六载：“[八月]壬辰”乃“召宰执入禁中。趣定大议”之日，据此，疑《宋史·理宗纪》的作者将此日误为史弥远称诏之日了。

3.《宋史》卷五六《天文志》：“[嘉定十二年]六月辛未[太白]昼见。”

按：考《宋史》卷四〇《宁宗纪》载：“[嘉定十二年]六月……丙子，太白昼见。”

《两朝纲目》卷一五载：“……六月丙子，太白昼见。”

《刘鉴》卷一五、《宋史全文》卷三〇皆为“六月丙子”。

综上：《宋史》卷五六《天文志》之“辛未”误，当作“丙子”。

4.《宋史》卷六三《五行志》：“嘉定元年三月戊寅，行都大火……”

按：此处上文有“庆元二年……”、“三年……”之事，下文为“开禧二年”之事，故此处不当为“嘉定元年”。

考《宋史》卷三八《宁宗纪》载：“嘉泰元年……三月……戊寅，临安大火……”而卷三九嘉定元年三月内未见火灾记录。

《两朝纲目》卷六载："嘉泰元年……三月……戊寅，临安大火。"

《文献通考》卷二九八《物异考》载："嘉泰元年三月戊寅，行都大火。"

《刘鉴》卷一二、《宋史全文》卷二九皆为"嘉泰元年"。

综上：《宋史·五行志》之"嘉定元年"误，当作"嘉泰元年"。

5.《宋史》卷二四六《赵恺传》："……[淳熙]七年，[赵恺]薨于明州，……谥惠宁。"

按：《宋史·赵恺传》第一句即为："魏惠宪王讳恺……"

《宋史》卷二四三《郭皇后传》亦载："……生……魏惠宪王恺……"

考《宋会要·帝系》二之二十七载："[淳熙七年]五月九日，诏……魏惠宪王府官吏……"又有："五月二十五日，诏魏惠宪王府观察与教授……"

《两朝纲目》卷一、《宋史全文》卷二六皆载："[淳熙]七年二月，[魏]王薨，谥惠宪。"

综上：《宋史·赵恺传》之"惠宁"误，当作"惠宪"。

6.《宋史》卷三六五《岳飞传》："嘉定四年，[岳飞]追封鄂王。"

按：考《宋史》卷三八《宁宗纪》载："嘉泰四年……五月……癸未，追封岳飞为鄂王。"

《金佗粹编》卷二八《加赠先伯云信札》载："检会嘉泰四年五月二十一日敕，勘令已降指挥，岳飞……可特与追封王爵，三省同奉圣旨，追封鄂王。"

《两朝纲目》卷八、《刘鉴》卷一三、《宋史全文》卷二九皆为"嘉泰四年"。

综上:《宋史·岳飞传》之“嘉定四年”误,当作“嘉泰四年”。

7.《宋史》卷三九一《周必大传》:“二月壬戌,又命予草诏,专以奉几筵、侍东朝为意。”

按:从此处的上下文看,上文为“[淳熙十五年]十二月壬申”、“辛卯”之事,而此处并无“十六年”,因此不当有“二月壬戌”之事;下文有“二月辛酉朔,降传位诏”,考“降传位诏”当在淳熙十六年二月[①],故此处也不当有十六年二月之事。

考《建炎以来朝野杂记·乙集》(本节以下引《建炎以来朝野杂记》略作《朝野杂记》)卷二载:“(淳熙)十五年……十二月……,又命必大草诏,专以奉几筵、侍东朝为意。”

《两朝纲目》卷一载此事与上引《朝野杂记》之行文一字不差。

综上:“命必大草诏”之事当在淳熙十五年十二月。故《宋史·周必大传》中之“二月壬戌”为衍文。

8.《宋史》卷三九一《周必大传》:“二月壬戌,……拜[周必大]左丞相、许国公。参政留正拜右丞相。”

按:从此处行文上看,周、留拜相似皆在“二月壬戌”之后,然《宋史》卷三五《孝宗纪》载:“[淳熙]十六年春正月……己亥,以周必大为左丞相,留正为右丞相。”

考周必大《文忠集·卷首·年谱》载:“淳熙十六年正月乙亥,文德殿宣麻转特进左丞相,进封许国公。”

---

① 考《宋史》卷三五《孝宗纪》载:“[淳熙]十六年……二月……壬戌,下诏传位皇太子。”

《建炎以来朝野杂记·乙集》卷二载:“[淳熙十六年]二月二日壬戌,……内降诏曰:‘皇太子可即皇帝位……’”

《两朝纲目》卷一、《宋史全文》卷二八皆为“[淳熙十六年]二月壬戌”。

由上述可知:“降传位诏”当在淳熙十六年二月。

《宋宰辅编年录》卷一八载:“淳熙十六年正月……己亥,周必大左丞相,……进封许国公。留正右丞相。”

《朝野杂记·乙集》卷二载:“[淳熙]十六年正月……八日己亥,遂进必大左丞相,而留正越次拜右丞相。”

《两朝纲目》卷一、《刘鉴》卷一〇、《宋史全文》卷二八皆为“淳熙十六年正月乙亥”。

又:本文前面第七条内已考证出《宋史·周必大传》之“二月壬戌”为衍文,本条所引《周必大传》文字紧接第七条之引文,故对“二月壬戌”为衍文的考证从略。

综上:周、留二人拜相在淳熙十六年正月己亥无疑,故《宋史·周必大传》于此处脱“淳熙十六年正月己亥”九字。

四、《宋史》与他书记载不同,从而知为或疑为《宋史》误者

1.《宋史》卷三九《宁宗纪》:“[嘉定元年]十二月戊辰,钱象祖罢。”

按:考《宋会要·职官》七八之六二、七八之六七载:“[嘉定元年]十二月一日,特进、左丞相兼枢密使、兼太子少师钱象祖除观文殿大学士、判福州。以象祖累章求退,而合谏亦有论列也。”查十二月一日乃丙寅。

《宋宰辅编年录》卷二〇载:“[嘉定元年]十二月丙寅,钱象祖罢相。”

《两朝纲目》卷一一、《刘鉴》卷一四皆作“丙寅”。

综上:《宋史·宁宗纪》之“戊辰”误,当作“丙寅”。

2.《宋史》卷四〇《宁宗纪》:“[嘉定十三年九月]兴元统制田冒

为宣抚司帐前都统,出子午谷。”

按:考《两朝纲目》卷一六载:“……兴元统制田冒为宣抚司帐前都统,出子午谷。”

《刘鉴》卷一五、《宋史全文》卷三〇皆作“田冒”。且人的姓名中出现“胃”字的可能性也比较小。

(又:《宋史》中无“田胃”或“田冒”的传;《中国人名大辞典》中亦未见有此二名。)

综上:疑《宋史・宁宗纪》之“田胃”当作“田冒”。

3.《宋史》卷三九四《何澹传》:“澹有本生继母丧,……太学生乔嘉、朱有成等移书于澹……”

按:考《两朝纲目》卷二载:“澹有所生继母之丧,……太学生乔嘉、朱九成、黄会卿移书责澹……”

《宋史全文》卷二八亦为“朱九成”。

(又:《宋史》中无“朱有成”或“朱九成”的传;《中国人名大辞典》中亦未见有此二名。)

综上:疑《宋史・何澹传》之“朱有成”当作“朱九成”。

4.《宋史》卷四九六《蛮夷传》:“……其地北近犍为之沭川、赖因寨。”

按:考《朝野杂记・乙集》卷二〇载:“……西接嘉定之赖因、沐川,犍为管下二寨名[①]。”

《两朝纲目》卷一二、《宋史全文》卷三〇所载皆同《朝野杂记》。

综上:疑《宋史・蛮夷传》之“沭川”当作“沐川”。

以上四类共二十条校记补遗,难免有不妥之处,敬请前辈同仁

① 此七字原文为小字。

指正。

附记：本文曾经李希泌先生详加批改，特此深表谢意！

第四章　清代文献研究

第一节　《四库全书》研究之一
——《四库全书》歧误一瞥

今日之治史者，鲜有未查阅过《四库全书》的。该书以其囊括近八万卷古书的容量，为学者的研究提供了莫大方便。前些年台湾影印的《四库全书》成为一些大学和地方图书馆的开架书，加之近年来其电子版的推广，故而《四库全书》对历史研究的作用更非昔日可比。

众所周知，清高宗修《四库全书》，尽管一再标榜其目的为“稽古右文”[①]，实则为“寓禁于征”，在编书过程中销毁了许多有价值的古籍。然而对于《四库全书》现存书中的问题，如对某一部书中存在的谬误，迄今为止尚罕见有专文全面、系统地论述过。本节即通过详细解剖一个“麻雀”——《续编两朝纲目备要》的《四库全书》本，来窥见《四库全书》现存书（特别是《永乐大典》辑本）中谬误之一斑，以期使学者今后引用《四库全书》时有所警觉。

《续编两朝纲目备要》又名《两朝纲目备要》，南宋无名氏撰，以

---

① 见乾隆三十七年正月初四与乾隆四十三年五月二十六日上谕，皆载于《四库全书总目·卷首》。

纲目体体裁记述了光、宁两朝共三十五年之史事。笔者在校勘此书过程中，曾将其宋刻元修本、清影宋抄本与《四库全书》本逐字逐句地详加比勘，由此发现了《四库全书》本与前两种版本的种种不同。以下从六个方面分述之。

一、书名

《四库全书》本内的书名为《两朝纲目备要》，然其原名实为《续编两朝纲目备要》。考证已详于本篇第二章，故在此不赘。

二、分卷、目录

四库馆臣在纂修《四库全书》的过程中，"惟见（此书）于《永乐大典》"中的版本[①]，而未见到迄今犹存的宋刻元修本和三种清影宋抄本[②]。然《永乐大典》本完全打乱了原书的分卷（详附件），故四库馆臣只能得出"原书卷目已不可考"[③]的错误结论，并对此书"按年编次，厘为十有六卷"，虽卷数恰与原书相合，但分卷之处自不可能一致（其异同详本节后的附件）。

三、款式

一般学者为撰写论文引用古书，似可不必过多注意其款式。而从文献学之版本学的角度观察，款式的不同则不容忽略。故特

① 《四库全书总目》卷四七。

② 此书之宋刻元修本为残卷，仅存第一至第五卷，然书名、目录皆存。此本现藏中国国家图书馆。三种清影宋抄本皆为全本，一为原张金吾"爱日精庐"之藏本，现存中国国家图书馆；一为原季沧苇之藏书，今存上海图书馆；一为原陆心源所藏，现存于日本东京静嘉堂文库。

③ 《四库全书总目》卷四七。

述如下。

对于原书的款式，若有宋刻本在，自可一目了然。然此书现存最早的版本为“宋刻元修本”，其款式经“元修”后是否有别于宋版呢？对此明人高濂曾有过一段评论：“……又若宋版遗在元印，或元补欠缺，时人执为宋刻。……然而以元补宋，其去犹未易辨。以国初补元，内有单边双边之异，且字刻迥然别矣。”由此可见，宋刻元修本在款式方面并无改变，乃至“时人执为宋刻”，故可据以立论。

首先，此书《四库全书》本目录的行款与原书不同。如原书（宋刻元修本）第二卷的目录为：

第二卷

光宗皇帝

绍熙二年　绍熙三年

绍熙四年

而《四库全书》本则为：

卷二

光宗绍熙二年至绍熙四年

其次，卷首之款式亦不同。仍以卷二为例，宋刻元修本为：

续编　两朝纲目备要卷之二

起辛亥绍熙二年

光宗皇帝

尽癸酉绍熙四年

辛亥（宋刻元修本中，用来表示年的干支为阴文）　绍熙二年春正月诏修绍熙会计录。

而《四库全书》本则为：

钦定四库全书

两朝纲目备要卷二

光宗

绍熙二年辛亥春正月诏修绍熙会计录

第三，纲与目的款式也不同。宋刻元修本之纲为单行大字，半页8行，行16字；目为双行小字，行23字；注文则以更小的字排出，每行亦23字。纲与纲之间以大圆圈相隔，目内的段落则以小圆圈相分。

《四库全书》本的纲与目在字体大小上并无差别，皆为半页8行，行21字，其区别在于顶格书写者为纲，目则另起行，并全部低一格书写。原书的注文和四库馆臣所加按语皆以双行小字排出，行亦21字。

四、体裁

此书体裁为纲目体，已如前述。《四库全书》本内纲、目的划分也有与原书相异之处，即原书内有些目在《四库全书》本中变成了纲。如卷一六（本节内所言卷数皆为《四库全书》本的卷数）内"十二月尅复州县"纲下的"乙亥，筑兴元府城"，在原书内为目，在《四库全书》本内则另立为纲。又如卷一〇"甲午，吴曦僭位<u>于兴州</u>，下黄榜<u>于四路</u>"（文内下划线均为笔者所加）中的"<u>于兴州</u>"、"<u>于四路</u>"原为小字之目，在《四库全书》本内皆为纲。这种变动在卷三、四、八、九、一〇、一一、一六等内都有。

《四库全书》本内还有另一种变动，即将原书的小字注文改为目。如卷五"籍伪学"纲目内，原有数十条小字注文，《四库全书》本皆改为大字正文。这种情况卷一〇内也有。

《四库全书》本内又有将原文的目改为小字注文的，如卷五"蔡琏诬告赵汝愚异谋"纲目之末，原书内"嘉定元年十月，汝愚之子崇宪讼于朝，乃配琏赣州牢城"一句为目，而《四库全书》本为双行小注。

五、异文

此项与历史研究者关系最为密切。兹分为脱、衍、倒、讹、改五方面述之。

1. 脱。此书《四库全书》本脱文相当严重，且不论一两个字的脱漏，仅以 3 字以上（不含 3 字）者计，就达 36 处之多。特列下表：

《四库全书》本脱文（3 字以上）简表

卷	页	脱字数	卷	页	脱字数	卷	页	脱字数
2	3	4	8	41	5	13	8	7
2	18	9	10	16	6	13	9	23
3	4	8	10	1	4	13	9	4
3	5	4	10	5	15	13	13	4
5	12	4	10	14	20	13	18	33
5	28	38	10	17	12	13	25	19
5	31	4	10	28	17	14	28	4
6	19	6	12	31	20	14	28	4
7	29	13	12	12	4	15	6	12
8	20	10	13	16	24	15	6	8
8	20	8	13	7	4	15	14	9
8	37	4	13	8	49	15	20	20

（本表内所用卷数及页数均为《四库全书》本的卷、页数）

从表中可见，脱文最多的一处竟达 49 字！以此书现存于《永乐大典》内的残卷（仅存卷八至卷一六）对照来看，《四库全书》本卷八至卷一六内的27处脱文，仅有卷一〇第一页的四个字是《永乐大典》本脱漏的，其余则都是《四库全书》本自身的脱误。

行文至此，或许有人会生疑窦：《永乐大典》非止一部，若四库馆臣当年所见之《永乐大典》本并非今日吾辈所阅者，岂不是冤屈馆臣了吗？故有必要对此问题略加说明。

据明朝《世宗实录》，嘉靖四十一年，曾“选善书人礼部儒士程南等百人”，将《永乐大典》“重录一部”。明沈德符《野获编补遗》卷一与清姜绍书《韵石斋笔谈》卷二亦为“一部”，可见《永乐大典》在明代有正本、副本各一部。又据孙承泽《春明梦余录》卷一二载：“……赐名《永乐大典》，贮文渊阁，副本藏皇史宬。”《韵石斋笔谈》卷二又载：“（文渊阁之藏书）自李自成入都，付之一炬，良可叹也。”可见《永乐大典》之正本焚毁于明亡之时，而传至清代的《永乐大典》只有副本一种。故而四库馆臣所见之《永乐大典》与今存者只能是同一种版本。因此上文所讲的27处脱文都是修《四库全书》者的疏漏，就绝非冤屈之辞了。

有人可能还会提出疑问：上表所列36处脱文，有些会不会是馆臣有意删削的呢？如卷一五第二十页之脱文为“犬羊跨我中原，天厌久矣；狐兔失其故穴，人竟逐之”，显系“违碍”字句，然而从此书《四库全书》本的其他行文看，馆臣遇此类字句时并未删削，而是改篡之（详见下节）。此其一。与此句情况相类者，即行文也有违碍字句的，在36处中共计9处，而这9处皆为北京图书馆藏之清抄本所漏抄，而不是定稿时的脱简[①]。从该清抄本不改“虏”、“豺

① 清修《四库全书》时，凡辑自《永乐大典》的佚书，皆先抄录一副本，然后再誊入《四库全书》。笔者已考证出今存北京图书馆的清抄本《两朝纲目备要》即是《四库全书》本的这种副本。然考证过程颇繁，故笔者拟另撰文述之，在此不赘。

狼”等等对金朝的鄙称来看，抄工在缮录此书时也并无删改违碍之责，足见这 9 处脱文亦属疏漏所致。此其二。退一万步讲，即使这 9 处就是有意删削的，该书《四库全书》本内也仍有 27 处脱文，且脱漏 30 字以上的 3 处（见上表），其中并无违碍字句，纯系疏忽所致。

有些纲目内，《四库全书》本虽脱漏的不过一个字，但文意却差之远甚，如卷一四内“欲保江南”脱一“南”字；又如卷一〇内“东北六千里”脱一“六”字，真可谓“失之毫厘，差之五千里”了。

2. 衍。此书《四库全书》本内 3 字以上的衍文虽仅 8 处，大大少于脱文之条目数，然而一条的字数却有多达 100 乃至 200 余字者。亦列简表如下：

《四库全书》本衍文（3 字以上）简表

卷	页	衍字数	卷	页	衍字数
1	12—13	118	6	10	9
2	4	4	7	2	24
3	12	17	9	5	28
3	23	16	9	31—32	213

（本表内所用卷数及页数均为《四库全书》本的卷、页数）

《四库全书》本卷一三第二十页有一处比原文多 17 字，然是从前文移来此处的，当属“错简”，故本文之脱文、衍文简表均未计此处之异文。

表内所列八条衍文，最后一条（213 字）是《四库全书》本承《永乐大典》本的衍文而衍的。而前六条是否也属这种情况，因《永乐大典》本前七卷不存，已不可考了。

《四库全书》本内有些衍文仅一字，然亦颇影响文意，如卷四“流太学生杨宏中等六人”纲目内，在“（周）端朝……嘉定四年南省进士第”这句之后衍一“一”字，文意自非原书所云。又如卷八“御笔严监司互送之禁”纲目中，将《永乐大典》本内的“各司为数千缗”衍为“各司为数千万缗”，一字之差，差之万倍矣！

3.倒。如卷五内“大奚山者，在东广海岛中”一句，《四库全书》本为“……在广东海岛中”。又如卷一四“真德秀请绝金虏岁币”纲目内，《四库全书》本将“（教阅）驰废”倒改为“废弛”。但总的看在此书《四库全书》本中，倒文数目很少。

4.讹。以今存之《永乐大典》本残卷与《四库全书》本比勘，可发现《四库全书》本内不少错讹，其中多因字形相似而误，如将“兀岭”误写为“九岭”（卷九），将（青神宰）“杨洪”误为“汤洪”（卷九），将“奈何用之”讹为“李何用之”（卷一〇）。又如卷一二内将“以太子名幬难避”误为“以太子名幬远被”；将“府尹称疾，乞告。诏予五月”讹为“府尹称疾，乞告。诏予五日”。这种因形似而误的情况每卷都有。

还有因音似而误者，如将“于是二司始悟”讹为“于是二司始忤”（卷九），原文意为“于是二司才明白”，《四库全书》本则成了“于是二司才发生矛盾”，意思大相径庭了。

又如将“（吴）猎怼曰”误为“（吴）猎对曰”（卷一二），将“汉中留逾月”讹为“汉中留余月”（卷一〇）；将“中外嗟怨”误为“中外皆怨”。但这种因音似而误的情况在此书《四库全书》本内尚不多见。

5.改。有些校勘学家将“改字”归入“讹误”之列，但该书《四库全书》本内，馆臣的有意改动非常多，分类而论尚可达五类之众，故特单列“改”字一项述之。

其一为改译名。原书内有许多少数民族人名，《四库全书》本几乎都予以改译，如将“成吉思”改为“青吉斯”（卷一三），“忒没真”

改为“特穆津”（卷一三），“鞑靼”改为“塔坦”（卷一三），改“阿骨打”为“阿古达”（卷一〇），改“兀术”（术音 zhú）为“乌珠”（卷一〇），改“吴乞买”为“乌奇迈”（卷一〇）等等。显然，原文内的许多译名更近于或完全同于今译名，如“鞑靼”、“成吉思”、“阿骨打”等，《四库全书》本的改译不但违背了校勘的基本原则——存真复原，而且今天读起来也很容易引起误解。

其二为改宋代避讳之字。原书内遇“惇”、“昀”（即南宋光宗、理宗的名字），多以小字“御名”代之，且改“贞”字为“正”字，遇“完”字则缺笔。对这些避讳字，《四库全书》本皆直书原字。

其三为因清讳而改字。此项又可分为三种情况。一是避清帝名而改，如卷一中“泫”字、卷八内“晔”字皆缺末笔。

二是改对金朝或金军的蔑称，如将卷一四内的“今豺虎斗于中原，狐狸嗥于境上”改为“今兵马践于中原，烽烟接于境上”；改“蠢兹逆虏”为“惟兹仇敌”（卷九）；改“夷狄豺狼”为“敌人”（卷一一）；改“奏胡戎乐”为“奏杂戏乐”（卷二）等。原书内后几卷频频出现的“虏”、“金虏”等，也都被改为“金”、“金人”等。

三是将原书内用于金军行动的“犯”、“寇”、“遁”等贬义词改作“攻”、“侵”、“退”等。这种改动在后几卷内也频频出现。

其四为改通假字、古今字等。对于古书中的通假字、古今字等，校勘时仍应根据“存真复原”、“力求与原稿文字一致”的原则，尽力保持古书的原貌，而不应妄加改动。至于指出通假字的本字或古字的今字，则是注释的任务。而这类改动，在此书《四库全书》本中亦不少见，如卷九内将“炁”改为“气”，将“佥厅”改为“签厅”，将“早惠”改为“早慧”；卷一二内将“很愎慢令”改作“狠愎慢令”；卷一三内将“孳孳履行”改作“孜孜履行”；卷一六内将“切见”改为“窃见”等等。这类情况在前几卷也不少，但因无法确定是否为纂修《永乐大典》时所改，故不赘述了。

其五为臆改。这类改动最无道理，古人已多有论述。然而在此书《四库全书》本内，这种改动各卷都有。如卷一四“真德秀请绝虏人岁币”纲目内，馆臣就将《永乐大典》本内的“整整有绪”改作“整理有绪”，将“（矫枉）过直”改作“过正”，将“伉健”改为“壮健”。又如卷一第九页的“唐太宗号英主，至此乃不能决，犹引佩刀以自向”中的“不能决”被改为“不能断”，“自向”被改为“自决”。有些改动则更影响到文意，如卷九“雅州蛮高吟师寇边”纲目内，有“吟师惭怒，乃訹前后费、杨二族夷人攻卢山后峡”，《四库全书》本则为“吟师忿怒，乃纠前后费、杨二族蕃人攻卢山后峡”，其中将“惭”改为“忿”，乃《永乐大典》本所为，姑不论；改“夷”为“蕃”，属前文所述“因清讳而改”之列。此处要讲的则是改“訹”为“纠”：据《辞源》，“訹”有二意，即“利诱”或“恫吓”，而“纠”在此处意为“集”，文意相去甚远。

明人校勘古书时的乱删妄改之风，已屡遭清人指斥，而对清人所修《四库全书》中的臆改之文，迄今却极少有人指出。显然，《四库全书》中的臆改现象，应引起学者，尤其是文献学研究者的充分重视。

六、案语

四库馆臣为此书加了百余条案语，其目的在《四库全书总目》中讲得很清楚：“（此书）间有叙述失次，端尾相淆者，睿鉴指示，旷若发蒙。谨仰遵圣训，详为核正，各加案语以明之。”[①]这些案语，

---

① 《四库全书总目》卷四七。

多属校勘范畴，间或涉及史事考证。如卷三“集议庙制”纲目内，馆臣对“及高宗祔庙”一句加案语云：“高宗已祔，此当云光宗，盖并记后事也。原本有误。”馆臣的所有案语均以双行小字排出，故不致与原文混淆，案语前都加“案”或“按”字，又可与原文的双行小注相区别。

《四库全书》本的校勘相当粗疏，对《永乐大典》本内的许多问题都未能校出，甚至有些案语也有错误。如卷三“皇子嘉王即帝位”纲目里的第一句，原文为“……上正朝临，仆于地，都人大骇”。《宋史全文》卷二八、《续宋中兴编年资治通鉴》卷一一内的有关文字与此句一字不差，而《四库全书》本中则为“……留正朝临，仆于地，都人大骇”。“留”字之误固然可能出自《永乐大典》，但馆臣在此处加案语曰：“案上条留正已逃归，此目内复书正朝临仆地者，盖此条因总叙宁宗即位始末，故复追记辛酉日事而及之也。”可见馆臣亦感到此处之“留正”不妥，但却未能以《宋史全文》及《续宋中兴编年资治通鉴》进行他校，以致得出错误的结论。

又如卷四“赵汝愚卒”纲目内，案语云：“案《庆元党禁》，汝愚之卒在二十日丙子……”今查《庆元党禁》，则为“二十日庚子”。又卷五“籍伪学”纲目中，案语曰：“《庆元党禁》无黄灏，系脱误……”而《庆元党禁》内实有黄灏。仅此数例，已足见《四库全书》本所加案语的粗疏了。

综上，《续编两朝纲目备要》的《四库全书》本与原书相比勘，有上述六类不同或改动，故而《四库全书》本不仅在分卷、行款等形式上与是书原貌相去甚远，而且内容上的异文也几乎是每页都有，有些还严重影响了文意。因此无论从文献学的角度，还是从史学研究的角度，都很难讲此书的《四库全书》本是好版本。

附件：五种版本分卷对照表

<table>
<tr><th></th><th>宋刻元修本
（仅 1—5 卷）
与清影宋抄本</th><th>《永乐大典》本</th><th>清抄本与
《四库全书》本</th></tr>
<tr><td>昭熙元年</td><td>1</td><td rowspan="13">佚</td><td>1</td></tr>
<tr><td>昭熙二年</td><td rowspan="3">2</td><td rowspan="3">2</td></tr>
<tr><td>昭熙三年</td></tr>
<tr><td>昭熙四年</td></tr>
<tr><td>昭熙五年</td><td>3</td><td>3</td></tr>
<tr><td>庆元元年</td><td rowspan="2">4</td><td rowspan="2">4</td></tr>
<tr><td>庆元二年</td></tr>
<tr><td>庆元三年</td><td rowspan="3">5</td><td rowspan="3">5</td></tr>
<tr><td>庆元四年</td></tr>
<tr><td>庆元五年</td></tr>
<tr><td>庆元六年</td><td rowspan="2">6</td><td>6</td></tr>
<tr><td>嘉泰元年</td><td rowspan="2">7</td></tr>
<tr><td>嘉泰二年</td><td rowspan="2">7</td></tr>
<tr><td>嘉泰三年</td><td rowspan="3">12960</td><td rowspan="3">8</td></tr>
<tr><td>嘉泰四年</td><td rowspan="2">8</td></tr>
<tr><td>开禧元年</td></tr>
<tr><td>开禧二年</td><td>9</td><td rowspan="2">12961</td><td>9</td></tr>
<tr><td>开禧三年</td><td>10</td><td>10</td></tr>
<tr><td>嘉定元年</td><td rowspan="2">11</td><td rowspan="3">12962</td><td>11</td></tr>
<tr><td>嘉定二年</td><td rowspan="2">12</td></tr>
<tr><td>嘉定三年</td><td rowspan="2">12</td></tr>
<tr><td>嘉定四年</td><td rowspan="5">12963</td><td rowspan="3">13</td></tr>
<tr><td>嘉定五年</td><td rowspan="2">13</td></tr>
<tr><td>嘉定六年</td></tr>
<tr><td>嘉定七年</td><td rowspan="2">14</td><td>14</td></tr>
<tr><td>嘉定八年</td><td rowspan="4">15</td></tr>
<tr><td>嘉定九年</td><td rowspan="4">15</td><td rowspan="9">12964</td></tr>
<tr><td>嘉定十年</td></tr>
<tr><td>嘉定十一年</td></tr>
<tr><td>嘉定十二年</td><td rowspan="6">16</td></tr>
<tr><td>嘉定十三年</td><td rowspan="5">16</td></tr>
<tr><td>嘉定十四年</td></tr>
<tr><td>嘉定十五年</td></tr>
<tr><td>嘉定十六年</td></tr>
<tr><td>嘉定十七年</td></tr>
</table>

第二节 《四库全书》研究之二
——《四库全书》某些歧误之原因

《四库全书》之修纂，为中华历史文献学史上的一件大事，数千种古籍赖此流传不辍，其功自不可泯。然《四库全书》卷帙浩繁，谬误在所难免。仅以《续编两朝纲目备要》（其《四库全书》本又名《两朝纲目备要》，所记为南宋光宗、宁宗两朝史事）为例，笔者在校勘时将是书之《四库全书》本与宋刻元修本、清影宋抄本逐字逐句详加比勘，从而发现《四库全书》本中之诸多歧误，遂将其厘为六个方面，即：（一）书名；（二）分卷与目录；（三）款式；（四）体裁；（五）异文；（六）案语（详见上节《四库全书歧误一瞥》）。这些歧误之所以产生，其学术原因何在？在学术原因背后，是否还有更深层的原因？此即为本节试图回答的问题。

从校勘学的角度分析，产生此书《四库全书》本与原本的六类不同和讹误的学术原因，主要有四个方面：（一）选底本；（二）抄录；（三）校勘；（四）改动。

众所周知，要校勘古书，第一个重要步骤就是广罗异本，在此基础上才可能对校勘时所用的底本作出最佳选择。如果连古书现存的最好版本都发现不了，那么即使校勘时花费的气力再大，最终也只能是事倍而功半。早在两千多年前我国文献学史上第一次大规模校理群书之时，刘向父子就已认识到并认真实践了这一重要的校勘学方法。而清修《四库全书》时，馆臣"惟见"《续编两朝纲目备要》"于《永乐大典》"[①]中的版本，却未见到其宋刻元修本和三种清影宋抄本[②]，从而才会产生前述《四库全书》本第（一）、（二）、（三）项，即书名、分卷与目录、款式诸项歧异。由于同样的原因，馆

① 《四库全书总目》卷四七。

② 当然，这三种本子除季振宜之藏本必先于乾隆年间外，其余两种有可能影抄于《四库全书》纂修之后。若果如此，则说明在修《四库全书》之时，此书尚有完整的宋刻本在，但馆臣亦未见到。

臣也很难发现和厘正此书《永乐大典》本的讹误，而只能依样录之。前述第（五）项中的部分异文即源于此。

抄录是校书过程中的大忌。早在我国东晋时代就已流传着这样的谚语："书三写，鱼成鲁，虚成虎。"①表明当时人们就已认识到书籍一经抄写，就极难避免产生讹误。而清修《四库全书》时，凡自《永乐大典》辑出之书，辑录时自然要从《永乐大典》中逐句抄出，而后再誊入《四库全书》，成为正本。经过这两次抄录，"鱼鲁亥豕"自然在所难免。如前述"异文"中之"脱文"一项，就可明显看出清抄本（现藏北图者）脱漏于前，《四库全书》本尤甚于后，再加之校订不审，终至今日之《四库全书》本脱文（三字以上者）达三十六处之多。上述第（五）项"异文"中，除"改动"一类和上文所述承《永乐大典》本之误外，大量异文皆由抄录而生。

校勘是一项极为艰巨的工作，其烦琐、艰难之程度远远超出一般人的想象。现行论校勘的书，都指出它要求校勘者具备广博专深的学识，一丝不苟的严谨态度。但还有一个条件，即大量的时间，一般论者可能因其不属于校勘者的素质问题而不论，或因其过于明显而不屑论之，然舍此条件校勘工作亦无法正常进行。从《续编两朝纲目备要》与《四库全书》本看，馆臣不但未能校出《永乐大典》本中的讹误，而且对两次抄写中产生的大量异文也多未订正。此外前述第（六）项案语中的错误，当然也属校勘方面的问题。而这些问题据笔者考察，多是由于时间紧迫而致。

改动是校勘古书时的最大忌讳，这已是古人，尤其是清人多次指出过的。上述第（四）项"体裁"、第（五）项"异文"中的"改动"都

---

① 《抱朴子·遐览》。

属此类。对第(四)项“体裁”改动的原因,我们可在《四库全书总目》中找到答案,即馆臣认为此书“不谙体例”[①],并对“其中间有叙述失次、端委相淆者”,“详为核正……俾首尾秩然”[②]。此书《四库全书》本在体裁方面的变化,显为馆臣“核正”之例。即使这些核正是有道理的,但从校勘原则出发,为保持古书原貌,对体裁不当之处只能加注指出,而不应径改之。[③]

上述四项产生歧异的学术原因,都违背了校勘学的最基本原则,已如前述。四库馆臣却偏偏在这些常识方面出问题,难道他们的水平真是如此低下吗?

显然不是。

如所周知,清代学术以考据著称,在文献学的各个领域都获得了丰硕成果,如辨明《古文尚书》之伪,出现《援鹑堂笔记》、《读书杂志》等高水平的校勘学著作和《玉函山房辑佚书》这样的辑佚巨帙等等,从而使古籍整理的水平达到前所未有的高度。而纂修《四库全书》的馆臣,更是清代众多文献学家中的佼佼者。如以学识渊博而被荐为总纂官的纪晓岚,其巧对对联、妙答乾隆“老头子”的逸事至今流传民间。又如对正总裁官于敏中,陈垣先师早已指出:“于敏中以大学士总裁其事,据寻常观察,必以为徒拥虚名,机轴实出纪、陆二人之手。今观诸札,所有体例之订定,部居之分别,去取之标准,立言之法则,敏中均能发纵指示,密授机宜,不徒画诺而已。”[④]这些

---

① 《四库全书总目》卷四七。

② 同上。

③ 倪其心:《校勘学大纲》,北京大学出版社 1987 年版,第 86—88 页。

④ 陈垣:《书于文襄论四库全书手札后》,载《陈垣学术论文集》第二集,中华书局 1982 年版,第 44 页。

议论充分肯定了他对纂修发挥的作用。再如被时人美称为“五征君”的邵晋涵、余集、周永年、戴震、杨昌霖，更是学富五车的文献学家。从这些人的学识水平来讲，根本不可能犯这些常识性的错误。

但《四库全书》本内却又千真万确地存在这些问题，其原因究竟何在呢？是否此书的《四库全书》本是《四库全书》中一个质量差的特殊例子呢？

先看看选底本方面。我们只要翻开王重民先生的《中国善本书提要》，就会发现不少至今犹存而《四库全书》并未收录的善本，如宋程珌之《洺水集》，《四库全书》收入的只是崇祯年间的刻本[①]，而未见到流传至今的嘉靖年间刻本[②]，从而在《四库全书总目》中根据崇祯刻本的“原序”得出“岁久散佚，旧缺其半”的错误结论[③]，这与《续编两朝纲目备要》在《四库全书》中的情况极为相似。足见尽管乾隆搜书之网不可谓不密，然仍有不少善本、孤本，馆臣并未见到。

在选底本方面，还存在另一类问题，即业经采进却未被著录的。如宋车垓的《双峰先生内外服制通释》，《四库全书》内为七卷残本[④]（底本现藏中国国家图书馆），但《藏园群书经眼录》著录一旧抄本，为九卷全书，也有翰林院印，而馆臣竟未见到。又如明许相卿有《云村文集》十四卷，《四库全书总目》云：“是集为相卿所自定，简择颇精。”[⑤]但许集尚有身后所出的《黄门集》十二卷附录一

① 《四库全书总目》卷一六二。

② 王重民：《中国善本书提要·集部·别集类》，上海古籍出版社 1983 年版，第 532 页。

③ 《四库全书总目》卷一六二。

④ 《四库全书总目》卷二〇。

⑤ 《四库全书总目》卷一七二。

卷，不仅内容完备，而且前集中的错字，也皆更正。正因其晚出，故胜前本甚多，而此《黄门集》当时也有采进本，却未被录用[①]。由上述可知，在《四库全书》纂修过程中，校勘时选择底本方面存在的问题决非独存于《续编两朝纲目备要》一书之中。

又如改纂原文方面，更有出版家、文献家张元济先生，在跋宋晁说之《嵩山文集》时，曾将其中《负薪对》的旧抄本与《四库全书》本比勘，并将《四库全书》本因避清讳而删削改纂的文字一一举出，与原文并列成表，使人观后对《四库全书》本的改纂之烈一目了然。还有不少书籍、文章，如郭伯恭先生的《四库全书纂修考》、黄爱平先生的《四库全书纂修研究》、陈垣先生论《四库全书》的文章、赵录绰先生的《清高宗之禁毁书籍》等，对此都有论述，在这里就不重复了。至于抄录和校勘中存在的问题，更属普遍现象，对此将在后面论及。

由此可知，《续编两朝纲目备要》《四库全书》本所存在的问题，在《四库全书》内（尤其是《四库全书》中的《永乐大典》辑本内）决非孤证，因此探究这些问题的原因就更为必要、更有意义了。让我们以上述四方面的学术原因为出发点，简要回顾一下《四库全书》的纂修过程，就不难找到问题的答案了。

首先是馆臣为何没有见到《续编两朝纲目备要》等书的善本。

乾隆三十七年正月四日，清高宗下诏访求遗书，但下诏近一年，收效甚微："迄今几近匝岁，曾未见一人将书名录奏，饬办殊为延缓。"[②]至乾隆三十八年三月，情况仍未好转："乃各省奏到书单，

---

① 可参刘乾：《"四库底本"漫谈》，《文史知识》1990 年第 7 期。

② 乾隆三十七年十月十七日上谕，载王重民编：《办理四库全书档案》上册，国立北平图书馆 1934 年版。

寥寥无几，且不过近人解经论学、诗文私集数种，聊以塞白。其实系唐宋以来名家著作，或旧版仅存，或副稿略具，卓然可传者，竟不概见。”①后虽因高宗多次下诏（甚至在诏书中指名道姓）、恩威并施，从而使征书工作有很大进展，乃至后来章学诚说：“《四库》搜罗，典章大备，遗文秘册，有数百年博学通儒所未得见而今可借钞于馆阁者。”②但从《续编两朝纲目备要》的数种善本皆未见进呈和上文所述有些善本馆臣未见到这些情况来看，很难讲藏书家们的献书是毫无保留的。其原因清高宗本人也很清楚。他在乾隆三十八年就曾说：“乃各省奏到书单，寥寥无几……必系督抚等因遗编著述非出一人，疑其中或有违背忌讳字面，恐涉手干碍，预存宁略毋滥之见；藏书家因而窥其意指，一切密而不宣，甚无谓也。”③也就是说，对于交书，地方官和藏书家都心有余悸——清初惨烈的文字狱，地方官不可能忘记，读书人更是记忆犹新。此其原因一。

清高宗在同一诏中又说：“即有收藏吝惜之人，泥于借书一痴俗流，此在友朋则然。今明旨征求，借后仍还故物，彼毫无所损，又岂可独抱秘文，不欲公之同好乎？”④这段话又道出了另一原因：藏书家的“吝惜”。中国古代藏书家嗜书如命，蔚为传统，乃至有将书“饥读之以当肉，寒读之以当裘，孤寂读之以当友朋，幽忧读之以当金石琴瑟也”⑤。至清代这种传统得以进一步发扬，至有“佞宋主人”之类的“雅号”问世。此其原因二。

---

① 乾隆三十八年三月二十八日上谕，载王重民编：《办理四库全书档案》上册。
② 《章氏遗书》卷九《为毕制军与钱辛楣宫詹论续鉴书》。
③ 乾隆三十八年三月二十八日上谕，载王重民编：《办理四库全书档案》上册。
④ 同上。
⑤ 尤袤：《遂初堂书目·跋》。

还有一个乾隆上谕未提及的原因，即汉族学者对清统治者的民族情绪。文字狱可以钳住文人的口，使之不敢妄议当朝，却不可能改变他们对外族入主中原深藏心底的抵触情绪。此其原因三。有此三者——藏书家原本惜书如命，再加上他们对清统治者强烈的不满情绪和对文字狱心有余悸，尽管他们最终不得不献出大量书籍，但若其中个别人将最心爱的善本匿而不献，也是不足为怪的。

其次是抄录问题。如前所述，《四库全书》在纂修过程中对自《永乐大典》辑出之书必须经过两次抄录，其间不可避免地要产生讹误。且纂修之初，誊录制度又不尽完善，如誊录人员的选择办法，就曾因弊病过多而两次更改，即从保举之法改为当堂考查，后又改为从乡试落第者中挑选。[1]

又如乾隆四十三年，誊写人员从额定的六百名（包括抄写《四库全书荟要》的二百名）增至一千多名[2]（增加原因详后），乃至使经过校正的底本不够分配给每个人去抄写。为保证缮录的进度，总裁只好允许誊写人员捐书缮写："尚有无印书籍约六七百种，重复之本居多，自系誊录所捐，若概置不收，无以补底本之缺。"[3]据档案所载，自乾隆四十三年七月准誊录等捐书缮写以后，共计收到捐书"五百七十九种"[4]。但这五百余种捐本"俱系未经校正之

① 黄爱平：《四库全书纂修研究》，中国人民大学出版社 1989 年版，第 139—140 页。

② 同上书，第 143 页。

③ 乾隆四十五年三月九日吏部左侍郎王杰奏折，现藏中国第一历史档案馆。

④ 乾隆四十五年五月二十七日大学士英廉等人的奏折，现藏中国第一历史档案馆。

书”[①]，因而存在各种问题：“即一人之书，赵汝楳《易序丛书》、赵希鹄《洞天清录》之类，各有真本、伪本；又如王定保《唐摭言》、王楙《野客丛书》之类，亦各有全本、删本。”[②]尽管上奏中也指出对这些“未经校正之书，亦应令原总纂、纂修并加复看，如有舛错，并著落该提调陆费墀等赔写”[③]，但这些“未经校正”的“无印书籍”一经抄写，随之而生的问题就远非“复看”所能解决的了，因为底本一旦选错，校勘再精审也难补其缺。（顺便说一句：前述《双峰先生内外服制通释》、《云村文集》，明明有更佳的采进本，馆臣却视而不见，问题很可能就出在捐书缮写上。）所谓“赔写”，也不可能将这五百七十余种书都重录一遍。因此，以上这些誊录规章制度上的问题，大大增加了缮录中产生错讹的机会。

《四库全书》现存书达三千余种，七万九千三百余卷，故其校勘工作的繁难程度远非校勘一般单本古书可比，本应是一项旷日持久的工程。从馆臣的素质看，上文提及之校勘三条件，渊博学识与严谨态度是他们完全具备的，而他们所缺的恰是第三个条件——大量的时间。何以见得呢？乾隆诏书和《于文襄手札》等许多史料皆可充分证明这一点。

乾隆三十八年二月初六，即《四库全书》纂修之初，高宗就在谕旨中强调要注意防止“责成不专，徒致岁月久稽，汗青无日”[④]。同时又认为修《四库全书总目》“若欲悉仿刘向校书序录成规，未免过

---

① 乾隆四十五年三月九日吏部左侍郎王杰奏折，现藏中国第一历史档案馆。

② 乾隆四十五年五月二十七日大学士英廉等人的奏折，现藏中国第一历史档案馆。

③ 乾隆四十五年三月九日吏部左侍郎王杰奏折，现藏中国第一历史档案馆。

④ 《四库全书总目·卷首》。

于繁冗"[①]。仅五天后，高宗又在上谕内重申："再是书（指《永乐大典》——笔者）卷帙如此繁重，而明代蒇役仅阅六年。今诸臣从事厘辑，更系弃多取少，自当刻期告竣，不得任意稽延，徒诮汗青无日。"[②]其急切心情溢于言表。

高宗不但再三下诏催促，而且要求馆臣们制定出种种定额来保证修书的速度。例如清初各馆抄录书籍素无定额，至修《四库全书》，则打破惯例，制定了非常具体的定额："……仍核定字数，每人每日写一千字，每年扣去三十日为赴公所领书、交书之暇，计每人每年可写三十三万字。"[③]"五年共限写一百八十万字。"[④]并规定了严格的考核制度来监督完成情况："照各馆五年议叙之例，核其写字多少以为等差。如五年期满，所写字能逾十分之三以上者，列为头等，准咨部议叙，其仅足字者次之。若写不足数，必须补写完足，方准咨部。如此则人知奋勉，其书可冀速成。"[⑤]当时的考核制度远不止此，本文限于篇幅，在此不赘述了。馆臣规定这许多具体而严格的制度，其目的唯在"速成"。

又如乾隆五十二年五月，高宗发现文津阁《四库全书》"讹谬甚多"[⑥]，从而下令复校文渊、文源二阁书时，在谕旨中也明文规定了校书的定额："其尚书、侍郎管理事务繁多者，每日每人著各看书一

① 《四库全书总目·卷首》。

② 乾隆三十八年二月十一日上谕，载《四库全书总目·卷首》。

③ 乾隆三十八年三月十一日办理《四库全书》处奏折，载王重民编：《办理四库全书档案》上册。

④ 乾隆四十年四月十五日多罗质郡王永瑢等奏折，现藏中国第一历史档案馆。

⑤ 乾隆三十八年三月十一日办理《四库全书》处奏折，载王重民编：《办理四库全书档案》上册。

⑥ 乾隆五十二年五月十九日上谕，载王重民编：《办理四库全书档案》下册。

匣；六阿哥、八阿哥及事简之堂官，各看书二匣；京堂翰、詹、科道部属等官，每人每日各看书二匣；再六部司员中并著该堂官，每司各派出一人，每日各看书二匣……不过两月，两阁书籍即可校阅完竣。”[①]校书本如扫落叶，难以尽除其误，再如此明令限期，就更无法保证质量了。

《于文襄手札》也充分反映出时间迫促这个问题。如于敏中致陆锡熊函曰：“昨阅程功册散片一项，除山东周编修外，认真者极少。然每日五页尚有一定之程，惟遗书卷帙甚多，每纂修所分俱有一千三百余本，今此内有每月阅至一百六七十本者，告竣尚易；其一百本以外，亦可以岁月相期。乃有不及百本，甚至有不及五十本者，如此办法告成无期，与足下及晓岚先生原定之期——原定上年可完，今已逾期矣，尚忆此言否？——太觉悬远，倘蒙询及，将何以对？愚实惶悚之至！足下当与看遗书诸公细商，自定限期，总录单寄示，庶得按册而稽，亦可稍救前言之妄。幸勿以泛语置之！”[②]像这样的焦虑之辞在《于文襄手札》中多次出现，故而陈垣先师对《于文襄手札》的高度概括是：“统观诸札，办书要旨：第一求速……”[③]可见速度是馆臣们第一关切的问题。上文所讲誊写人员增至一千余，也正是馆臣为保证抄录速度而不得不采取的下策。而如此“求速”，其结果只能是修书时“不能不草率”[④]。

清高宗为何要如此催促再三呢？在《乾隆御制诗》的注中，有一段绝妙的自述：“《四库全书》之集，在余六十三岁，始思及而降

---

① 乾隆五十二年五月十九日上谕，载王重民编：《办理四库全书档案》下册。

② 《于文襄论四库全书手札》，国立北平图书馆1933年影印（无页数）。

③ 陈垣：《书〈于文襄四库全书手札〉后》，载《陈垣学术论文集》第二集，第45页。

④ 同上。

旨，浩如渊海，恐难促就，是以甲午联句有'逢会略嫌迟岁月，就将惟亹愿观成'之句。"[①]高宗明知修《四库全书》的工作"浩如渊海"，只因他想在有生之年看到《四库全书》问世，故此一而再、再而三地催促。这种急迫的督催，使众多学识渊博的馆臣难以施展才华，却只能"草率"从事。由此可见，《四库全书》本讹误百出，实非馆臣之责，而很大程度上是清高宗再三催逼的必然恶果。

至于"改动"一项，主要是为避清之讳，对此如前文所述，已有书籍、文章论之甚详。正如陈老指出的："办书要旨……第二求无违碍，故不能不有所删改。"[②]对此本文不再赘述了。

以上从四项学术原因出发，考察了其背后的更深层原因。不难看出，除一些较为次要的技术原因（如抄录两次）和其他原因（如藏书家惜书如命）之外，《四库全书》本产生歧异的主要原因，或直接（如删削违碍）或间接（如督催再三），都是由清统治者造成的。其中因为清统治者的"办书要旨""第一为求速"，所以不但产生了抄录中"捐书缮写"等重大弊病，而且使校勘工作失去了时间上的保障，故而尽管复校多次，仍不免错谬百出。总之，《四库全书》尽管在保存、流传古籍方面有重要作用，但清统治者在纂修过程中，不仅"寓禁于征"，销毁了大量违碍之书，而且对《四库全书》现存书（特别是其中的《永乐大典》辑本）的种种错讹，也负有无法推卸的责任。

*　　　　*　　　　*

《四库全书》的纂修是一项浩大工程，其产生问题的原因也是

---

① 《清高宗御制诗文全集》，台湾故宫博物院 1976 年印行，第四集第一百卷，第7—8 页，《题文溯阁》诗注。

② 陈垣：《书〈于文襄四库全书手札〉后》，载《陈垣学术论文集》第二集，第 45 页。

极为复杂的。笔者自知才疏学浅,兼之偶涉此题,故所论难免挂一漏万。草成此文,无非是抛砖引玉,敬俟专家指教耳!

附:此节文字曾经黄爱平先生审阅,并予多方面指教,特致谢忱。

校 勘 篇

第一章　宋代官府对经部书的校勘

宋代官府在校理经部书方面多有建树，呈现出不同于前代的一些特点，且对我国经部书的发展具有重要意义。

本章所论为宋代馆阁以校勘为主要目的的整理活动，因此如《类篇》的修纂过程中，虽亦有“委掌禹锡、张次立同加校雠”[①]，然因其目的在修纂而非校勘，故本章不论。

宋代曾多次综校四部之书，其中自然也有经部书，然因其目的不是专为校经书，故本章亦不计算在内。

一

北宋年间馆阁校经部书共计十次，而始于太祖朝之“开宝校《释文》”：建隆三年，“判监崔颂等上新校《礼记释文》。开宝五年，判监陈鄂与姜融等四人校《孝经》、《论语》、《尔雅》释文，上之。二月，李昉、知制诰李穆、扈蒙校定《尚书释文》，……诏并刻板颁行。”[②]这次校勘是接续后周时期的校勘：“周显德中（二年二月）……《易》、《书》、《周礼》、《仪礼》四经释文，皆田敏、尹拙、聂崇义校勘，自是相继校勘《礼记》、三传……并拙等校勘。”[③]由于宋太

① 《文献通考》卷一八九《经籍考》。

② 《玉海》卷四三“开宝校《释文》”条下。其中校《尚书释文》又见《玉海》卷三七。

③ 《玉海》卷四三“开宝校《释文》”条下。

祖是“黄袍加身”而得天下，未经过大规模的血腥征战，故此虽已改朝换代，宫廷中的校勘活动仍能得以延续。

陆德明的《经典释文》凡三十卷，释今十三经中除《孟子》之外的十二种，以及《老子》、《庄子》，共十四种。而开宝年间所校的《释文》，因是接续之作，所以仅校了《礼记》、《孝经》、《论语》、《尔雅》和《尚书》五种。

第二次为太宗朝之详定《玉篇》和《切韵》：“（太平兴国二年五月）丁亥，诏太子中舍陈鄂等（五人）同详定《玉篇》、《切韵》。”① 其结果则未见史载。

第三次为雠校《说文解字》：“（雍熙三年）十一月乙丑朔，（徐）铉等上新定《说文》三十卷……上称善，遂令模印颁行，各赐器币有差。”② 参加者则有：“句中正、葛湍、王惟恭等。”③

这次雠校，不但“模印颁行”为太宗所令，而且其发端即出自“圣意”：“上留意字学，以许慎《说文》差谬，学者无所依据，乃诏右散骑常侍徐铉、著作郎、直史馆句中正等精加雠校。”④

这次雠校的过程，在徐铉为《说文》所作的序中有详细记述：“……乃诏取许慎《说文解字》，精加详校……A. 有许慎注义、序例中所载而诸部不见者，审知漏落，悉从补录；B. 复有经典相承传写

---

① 《续资治通鉴长编》卷一八。其中“（五人）”为据《玉海》卷四五所增。又《玉海》载此事之日期为“二年六月丁亥”，然是年六月为辛卯朔，无丁亥，《玉海》显误，故今从《续资治通鉴长编》。又《续资治通鉴长编》于此条下有小字：“《艺文志》载：鄂等重详定《篇》、《韵》在雍熙中，与《本纪》、《实录》不同，恐《志》误也，今不取。”本文亦从《续资治通鉴长编》。

② 《续资治通鉴长编》卷二七。

③ 《文献通考》卷一八九《经籍考》。

④ 《续资治通鉴长编》卷二七。

及时俗要用而《说文》不载者，皆附益之，以广篆籀之路……C.其间《说文》具有正体而时俗讹变者，则具于注中；D.其有义理乖舛、违戾六书者，并列序于后，俾夫学者无或致疑……E.又许慎注解，词简义奥，不可周知，阳冰之后，诸儒笺述有可取者，亦从附益；F.犹有未尽，则臣等粗为训释，以成一家之书；G.《说文》之时，未有反切，后人附益，互有异同。孙愐《唐韵》行之已久，今并以孙愐音切为定，庶几学者有所适从焉。"[①]以上七项整理措施，大致可归为三类。第一类是补充，即A、B两项，A项为以本校法校其"漏落"而"补录"之，B项为"附益"当时认为重要的内容。第二类为注释，即C、D、E、F四项，其中C项是将当时与《说文》所载不同的"讹变"之字在注中标出；D项笔者认为也可视为注释之一种，即指出书中"违戾六书者"，以使学者无或致疑；E项为增入他人之注；F项为徐铉等人之自注。第三类是以《唐韵》统一反切，即G项。

除徐铉所言这七项外，此次尚包括"纠正脱误"、"改易分卷"（将原书之十五卷厘为三十卷）和"在卷首增加标目"等内容。[②]不难看出，其许多方面已超出一般校勘的范畴，而兼及注释、增补诸项，实为一次质量颇高的较为全面的文献整理了。

第四次为刊定《雍熙广韵》："太宗……命（句）中正及吴铉、杨文举等考古今同异……补缺刊谬，为新定《雍熙广韵》一百卷，端拱二年六月丁丑上之。"[③]《宋史·艺文志》亦载："句中正《雍熙广韵》一百卷。"

本次"刊谬"完全由太宗发起："上尝谓直史馆句中正曰：'卿深

---

① 《宋史》卷四四一《徐铉传》。文中之"A、B、C……"为笔者所加。
② 殷韵初：《说文解字·前言》，中华书局1963年版，第2页。
③ 《玉海》卷四五"雍熙新定《广韵》"。又见《续资治通鉴长编》卷三〇。

于字学，凡有声无文者几何?’中正退，条为一卷以上。上曰:‘朕亦得二十余字，可并录之。’因命中正与史馆编修吴铉等撰定《雍熙广韵》。”①

第五次为校《五经正义》。此书为“孔颖达等奉唐太宗命编定，一百八十卷”，“对经书原有注疏，重新进行疏证，使论归一定，不再产生歧义”，“由于系官方颁布的定本，处于独尊的地位，唐宋间作为科举取士的依据”②。对此书的校正，崔颐正、孔维、李觉等人的传中皆有提及③，然均不及《玉海》卷四三之详:“端拱元年三月，司业孔维等奉敕校勘孔颖达《五经正义》百八十卷，诏国子监镂板行之。《易》则维等四人校勘，李说等六人详勘，又再校。十月，板成以献。《书》亦如之，二年十月以献。《春秋》则维等二人校，王炳等三人详校，邵世隆再校。淳化元年十月，板成。《诗》则李觉等五人再校，毕道升等五人详勘，孔维等五人校勘，淳化三年壬辰四月以献。《礼记》则胡迪等五人校勘，纪自成等七人再校，李至等详定，淳化五年五月以献。”

这次雠校至此已历时七年，参加者数十人，且五经均已校过，完全可以结束了，然而“是年，判监李至言义疏释文尚有讹舛，宜更加刊定，杜镐、孙奭、崔颐正苦学强记，请命之复校。至道二年，至请命礼部侍郎李沆，校理杜镐、吴淑，直讲崔渥佺、孙奭、崔颐正校定”④。《宋史·崔颐正传》中对李至的上言记述更详:“判监李至

① 《续资治通鉴长编》卷三〇。

② 东北师范大学古籍所辞书编辑室:《简明中国古籍辞典》，吉林文史出版社1987年版，第99页。

③ 各传均见《宋史》卷四三一。

④ 《玉海》卷四三“端拱校《五经正义》”。

上言：'本监先校定诸经音疏，其间文字讹谬尚多……盖前所遣多专经之士，或通《春秋》者未习《礼记》，或习《周易》者不通《尚书》，至于旁引经史，皆非素所传习，以是之故，未得周详。伏见国子博士杜镐，直讲崔颐正、孙奭皆苦心强学，博贯九经，问义质疑，有所依据。望令重加刊正，冀除舛谬。'从之。"[①]

这段上言值得注意之处在于：当时[②]对"专经之士"雠校经书尚觉"未得周详"，而须由"博贯九经"者来承担此项任务。

这次校勘至此仍未完结，真宗登基后，"咸平元年正月丁丑，刘可名上言诸经板本多误，上令（崔）颐正详校。可名奏《诗》、《书》正义差误事。二月庚戌，（孙）奭等改正九十四字"[③]。后又更其人："（李）沆预政。二年，命祭酒邢昺代领其事，舒雅、李维、李慕清、王涣、刘士元预焉。《五经正义》始毕。"[④]

这次校《五经正义》，自端拱元年至咸平二年，历时达十二年之久，其间反复雠校，极度认真之状跃然纸上。

今所见之十三经，在北宋初年已有十二部，故其他七经及疏亦需校勘："淳化五年……（李）至上言：'五经书疏已板行，惟二《传》、二《礼》、《孝经》、《论语》、《尔雅》七经疏未备……今直讲崔颐正、孙奭、崔渥佺皆励精强学，博通经义，望令重加雠校，以备刊刻。'从之。"[⑤]由此可见，对《五经正义》的第一阶段校勘刚结束，就开始了

---

① 《宋史》卷四三一《崔颐正传》。又见《续资治通鉴长编》卷四三。

② 这段上言虽未标明年代，然李至"兼判国子监"是在淳化五年（见《宋史》卷二六六《李至传》），此处称李至为"判监"，故当在淳化五年或其后。下文有"咸平初"云云，故可知此上言必在太宗朝。

③ 《玉海》卷四三"端拱校《五经正义》"。又见《续资治通鉴长编》卷四三。

④ 同上。

⑤ 《宋史》卷二六六《李至传》。

校七经疏的工作。

后校勘人员又有增加:"至道二年,判监李至请命李沆、杜镐等校定《周礼》、《仪礼》、《礼记》、《谷梁传》疏,及别纂《孝经》、《论语》正义,从之。"①增加之人还有:"后又引吴淑、杜镐检正讹谬,至与李沆总领而裁处之。"②

这次校勘也一直延续到真宗初年:"咸平三年三月癸巳,命祭酒邢昺代领其事,杜镐、舒雅、李维、孙奭、李慕清、王涣、崔渥佺、刘士元预其事。凡贾公彦《周礼》、《仪礼》疏各五十卷,《公羊》疏三十卷,杨士勋《谷梁》疏十二卷,皆校旧本而成之。《孝经》取元行冲疏,《论语》取梁皇侃疏,《尔雅》取孙炎、高琏疏,约而修之,又二十三卷。"③"四年九月丁亥,翰林侍讲学士邢昺等及直讲崔渥佺表上重校定《周礼》、《仪礼》、《公》《谷》传、《孝经》、《论语》、《尔雅》七经疏义凡一百六十五卷,赐宴国子监,加一阶,余迁秩。十月九日,命摹印颁行。于是九经疏义具矣。"④

这次校勘自淳化五年五月以后至咸平四年九月,历时约七年;其特点是在校勘经书疏的过程中同时选定了最佳的疏义。而且至此,宋以前确定的十二经及注、疏已全部校雠完毕,且皆刻板颁行。

第七次在真宗景德二年:"九月辛亥,命侍讲学士邢昺与两制

① 《玉海》卷四一"咸平《孝经》、《论语》正义"。此处标题之"语"原作"记",据下文改。

② 《宋史》卷二六六《李至传》。

③ 《玉海》卷四一"咸平《孝经》、《论语》正义"。文中"王涣"原作"王焕",据《玉海》卷四三改。

④ 《玉海》卷四三"咸平校定七经疏义"。又见《麟台故事》卷二、《宋史》卷四三一《刑昺传》。

详定《尚书》、《论语》、《孝经》、《尔雅》文字。”[①]其原因为：“先是，国子监言群经摹印岁深，字体误缺，请重刻板。因命崇文检详杜镐、诸王侍讲孙奭详校。至是毕，又诏昺与两制详定而刊正之。”[②]其中《尔雅》的摹印颁行在仁宗年间：“天圣四年五月戊戌，国子监请摹印（陆）德明《〈尔雅〉音义》二卷颁行。”[③]故而本次乃是对以往校勘的复校。

第八次：“景德四年十一月戊寅，崇文院上校定《切韵》五卷，依九经例颁行。祥符元年六月五日，改为《大宋重修广韵》。”[④]《丛书集成初编》本《大宋重修广韵》书前有景德四年与大中祥符元年之敕文，要求对此书“特加刊正”和“校雠增损，质正刊修”。其原因为：“先以举人用韵多异，诏殿中丞邱雍重定《切韵》。”[⑤]

同时又有：“景德四年十一月戊寅，诏颁行新定《韵略》，送胄监镂板。”“《崇文目》：雍撰《韵略》五卷，略取《切韵》要字，备礼部科试。”[⑥]

由此可见，本次校勘产生了两部书，一为邱雍所校定之《切韵》，后更名为《广韵》；一为邱雍根据《切韵》摘编的《韵略》，此书则成为科举考试之用书，校后亦即镂板。

这里需要说明的是：《广韵》一书曾多次更名：“所谓《广韵》，则隋仁寿初陆法言等所共纂，次而唐仪凤、后郭知元等又附益之，时

① 《玉海》卷四三“刊正四经”。又见《麟台故事》卷二。

② 同上。

③ 《玉海》卷四三“开宝校《释文》”。

④ 《玉海》卷四五“景德校定《切韵》”。又见《宋大诏令集》卷一五〇。

⑤ 《玉海》卷四五“景德新定《韵略》”。又见《宋会要辑稿·崇儒》四之四、《麟台故事》卷二。

⑥ 同上。

号《切韵》。天宝末……孙愐……复加刊正，别为《唐韵》之名，在本朝太平兴国及雍熙、景德，皆尝命官讨论。大中祥符元年，改赐新名曰《广韵》。"至仁宗宝元二年，又重修此书，复"赐名《集韵》"[①]。仅此处所载，就已五更其名了。

第九次为大中祥符年间："三年二月己酉，太常博士邱雍上《篇韵筌蹄》三卷。六年九月，学士陈彭年、校理吴锐真、集贤院邱雍上《准诏新校定玉篇》三十卷，请镂板，诏两制详定改更文字。"[②]可能是"详定"非常认真之故，"镂板"工作迟至整整七年后才完成："天禧四年七月癸亥，板成，赐雍金紫。"[③]盖因如此，王应麟才未依《崇文总目》将此书著录为"重修"，而将其录为校定。

《篇韵筌蹄》为邱雍"编通俗文字而成"[④]，王应麟将它置于《新校定玉篇》之前，盖为表明《新校定玉篇》汲取了《篇韵筌蹄》的成果。

第十次在大中祥符七年："九月，又并《易》、《诗》重刻板本，仍命陈彭年、冯元校定。自后九经及《释文》有讹缺者皆重校、刻板。"[⑤]这些"重校"延续至天禧元年："九月癸亥，诏国子监：群书更不增损。"[⑥]可见真宗朝不仅校勘了当时的全部经书，而且对有些经书的校定还不止一次。

南宋校经书仅两次。对第一次校勘的记载见于高宗绍兴六

---

① 《文献通考》卷一八九《经籍考》。

② 《玉海》卷四五"祥符新定《玉篇》"。又《文献通考》卷一八九《经籍考》为"吴锐"，故疑《玉海》"锐"后之"真"为衍字。

③ 《玉海》卷四五"祥符新定《玉篇》"。

④ 《玉海》卷四五"景德新定《韵略》"。

⑤ 《玉海》卷四三"刊正四经"。

⑥ 《玉海》卷四三"刊正四经"。其中之"增损"原作"增价"，据上下文义改。

年:"……朱震先奉指挥,准中使降出崔子方《春秋经解》一十六册,令震校正……"[①]至八月"六日,翰林学士……朱震言:'奉诏……校正崔岩上祖先子方著《春秋经解》,乞与推恩。'诏岩补上州文学"[②]。本次仅校经部书一种。今存之《春秋经解》为四库馆臣从《永乐大典》中"裒辑成编"者[③],故《四库总目》未言及本次校勘情况。

第二次则在孝宗年间:"淳熙《礼部韵略》五卷。元年,国子监言:'前后有增改删削及多舛误。'诏校正刊行。"[④]本次亦仅校书一部。

二

若想对宋代经部书校勘做出恰当评估,就需对宋以前的状况作一回顾。

从对四部之书进行校勘的角度观察,宋代以前对经部书的校雠远胜于对史、子、集部。自汉武帝"独尊儒术"后,儒家经典便日益受到尊崇。为准确理解经典内容,首先就要保证经书文字的正确,故而自汉代始,对当时的五经就进行了多次校勘,如西汉成帝年间,著名的向、歆父子校理群书时,曾"诏(刘)向领校中五经秘书"[⑤],以及"尹咸……与(刘)歆共校经传"[⑥]。东汉安帝永初四年

---

① 《朱震札子》,载《春秋经解》书前。又见《建炎以来系年要录》卷一〇四"绍兴六年八月辛丑"条下。

② 《宋会要辑稿·崇儒》五之三二。

③ 《四库全书总目》卷二七。

④ 《玉海》卷四五"景德新定《韵略》"。

⑤ 《汉书》卷三六《楚元王传》。

⑥ 同上。

二月"乙亥",又"诏谒者刘珍及五经博士,校定东观五经、诸子……整齐脱误、是正文字"①。至顺帝时,则于"永和元年,诏(伏)无忌与议郎黄景校定中书五经、诸子百家、艺术"②,"元嘉中,成"③。这次校定历时达十五年。

宋以前历代政府曾数次镌经于石。铭刻经书的主要原因就是"经籍去圣久远,文字多谬,俗儒穿凿,疑[贻]误后学"④。而一旦刻于石,就将流传千载,因此每次雕凿之前,都要进行认真的校勘。如东汉灵帝时,"(熹平)四年春三月,诏诸儒正五经文字,刻石立于太学门外"⑤。此即著名的"熹平石经",为我国历史上第一次镌经于石。

北魏时,又于"正始中,立三字石经"⑥。是为"正始石经"。至晋代,则有国子祭酒裴頠"奏修国学,刻石写经"⑦。

唐朝文宗之时,宰相郑覃"以经籍刓缪,博士陋浅不能正,建言愿与巨学鸿生共力雠刊,准汉旧事,镂石太学,示万世法。诏可"⑧。至开成二年十月"癸卯……郑覃进《石壁九经》一百六十卷"⑨。

由于有这些石经,因此"学者文字不正,多往质焉"⑩。"自后

---

① 《后汉书》卷五《安帝纪》。
② 《后汉书》卷二六《伏无忌传》。
③ 《玉海》卷四三"汉校定中书《五经》"。
④ 《后汉书》卷六〇下《蔡邕传》。
⑤ 《后汉书》卷八《灵帝纪》。
⑥ 《晋书》卷三六《卫恒传》。
⑦ 《晋书》卷三五《裴頠传》。
⑧ 《新唐书》卷一六五《郑覃传》。
⑨ 《旧唐书》卷一七下《文宗纪》。
⑩ 《魏书》卷五五《刘芳传》。

五经一定,争者用息"[①]。这进一步证明:镌刻石经前必然经过极其认真的校勘,故而石经才能成为统一经书文字、平息争论的标准。

除上述之外,唐代还有专门校正经部书的活动:"帝(指唐太宗)尝叹五经去圣远,传习渐讹,诏(颜)师古于秘书省考定,多所厘正。"[②]至贞观七年"十一月丁丑,颁新定五经"[③]。又如:"(唐代宗)大历中,名儒张参为司业,始详定五经……考古今之文。"[④]至五代时期,亦有专门校正经书的活动:"后唐长兴三年二月,令国子监校正九经,以西京石经本抄写,刻板颁天下。四月,命马镐、陈观、田敏详勘。周广顺三年六月丁巳,十一经及《尔雅》……板成,判监田敏上之。"[⑤]

将宋代校勘经书的状况与前代相比,则可发现如下一些特点:

一为校勘的认真程度远远超越前代。如上所述,宋以前对五经已雠校多次,然而宋太宗仍不惜人力物力,组织数十名学者进行大规模的校勘,且对每一经及"正义"都要分几个步骤进行,而后又命"博贯九经"的学者"重加刊正"。即便如此,真宗时仍不满意,又复校之。对其他七经及"疏义"的校勘亦如是。如此反反复复雠校,确实是前所未有的。

二为校勘规模远过前代。从上述不难看出,以往校勘时,参加者可载入史册的仅四五人,如《玉海》中所载唐文宗朝刻石经前的

---

① 《后汉书》卷七八《宦者传》。
② 《新唐书》卷一九八《颜师古传》。
③ 《旧唐书》卷三《太宗纪》。
④ 《玉海》卷四三"唐壁经"。
⑤ 《玉海》卷四三"后唐九经刻板"。

校雠："（郑）覃乃表周墀、崔球、张次宗、孔温业等是正其文，刻于石。"[1]而前述第五次校勘，仅《玉海》中所记，已有数十人之众！第六次见于史册者亦有二十人左右。专门校勘经书而有如此多的学者参与，这在宋以前尚未见有。

三是校勘时间长，且有的跨越两代帝王，乃至两个朝代。上文所言东汉顺帝时的校定历时十五年，然所校为"中书五经、诸子百家、艺术"，即当时各方面的书籍。而专门校勘五经（及"正义"）达十二年之久者，宋以前尚未见有。

此外，前述之第五、六两次校勘，皆始于太宗朝而毕于真宗朝；而第一次校《释文》，更是接续后周之作。这种帝王更替而雠校不辍的情况，乃至改朝换代后校雠仍延续的状况，宋以前皆不多见。

四为校勘经书后立即大规模刻印。刻印经书宋以前已有，如上述之后周即为其例。然像宋代这样几乎每次校勘后皆"镂板行之"，从而形成很大规模，却是前代所无的。真宗年间君臣的一段对话对此有生动的反映："景德二年……上幸国子监阅库书，问（邢）昺经板几何，昺曰：'国初不及四千，今十余万，经、传、正义皆具。'"[2]此处仅言经书书板，就已从"不及四千"发展到"十余万"，增长了约三十倍，由此不难推想宋代经书及其注疏之刊刻，必远远超过以往的规模。

五为特别注重注疏的校勘。这点亦颇为突出。如前述第一次所校即为《经典释文》，第五次为《五经正义》，第六次又为"七经疏义"。其原因从以往校勘的状况中不难寻觅——宋以前已多次将

---

① 《玉海》卷四三"唐石经"。

② 《宋史》卷四三一《邢昺传》。

经书刻于石，且唐开成石经已达九部经书，因此至宋初时，经书本文的谬误相对较少，而注疏中的讹舛则突现出来，从而自然成为宋代校勘的重点。邢昺于真宗年间的一席话就明确指出："臣少从师业儒时，经具有疏者百无一二，盖力不能传写。今板本大备，士庶家皆有之。"[①]从"经具有疏者百无一二"，到"士庶家皆有之"，且"经、传、正义皆具"，正是北宋初年注重注疏的校雠(及刻印)之功效。

六为宋代馆阁校勘与"小学"的互动，亦颇引人注目。中国古代将文字学、音韵学、训诂学称为"小学"，这三学在宋以前已发展到相当高的水平，它们为高质量的校勘奠定了坚实基础。宋代馆阁校勘一方面充分运用前代的"小学"成果，一方面又很重视校理"小学"之书，如"详定《玉篇》、《切韵》"、雠校《说文解字》、校定《广韵》等；又数次校《尔雅》；且当时反复校勘的经书注疏中亦富含"小学"资料。这些宋初的校勘工作，伴之以刻板颁行，大大推动"小学"成果广泛传播，为其后的校勘创造了良好条件。

可见，馆阁校勘与"小学"成果两者互相促进，在宋代形成一派生机勃勃的景象。这无论是对校勘学，还是对"小学"的进展，皆颇有裨益。

宋代馆阁校经部书在诸多方面超越前代，究其原因，除北宋政局稳定、经济高度发达、文化事业繁荣(这些因素以往已多有论述，故本书不赘)之外，至少还有如下两点：其一为印刷术的广泛运用——这是宋代校勘空前繁兴的最直接动因。唐代虽已发明印刷术，然尚未普遍使用。五代时期印刷术的发展为宋代的刻书业奠

---

① 《宋史》卷四三一《邢昺传》。

定了良好基础。宋代已具备了大量刊印书籍的各种条件，而镂板之前自然希望尽量减少书籍中的错讹之处，由是经部书的校勘远胜于前。

由此亦可见：某些重大的科技发明对文化事业有何等巨大的推动力！

其二为帝王的高度重视。北宋诸帝之重视文化，史不绝书，太宗尤甚，《玉海》、《续资治通鉴长编》等诸多古籍以大量篇幅记述了他的有关事迹。"上有所好，下必甚焉"，帝王的好恶，也直接影响到当时的校勘事业（当然，帝王好恶背后的深层原因，仍是当时政治统治之需）。如上述第三次校《说文》、第四次校《雍熙广韵》，都是因宋太宗特别"留意字学"而亲自下令校雠的。正是在帝王的直接关怀下，宋代之校经部书才得以空前发展。

三

将南宋校勘与北宋加以比较，又可发现一些问题，主要如下。

其一为次数大不如前。北宋即使不计雠校《孟子》的次数，已有十次之多，而南宋仅两次，为北宋的五分之一，可谓相差甚远。若从校四部书的比重来看，北宋九朝总计校书近60次，校经书的十次约占六分之一；而南宋校书共计18次，经书仅占九分之一，亦不及北宋。

其二为校勘总量亦大不如前。南宋所校不但仅两种书，且一种16册，一种才5卷，合计字数仍甚少。而北宋对经及注疏反反复复雠校，其中仅《五经正义》就达"百八十卷"，所校"小学"之书亦卷帙颇丰，故其校勘总量远远超过南宋。

其三，所校之书的重要性与北宋不可同日而语。北宋校勘的十次中，五次为当时已有的十二经及注疏，其余五次则为《说文解字》、《广韵》(含《切韵》、《韵略》)及《玉篇》等。十三经为我国经部书的核心部分，其重要性自不待言；而在“小学”书中，《说文解字》、《广韵》等也是最为重要的文字、音韵之书，至今都是研究文字学、音韵学的必读之书。然南宋所校，《春秋经解》已非后世《十三经注疏》所选，《礼部韵略》在音韵学史上亦无足轻重。

其四为校勘的计划性远不及北宋。北宋在前代多次校十二经的基础上，不但对经文本身仍反复校雠，而且更重点校勘了十二经的注和疏，表现出很强的计划性。而南宋所校仅两种书，实无计划性可言。

其五，在复校方面相差远甚。前文所述北宋之第五次校勘中，每部书都要经过三大步骤，即至少两次复校；第六次亦提及“重加雠校”；而第七、十两次，则完全是复校；第九次校《玉篇》，也相当于第二次的复校。因此可以说，北宋的经部书校勘中，一多半都是复校——由此更可见其认真程度。而南宋的两次毫无复校可言。

其六为刻印状况不如北宋。北宋的十次中，仅第二、第四次未提及镂板，其余几次校勘后皆立即“刻板颁行”，第六、七、十这三次更是为“刊刻”或“重刻板”才进行的。而南宋两次中，仅“刊行”一次。

从上述六方面不难看出南宋对经部书校勘的忽略程度，究其原因，至少有三：

一为军国大事的影响。翻开任何一种通史性著作，南宋时期的标题均由一连串的对外战争、和议与国内农民起义所组成，而其他事件的条目仅占很小比重，足见南宋时期的外患内忧达到了何等程度。北宋诸帝一向以“右文”标榜，然真宗亦曾明确指出：“国家虽尚儒术，非四方无事何以及此！”[①]至南宋，高宗则不得不发出“朕遭多难，方右武之时……”[②]的哀叹。南宋臣僚奏议中，大量篇幅用于讨论如何抵御外侮[③]。校勘古书本非国家急务，在重重外患内忧的逼迫之下，君臣又怎么可能对校勘投入很多关注与热情呢？

二为前代对校经部书已做了大量工作。如上所述，太宗、真宗二朝对前十二经及注疏已反反复复雠校，《孟子》也已校过两次（详见下文），而且在宋以前，官府对经部书的校雠远胜于对其他各部书，因此相对其他未校之书而言，经部书校勘的紧迫性要稍差一些。

三为学术风气的影响。仁宗庆历前后，是北宋学术发生重大变化的时段。此前学术思想基本上延续前代，继承者多，创新者少。至庆历年间，学术风气明显转变，疑经惑古思潮大兴，理学迅猛崛起，这一深刻变化必然影响到学术界各个领域，从上述看，也极为直接地影响到馆阁校勘——校勘的对象是古书，目的是扫清古书中的各种错讹，以便更好地向古人学习。庆历前的学风重在继承，自然就要校勘大量古籍；至“庆历之际，学统四起”[④]，学者的兴奋点转向创新，校勘的频率亦随之明显下降——如北宋时期若以庆历为界，则此前校勘经部书达 10 次，而其后则为 0 次！

---

① 《宋史》卷四三一《邢昺传》。

② 《宋会要辑稿·崇儒》四之二五。

③ 《历代名臣奏议》中之南宋奏议，及《续编两朝纲目备要》中长篇引述的真德秀奏章等。

④ 《宋元学案》卷六《士刘诸儒学案》。

至南宋，理学继续发展，经书校勘仍难以像北宋初年那样受到重视，故而亦大不如前。

四

除上述外，宋代校勘对我国经部书的发展，还具有重大意义。

首先是对十三经的最终形成起到重要推动作用。这方面又有两点，其一为提高《孟子》的地位，使之最终成为经书。

我国儒家经典"十三经"的形成历时颇久：汉代设五经博士，其五经为《诗》、《书》、《礼》、《易》、《春秋》；至唐代，《春秋》析为三传：《左传》、《公羊传》、《谷梁传》；《礼》亦扩展为三礼：《仪礼》、《礼记》、《周礼》；唐开成年间刻石国子学，又增《论语》、《孝经》、《尔雅》，共为十二经——与今之十三经相比，唯缺《孟子》。

北宋年间曾两次校《孟子》，一次在真宗朝："（大中祥符）五年十月，诏国子监校勘《孟子》，直讲马龟符、冯元说[①]，吴易直同校勘，判国子监龙图阁待制吴爽、都虞员外郎王勉复校，内侍刘崇超领其事。"[②]此次校勘之中，"孙奭等言：'《孟子》有张镒、丁公著二家撰录。今采众家之长，为《音义》二卷。'是年四月以进"[③]。真宗又"诏两制与丁谓看详"[④]，至"七年正月，上新印《孟子》及《音义》"[⑤]。

另一次在仁宗朝："景祐二年九月，诏翰林学士张观等刊定《前

① 此处原文有一空格。
② 《宋会要辑稿·崇儒》四之四。
③ 《玉海》卷四三"景德校诸子"。
④ 《宋会要辑稿·崇儒》四之四。
⑤ 《玉海》卷四三"景德校诸子"。

汉书》、《孟子》，下国子监颁行。”[①]

值得注意的是：对于真宗年间的校《孟子》，《玉海》非常明确地将其列入“景德校诸子”条下——《玉海》的作者王应麟是中国封建社会不多见的硕学大儒，他所处时代又去北宋未远，因此他将真宗朝时的《孟子》划归为子部书是很有说服力的；而记录仁宗朝的校勘时，《麟台故事》的作者、南宋的程俱同样将《孟子》列于史部书（即《前汉书》）之后——这又是一个有力的旁证。由此不难得出结论：在真宗、仁宗朝，《孟子》仍未正式成为经书。

对于《孟子》何时入经部，学界中有不同看法，如杨伯峻先生提出：“到五代后蜀时，后蜀主孟昶命……《论语》、《孟子》十一经刻石，宋太宗又加翻刻，这恐怕是《孟子》列入经书的开始。”[②]蒋伯潜先生则认为：“南宋孝宗时，朱子……又作《论语》、《孟子》二书集注，定为四书……本列子部之《孟子》，乃从此一跃而入于经部。”[③]但在同一段文字中，蒋先生也提及“蜀石经”和“宋太宗翻刻之……是朱子定四书以前，《孟子》已正式列入经部矣”。

对此问题，笔者同意周予同先生的看法：“从唐朝开始，一直到南宋，《孟子》由子部上升到经部……这是一个缓慢的发展过程。”[④]周先生还将自唐代宗至元仁宗的五百五十余年间，有关《孟

---

① 《麟台故事》卷二。其中“景祐二年”原为“景祐一年”，据《玉海》卷四三、《续资治通鉴长编》卷一一七改。

② 杨伯峻：《孟子译注·导言》，中华书局1963年版，第9页。又宋代石经成于仁宗朝，而始于后蜀：“石室十三经，孟蜀所镌，故《周易》后，书‘广政十四年岁次辛亥，五月二十日’。唯三传至皇祐初方毕，故《公羊传》后，书‘大宋皇祐元年岁次己丑，九月辛卯朔。十五日乙巳，工毕’。”（《玉海》卷四三“宋朝石经”。）后面开列的十三经的名称，与今之十三经完全相同。

③ 蒋伯潜：《十三经概论》，上海古籍出版社1983年版，第612—613页。

④ 周予同：《中国经学史讲义》，上海文艺出版社1999年版，第107—108页。

子》的重大事件开列了七项，从而勾勒出这一“缓慢过程”的主线。

而在这一漫长过程中，上述北宋的两次校勘，对提高《孟子》的地位，并使之最终成为经部之书，从而对十三经的最终形成，都起到非常重要的作用。

其二为对十三经之注疏的确定，意义重大。如前引邢昺所言：宋以前经书的传播基本上靠手抄，因此“经具有疏者百无一二”。宋太宗、真宗两朝对《五经正义》进行了反复雠校，并立即“镂板行之”，这对于《五经正义》的保存与传播，起到了不可忽视的作用。清代阮元编定《十三经注疏》时，五经的注和疏均出自《五经正义》。

而真宗朝校其他七经时，所确定的“贾公彦《周礼》、《仪礼》疏各五十卷，《公羊》疏三十卷，杨士勋《谷梁》疏十二卷”，亦为《十三经注疏》所选中。

《十三经注疏》中其他三经：《论语》、《孝经》、《尔雅》的疏，皆为宋人邢昺所作，而真宗时邢昺恰恰曾“详定《尚书》、《论语》、《孝经》、《尔雅》文字”，可见此三经的疏亦与宋代校勘有关。

综上：清代编定的《十三经注疏》中，至少有八种疏（和五种注）与宋代校勘直接相关，其余有三种疏很可能也是北宋校勘之后的产物。

宋代校勘对我国经部书发展的意义之二是，当时对“小学”之书的校勘，在这些书籍的发展史上皆占有举足轻重的地位。

如《说文解字》虽在唐代经过整理，然多有改窜：“唐大历中李阳冰篆迹殊绝……然颇排斥许氏，自为臆说……今之为字学者，亦多从阳冰之新义，所谓贵耳贱目也。”[①]乃至后来徐铉之弟徐锴“作

---

① 《宋史》卷四四一《徐铉传》。

《祛妄篇》……驳李氏臆说五十多条”[①]。这种“自为臆说”的做法，实为校勘之大忌。

宋代徐铉的校定，充分注意到李阳冰“颇排斥许氏”的情况，而“备加详考”、“精加详校”[②]，这些努力对恢复《说文解字》的原貌无疑是有裨益的。

后世清代学者孙星衍、陈昌治对此书均有校勘，且所据者皆为徐铉校本[③]。而今流行之中华书局本“即以陈昌治刻本为底本”[④]。由此可见，正是由于北宋这次整理与刻印，《说文解字》才得以更加完好地流传。

《玉篇》为梁朝顾野王所撰，三十卷，今流行之《宋本玉篇》的朱彝尊序称：“顾氏《玉篇》本诸许氏，稍有升降损益。”[⑤]说明该书是与《说文解字》相仿的字书：“除可供研究字形、训诂使用外，由于它注有反切，还可作为音韵书来使用……成书仅比《切韵》早四十年。”[⑥]

《玉篇》成书后，曾有人对其进行整理：“迨唐上元之末，处士孙强稍增多其字；既而释慧力撰《象文》，道士赵利正撰《解疑》。”[⑦]而前述第九次的整理，与以往不同之处在于多有增补：“至宋陈彭年、吴锐、丘雍辈又重修之，于是广益者众。”[⑧]

---

① 蒋善国：《〈说文解字〉讲稿》，语文出版社 1988 年版，第 3 页。
② 《宋史》卷四四一《徐铉传》。
③ 蒋善国：《〈说文解字〉讲稿》，第 3 页。
④ 殷韵初：《说文解字・前言》，中华书局 1963 年版，第 5 页。
⑤ 《重刊玉篇序》，见《宋本玉篇》，中国书店 1983 年影印。
⑥ 东北师范大学古籍所辞书编辑室：《简明中国古籍辞典》，第 180 页。
⑦ 《重刊玉篇序》。
⑧ 同上。

这部清刻本的“开雕”，是以从“毛氏汲古阁”“借得”的“宋椠(唐)上元本”为底本的，这样做似乎对本文所述之宋代两次校勘的成果，未予汲取。然而在其“开雕”之前，曾有“雠校之勤，不舍晨暮，并取《系传》、《类篇》……诸书，推源析流，旁稽曲证，逾年而后成书”[①]。其中的《系传》，当为徐锴所著之《说文解字系传》，而《类篇》则恰恰是从《玉篇》发展而成的：“今修《集韵》，增字既多，与《玉篇》不相参协。请将新韵增入，别为《类篇》。”[②]“自《集韵》、《类篇》列于学宫，而《广韵》、《玉篇》微矣。”[③]由此可见，清代学者的“雠校之勤”，仍是在宋代校勘的基础之上完成的。

可见，正是由于宋代的整理与刊刻，清代才得以对此书“推源析流，旁稽曲证”，《玉篇》也才得以更加完好地流传。

音韵书在宋代亦有重大发展。上文所述太宗朝之“详定”《切韵》，真宗朝之再次“校定”，至仁宗朝又重修：“景祐初，宋祁、郑戬建言：‘见行《广韵》……繁省失当，有误科试，乞别刊定。’……书成，赐名《集韵》。”且“《切韵》、《广韵》皆不如《集韵》之最详”[④]。然以今人眼光观之，《广韵》仍有不可取代的价值：“《集韵》、《类篇》而降，字数虽有增益，然率多变体俗书，增犹不增也。故《广韵》实为承前启后之中心字典。”[⑤]“凡是学习和研究汉语音韵史的人，无不以《广韵》作为主要依据典籍。”[⑥]这应该正是《广韵》至今仍广为传

① 《重刊玉篇序》。
② 《玉海》卷四五“治平《类篇》”。
③ 《文献通考》卷一八九《经籍考》。
④ 《文献通考》卷一八九《经籍考》；又见《玉海》卷四五“景祐《集韵》”。
⑤ 沈兼士：《广韵声系·编辑旨趣》，辅仁大学 1945 年发行，第 2 页。
⑥ 严学宭：《广韵导读》，巴蜀书社 1990 年版，第 4 页。

播的原因。

由此可见：宋代的“详定”、“校定”，对我国音韵书的发展，亦有不可磨灭的功勋。

五

十三经在中国历史上具有极为深远的意义。

首先是深刻的历史意义。现在人们较为熟悉的是四书五经，而四书五经完全出自十三经：《论语》、《孟子》与五经，是十三经中的七部；而《大学》、《中庸》都出自《礼记》。所以四书五经的历史意义也是十三经历史意义的集中体现。

众所周知，自汉武帝独尊儒术以来，五经就成为历代选官取仕的必考内容。两千年来中华大地上每一位知识分子，特别是各级官吏与各方面杰出人物，无不自幼苦读经书，将其内容烂熟于胸。中国封建社会国家机器的各层管理者——从天子到大臣，乃至县乡官吏，亦无不尊奉经书作为其统治的最高指南。南宋朱熹的《四书章句集注》，也由于科举考试的规定，而成为后世知识分子必读之书——元皇庆二年(1313)十一月，元仁宗下诏定考试科目曰：“考试程式，……《大学》、《论语》、《孟子》、《中庸》内出题，并用朱氏《章句集注》……”[①]自此后考试皆在四书范围内出题，明清数百年间一仍此例。故四书对中国六百年封建社会的影响，亦为其他任何文献所无法比拟。四书五经的思想，已融入千百年来知识分子，特别是国家各级管理者的血液之中，成为指导他们处理一切国政大事的最高原则。从这一事实得出的

① 《元史》卷八一《选举志》。

必然结论是：五经（后期包括四书）是对中国封建社会历史发展影响最为深刻的文献。

换言之，不了解四书五经，也就不可能深刻理解中国历史，乃至今世之中国社会！

其次是思想史意义——十三经是研究中国古代思想史不可或缺的史料。如《论语》、《孟子》是研究先秦儒家学说的主要依据，而《春秋》三传则是研究今古文经学的重要史料。

其三是哲学史意义。仅以《周易》为例，几千年来注释、解释、研究《周易》的著作达三千余种！这三千余种传注、研究之书，与《周易》经文一道，形成了庞大的哲学体系，它蕴含着几千年来人们对人类社会、自然界乃至宇宙规律的孜孜求索，是我国三千年来最优秀知识分子的思想结晶，是祖先为我们留下的极为珍贵的哲学财富。

其四，十三经在我国伦理学发展史上同样具有极为重要的地位。《孝经》可谓是最早的伦理学专著，《论语》、《孟子》中亦有大量关于伦理学的论述——这些对两千余年来中国社会的伦理观念都产生了极为深远的影响。

其五，十三经还具有很高的文学价值——《诗经》是我国最早的诗歌总集，《左传》在文学史上亦据有重要一席，其他经书亦颇具文采——它们对后世的文学产生了不容忽视的影响。

此外，近年来研究古代彗星、古代地震的学者，遍寻各国典籍，均无法找到两千年前的记录，最后唯在中国的《左传》中发现了有关记载，从而为研究提供了极为珍贵的史料。

总之，宋代官府校勘与刻印对更加完好地保存与传扬十三经及其注疏居功至伟，实为对中华文化的巨大贡献。

*　　　　　　*　　　　　　*

宋代(主要是北宋)馆阁校勘事业的空前繁荣,有着深厚的社会文化背景——境内政局稳定,境外无大战事,经济高度发展,高层领导重视等诸多因素,缺一不可;而重大的科技发明,也常常会给文化事业注入新的活力。这些对今天校勘事业的发展,仍然有深刻的启迪意义。

第二章　宋代官府对史部书的校勘

本章揭示出宋代馆阁三百年间对史部书校勘的状况，并从多种角度对这些状况加以研究。

本章所述之校勘活动，主要是朝廷中以校勘史书为主要目的的文献整理活动，且为皇帝明确下诏或下令进行的。两宋曾多次综校四部之书，其中当然也包括史书，然因其目的不是专为校史书，故本章不计算在内。

一

两宋馆阁校勘史书共计 19 次，其中北宋 13 次，南宋 6 次。

北宋校勘始于"前三史"："太宗淳化五年七月，诏选官分校《史记》、前、后《汉书》：崇文院检讨兼秘阁校理杜镐、秘阁校理舒雅、吴淑、直秘阁潘慎修校《史记》，朱昂再校；直昭文馆陈充、史馆检讨阮思道、直昭文馆尹少连、直史馆赵况、直集贤院赵安仁、直史馆孙何校前、后《汉书》。既毕，遣内侍裴愈赍本就杭州镂板。"[①]这次校勘参加人数颇多，校后立即"镂板"。

第二次为真宗朝之复校《史记》："咸平，真宗谓宰臣曰：'太宗

---

① 《宋会要辑稿·崇儒》四之一。原文"阮思道"之"阮"作"院"，"孙何"之"何"缺，据《玉海》卷四三改、补。又见《麟台故事》卷二。

崇尚文史，而三史版本如闻当时校勘未精，当再刊正。'乃命直史馆陈尧佐、周起、直集贤院孙仅、丁逊复校《史记》。寻而尧佐出知寿州，起任三司判官，又以直集贤院任随领之。”[①]此次校勘，始于“咸平中”[②]，至“景德元年正月丙午”[③]“校毕”[④]，“任随等上复校《史记》并刊误文字五卷，赐帛”[⑤]。这次校勘是由真宗亲自发起的，其值得注意之处在于将“刊误文字”另编为五卷上进。

第三次是校《三国志》等：“咸平三年十月，诏选官校勘《三国志》、《晋书》、《唐书》。以直秘阁黄夷简、钱惟演、直史馆刘蒙叟、崇文院检讨、直秘阁杜镐、直集贤院宋皋、秘阁校理戚纶校《三国志》，又命镐、纶与史馆检讨董元亨、直史馆刘锴详校。直昭文馆许衮、陈充校《晋书》，黄夷简续预焉，而镐、纶、锴详校如前。”[⑥]“直昭文馆安德裕、……勾中正、……直集贤院范贻永、……直史馆王希逸洎董元亨、刘锴同校勘《唐书》，宫苑使刘承圭领其事，内侍刘崇超同之。五年，校毕，送国子监镂板。校勘官赐银帛有差，锴特赐绯鱼袋。”[⑦]这次校勘，仅上述所记之参加者已有十数人，历时一年有余，且校后立即“镂板”，“惟《唐书》以浅谬疏略，且将命官别修，故不令刊板”[⑧]。此处之《唐书》，显然是指后晋刘昫等所撰之《旧唐

---

① 《宋会要辑稿·崇儒》四之一。又见《麟台故事》卷二。

② 《玉海》卷四三“淳化校三史”条下。又见《麟台故事》卷二。

③ 同上。

④ 《宋会要辑稿·崇儒》四之一。

⑤ 《麟台故事》卷二。

⑥ 《宋会要辑稿·崇儒》四之二。又见《玉海》卷四三、《麟台故事》卷二、《续资治通鉴长编》卷五六。

⑦ 《麟台故事》卷二。

⑧ 《宋会要辑稿·崇儒》四之二。又见《玉海》卷四三、《麟台故事》卷二、《续资治通鉴长编》卷五六。

书》。

第四次在景德元年："（正月）丁未，命刁衎、晁迥、丁逊复校前、后《汉书》。"[①]至二年七月，"衎等上言：'《汉书》历代名贤竞为注释，其得失相参，至有章句不同、名氏交错。除无可考据外，博访群书，遍观诸本校定"。[②] 刁衎所言之"博访群书""校定"，当是陈垣先生四校法中的"他校"，而"遍观诸本校定"显然是"对校"了。此次校勘历时一年半，其结果为："（校正文字）凡三百四十九签，正三千余字，录为六卷以进，即赐器币有差。"[③]仅在两部史书中便校正了三千余字，可谓效果明显。更值得注意的是：本次校勘亦将校勘结果集结成册"以进"。

第五次为校《后汉书》中的志书："乾兴元年十一月，判国子监孙奭言：'刘昭《补注后汉志》三十卷……乞令校勘，雕印颁行。'从之。命本监直讲马龟符、王式、贾昌朝、黄鉴、张维翰、公孙觉、崇文院检讨王宗道为校勘，奭洎龙图阁直学士冯元详校。天圣二年，送本监镂版。"[④]

《后汉志》仅三十卷，校勘时参加者至少九人，且分校勘、详校两个步骤，又费时一年有余，可见亦是一次相当认真的校勘。

第六次为校《天和殿御览》："仁宗尝谓辅臣曰：'《天和殿御览》可命校定模本刊行之。'"[⑤]《天和殿御览》是《册府元龟》之精华："乾兴初……于《册府元龟》中掇其善美事，得其要者四十卷……名

---

① 《玉海》卷四三。

② 《宋会要辑稿·崇儒》四之一。又见《麟台故事》卷二。

③ 同上。

④ 《宋会要辑稿·崇儒》四之五、四之六。其中刘昭《补注后汉志》原作《注补后汉志》，据《宋史》卷二〇三《艺文志》改。

⑤ 《玉海》卷五四。

曰《天和殿御览》。"[①]至"天圣二年五月甲寅，内出《天和殿御览》四十卷……下秘阁镂板"[②]。

《册府元龟》本为类书，但"惟取六经、子、史，不录小说"[③]，其原名为《历代君臣事迹》，显然偏重于史；此次摘录为《天和殿御览》，仁宗也将它视为史书[④]，因此本文将它归入史书类。且《册府元龟》"引书近二千多种"[⑤]，因而此次"校定"当以他校为主，而非只简单的校对。本次校勘值得注意之处为：发起者是仁宗，所校为当代之书。

第七次是校《南史》、《北史》、《隋书》："仁宗天圣二年六月，诏直史馆张观、集贤校理王质、晁宗悫、李淑、秘阁校理陈诂、馆阁校勘彭乘、国子监直讲公孙觉校勘《南史》、《北史》、《隋书》，及令知制诰宋绶、龙图阁待制刘烨提举之……又奏国子监直讲黄鉴预其事。"[⑥]仅此处所载，参与者就已达十人之多。至"（天圣）三年十月，（《隋书》）版成。四年十二月，《南史》、《北史》校毕以献。各赐器币有差"[⑦]。

仁宗以前，已校勘了正史中的前四史、《晋书》、《唐书》等，本次校勘，显然是校勘正史的继续。其中《南史》、《北史》后又复校之："景祐元年四月丙辰，命宋祁等复校《南、北史》。"[⑧]

---

① 《玉海》卷五四。
② 同上。
③ 《四库全书总目》卷一三五。
④ 《玉海》卷五四。
⑤ 刘乃和：《〈册府元龟〉新探·序》，中州书画社 1983 年版，第 3 页。
⑥ 《宋会要辑稿·崇儒》四之六。又见《麟台故事》卷二、《玉海》卷四三。
⑦ 同上。
⑧ 《玉海》卷四三。

第八次是校“律文及疏”，即天圣四年：“十一月，翰林侍读学士、判国子监孙奭言：‘诸科举人，惟明法一科律文及疏未有印本……’命本监直讲杨安国、赵希言、王圭、公孙觉、宋祁、杨中和校勘，判监孙奭、冯元详校。至七年十二月毕。”①

北宋百余年间，曾多次删定编敕，如咸平、景德、庆历、治平、熙宁年间等等，然这些整理基本上都是因过去“格敕条目繁多”，而以“删定”、“去其繁密之文”②为主，故本节均未述及。而这次则明确指出是“校定律文及疏”。《宋会要辑稿》载本次过程颇详：“七年四月，孙奭言：‘准诏校定律文及疏……其《刑统》内衍文者减省，阙文者添益，要以遵用旧书，与《刑统》兼行。又旧本多用俗字，浸为讹谬，亦已详改。至于前代国讳，并复旧字；圣朝庙讳，则空缺如式。又虑字从正体，读者未详，乃作《律文音义》一卷，其文义不同，即加训解。乞下崇文院雕印，与律文并行。’”③

由此可见，这次整理过程可分为五个步骤：1.减省衍文；2.增补阙文；3.详改俗字、错字；4.恢复前代国讳的旧字；5.作《律文音义》一卷，将俗字与正体加以对照，并对文义不同者加以训解。这五项工作，除“训解”外，皆属校勘范畴，又历时三年多，确为一次较认真的校勘。且其后亦进行“雕印”。

第九次为复校：“（景祐元年）九月癸卯，诏选官校正《史记》、

---

① 《宋会要辑稿·崇儒》四之六。

② 详见《宋会要辑稿·刑法》一之一至一之二六。又见《玉海》卷六六。

③ 《宋会要辑稿·崇儒》四之七。本章作为论文发表时，曾依照《四库全书总目》，将此次校勘《刑统》诸书归于子部书的校勘。然本次详考《郡斋读书志》、《直斋书录解题》、《文献通考》以及《中国丛书综录》诸书，均将《刑统》划归史部，故本章将其归于史部。

前、后《汉书》、《三国志》、《晋书》。”[①]其中较为突出者是校《汉书》：“会秘书丞余靖进言：‘《前汉书》官本谬误，请行刊正。’诏靖及国子监王洙尽取秘阁古本对校，逾年乃上《汉书刊误》三十卷。”[②]《宋史・艺文志》中亦明载：“余靖《汉书刊误》三十卷。”参加者还有：“详定官翰林学士张观、知制诰李淑、宋郊。”[③]

这次校勘，对《汉书》已至少是第三次复校了，结果又校出三十卷刊误文字。对一部史书，在约四十年内如此一而再、再而三地雠校，且校正文字达三十卷，这在我国两千余年校勘史上亦不多见。而至“神宗熙宁二年八月六日，参知政事赵抃进新校《汉书》印本五十册，及陈绎所著《是正文字》七卷”[④]。即又校出不少错谬，由此亦可见校勘工作是何等艰辛。

第十次校《国语》则是与校子书同时进行的：“景祐四年十月十七日，翰林学士李淑言：‘……《国语》、《荀子》、《文中子》……欲望取上件三书差官校勘、刻板，撰定《音义》，付国子监施行。’诏可。”[⑤]本次校勘是为考试出题之需。

第十一次为“嘉祐校七史”：“六年八月庚申，诏三馆、秘阁校理《宋》、《齐》、《梁》、《陈》、《后魏》、《周》、《北齐》七史，书有不全者访求之。”[⑥]至“嘉祐七年十二月，诏以七史板本四百六十四卷送国子

---

① 《玉海》卷四三。

② 《续资治通鉴长编》卷一一七“景祐二年九月壬辰”条。又见《麟台故事》卷二、《玉海》卷四三。

③ 《麟台故事》卷二。又见《玉海》卷四三、《宋会要辑稿・崇儒》四之一。

④ 《宋会要辑稿・崇儒》四之一〇。

⑤ 《宋会要辑稿・崇儒》四之七。

⑥ 《玉海》卷四三。

监镂板颁行”[①]。其中《陈书》稍迟："至八年七月,《陈书》三十六篇者始校定。”[②]

本次校勘最值得注意之处是为校勘而搜求书籍,从《郡斋读书志》卷二上、《元丰类稿》卷一一等书中可看出:当时为校勘而求书,时间上长达一年多,范围远及州县。

第十二次为校《后汉书》:“仁宗读《后汉书》,见‘垦田’字皆作‘恳’字,使侍中传诏中书,使刊正之。(刘)攽为学官,遂刊其误为一书云。”[③]《郡斋读书志》卷五上著录有:“《西汉刊误》一卷,《东汉刊误》一卷。右……刘攽所撰也。”《宋史》中亦载:“(刘)攽作《东汉刊误》,为人所称。”[④]此《刊误》进呈时间为:“治平三年四月……刘攽上。”[⑤]这次校勘的发起者又是仁宗。

第十三次为校《资治通鉴》:“元丰八年九月十七日,准尚书省札子,奉圣旨,重行校定。”[⑥]《资治通鉴进书表》标明进呈时间为“元丰七年十一月”,即成书后不到一年就进行“校定”。后至“哲宗元年三月十九日,宰臣司马光言:‘秘书省校书郎黄庭坚好学有文,欲令与范祖禹及男康同校定《资治通鉴》。’并从之”[⑦]。《通鉴》引书数百种,此处之“校定”,当是以他校为主。而《通鉴》付梓的时间

---

① 《玉海》卷四三。又见《宋会要辑稿·崇儒》四之一九。

② 《元丰类稿》卷一一《陈书目录序》。《郡斋读书录》卷二上载:嘉祐所校七史,“政和中始皆毕”。此说与《元丰类稿》卷一一,《玉海》卷四三、卷五二所载皆异,恐误,本文不取。

③ 《郡斋读书志》卷五上。

④ 《宋史》卷三一九《刘攽传》。

⑤ 宋版《东汉刊误》卷一,转引自曾贻芬:《宋代对历史文献的校勘》,《史学史研究》1992 年第 3 期。

⑥ 《资治通鉴》书后之《奖谕诏书》。

⑦ 《宋会要辑稿·崇儒》四之一〇。

为："元祐元年十月十四日，奉圣旨，下杭州镂板。"[①]由此可见，本次校勘的目的就是为刻印之需。

由编纂者亲自上书、要求校定刚刚编纂之书，这在我国校勘史上是颇为罕见的。

对史书的校勘在南宋仍占有重要地位，有六次之多。

第一次始于绍兴元年："七月七日，监行左都进奏院章效上欧阳修纂《太常因革礼》一百……仍令秘书省逐旋借本校勘、抄录，藏于本省。"[②]此书书名为英宗所赐[③]。本次校勘后仅为"抄录"，而未镂板。

第二次始于绍兴三年："七月六日，秘书少监曾统等言：'伏闻前任本省官洪楫有《神宗皇帝朱墨本实录》、神宗、哲宗《两朝国史》、《哲宗实录》、国朝典章故事文字，望取索名件，官给纸札，借本缮写各一部，仍选差官校对，赴本省收藏。'从之。"[④]至"七月十三日，诏：'昨曾统所进《神宗皇帝实录》……仍专令胡珵、李弥正等校勘'"[⑤]。

此处所言之"朱墨本实录"，《玉海》中载之颇详："（范）冲言《神宗实录》自绍圣中已命官重修，既经删改，虑他日无所质证，今为考异，追记绍圣重修本末——朱字系新修，黄字系删去，墨字系旧

---

① 《资治通鉴》书后之《奖谕诏书》。

② 《宋会要辑稿·崇儒》五之三〇。这段史料中，"令秘书省"前之"仍"字颇耐人寻味：似表示在这次校勘之前已有先例。然笔者迄今尚未发现此前有南宋馆阁校勘的记载。

③ 《四库全书总目》书后之附录。

④ 《宋会要辑稿·崇儒》四之二三。

⑤ 《宋会要辑稿·崇儒》四之一三。这段史料在"七月"前尚有"七月"二字，然未载是何年。但诏中有"昨曾统所进《神宗皇帝实录》……"，可见此诏距曾统进《神宗实录》之日甚近，因此本文将其附于曾统上言之后。

文……（世号'朱墨史'。）"[①]

这次校勘值得注意之处为：神、哲实录后又重修，其中《神录》成于绍兴"六年正月癸未"，"凡二百卷"；《哲录》成于绍兴"八年……九月甲午"，共"一百五十卷，先后进呈"。[②]

第三次在绍兴九年："八月二十三日，起居舍人王鉌言：'窃见《国朝会要》……比经兵火之余，公私所藏类皆散逸，深虑岁月既久，渐成湮坠。望诏秘书省，令访求善本，精加雠校。'从之。"[③]下诏则在九月："四日，诏秘书省官雠校《国朝会要》，逐官每月添给茶汤钱二十贯文。"[④]

此处之《国朝会要》，显为北宋所修者。北宋年间曾三次纂会要，即仁宗朝所修之《庆历国朝会要》150卷、神宗朝"元丰增修"之会要300卷[⑤]和"政和末，有司独上帝系、后妃、吉礼三类，总一百一十卷"[⑥]。其中后两种会要于绍兴元年、三年分别有人上进[⑦]，可能即为本次所校者。

以上三次，所校皆为北宋官修史书，且皆在绍兴年间。

第四次为校《续资治通鉴长编》（以下略作《长编》），李焘之《进书表》中明确记载："臣先于去年（指乾道三年）八月……奉圣旨依敷文阁直学士汪应辰奏，取臣所著《续资治通鉴》，自建隆迄元符，

---

① 《玉海》卷四八。括号中原文为小字。

② 《玉海》卷四八。

③ 《宋会要辑稿·崇儒》四之二五。

④ 《宋会要辑稿·职官》一八之二七。

⑤ 《玉海》卷五一。

⑥ 《文献通考》卷二〇一。

⑦ 《宋会要辑稿·崇儒》四之二一、二三。

令有司缮写校勘，藏之秘阁……”[①]《长编》最终成书在淳熙十年三月六日[②]，即在上述校勘之十五年后。

本次校勘与撰写穿插进行，这显然与《长编》本身卷帙浩繁有关，故不待完书便进行校勘。李焘之《长编》引书甚众，因而此次校勘当以他校为主。

乾道五年，又对《徽宗实录》进行整理：“（李）焘又言：‘……近所修《徽宗实录》……疏舛特甚……乞……将《徽宗实录》重加（刑）[删]修，……仔细看详，是则存之，非则去之，阙则补之，误则改之……。’”[③]

此处李焘所言之《徽宗实录》，为“绍兴七年诏修，八年秋即史馆开实录院”，后“（逾二十年乃成）”。而此书虽“（再加增润）”，但仍“（犹多疏略）”，[④]此次“重加删修”中之“阙则补之，误则改之”，显然属于校勘范畴。更为重要的是：乾道七年校勘北宋实录时，不再校勘《徽宗实录》，故而本文将其计为一次校勘。

第六次为校六朝实录：“（乾道）七年十一月二十八日，诏秘书省修写太祖、太宗、仁宗、英宗、神宗、哲宗皇帝实录，精加雠校，逐旋进呈。”[⑤]

本次校勘值得注意之处在于：雠校前搜求到不少相关资料，如绍兴元年“九月十三日，将仕郎黄濛上《太祖皇帝（五）[实]录》五十卷，《太宗皇帝实录》八十卷，《真宗皇帝实录》一百五十卷，《仁宗皇

---

① 《续资治通鉴长编》书前之李焘《进书表》。又见《宋会要辑稿·崇儒》四之一四、五之三七。

② 《玉海》卷四七。

③ 《中兴两朝编年纲目》卷一五。

④ 《玉海》卷四八。括号中原文为小字。

⑤ 《宋会要辑稿·崇儒》四之一四。

帝实录》二百卷,《英宗皇帝实录》三十卷,《天圣南郊卤簿册记》一十册”[①];绍兴三年“五月一日,承奉郎林俨上家藏……祖宗实录、国朝会要、国史等,及古文文籍二千一百二十二卷”[②],等等。在上述这些官方、私家所藏丰富文献基础之上所进行的校勘,称之为“精加雠校”,自非虚言了。

二

对两宋馆阁校勘史书的情况进行比较研究,便可发现一些有趣的问题。

首先,从校勘的次数上看,北宋九朝校书之总次数逾 60 次,而史部为 13 次,约为 1/5;南宋共校书 15 次,却有 6 次为史书,占 2/5,故其比重有所增加。

然若将两朝校史书的次数与年数相比照,则北宋 167 年中,平均约 13 年校史书一次;而南宋的 152 年中,约 25 年才校一次。因此从校勘的密度上看,北宋仍略胜南宋一筹。而南宋校史书比重的增大,不是因校史书的绝对数值增加,而只是因对其他部类书籍校勘次数的减少而显得突出了。

再观察一下各朝的状况。为观察之便,特列表如下:

北宋各朝:

太祖	0 次	仁宗	8 次	哲宗	1 次
太宗	1 次	英宗	0 次	徽宗	0 次
真宗	3 次	神宗	0 次	钦宗	0 次

① 《宋会要辑稿·崇儒》四之二一。

② 《宋会要辑稿·崇儒》四之二三。

南宋各朝：

高宗	3次	光宗	0次	理宗	0次
孝宗	3次	宁宗	0次	度宗	0次

从上表中可明显看出：北宋之校史书，高度集中于真宗、仁宗两朝，特别是仁宗一朝的次数，超过了其余八朝的总和（其原因见下文）。南宋则集中于高宗、孝宗两朝，除这两朝本身的跨度较大以外，高孝两朝恰是封建史家誉为“中兴”的时期。

其次，从所校史书的体裁看，北宋的13次中，9次为正史，即纪传体；其余4次，分属编年体、刑法类和杂史，合计为四种史体。而当时史部书的门类已颇多，如《新唐书·艺文志》的史部中，就有故事、职官、地理等十三大类。

北宋校史书范围的狭窄，鲜明体现出“资治”的色彩：正史本身就是“以帝王本纪为纲”的史书①，记录着每个王朝的盛衰荣辱，为后世统治者提供了丰富的正反两方面的经验；而其他4次中，校《国语》是为考试出题之需，可不论；其余3次则都有明确的资治目的：《刑统》、律文及疏是直接为统治服务的；《资治通鉴》书名已明示了资治；《天和殿御览》亦如是——仁宗摘编此书的目的，就是为“思考历代治乱事迹，以为监[鉴]戒”②。

南宋所校史书中，国史为纪传体，《长编》、实录皆属编年体，会要和《太常因革礼》则为典志体，合计为三种史体。因此从校勘史书的范围上讲，南宋与北宋相比略逊一筹。而南宋所校之官修史书，皆为后世纂修正史的取材之所，因此他们的校勘，恰是为后世

① 《辞源》，商务印书馆1988年版，第899页“正史”条下。

② 《玉海》卷五四。

正史之修奠定基础，其校史书的目的同样是为了“资治”。

第三，从校勘对象的重要性观察，北宋校正史达9次之多。正史是封建社会史籍中最重要的一种体裁，今天一提到中国史书，人们首先想到的就是二十四史，这二十四史至北宋前已修成十六部，即《史记》、《汉书》、《后汉书》、《三国志》、《晋书》、《宋书》、《南齐书》、《梁书》、《陈书》、《魏书》、《北齐书》、《周书》、《南史》、《北史》、《隋书》、《旧唐书》，这十六部正史在北宋期间得到全面系统的校勘及刻印，从而对前十六史的保存与传播，乃至二十四史的最终形成，都产生了深远影响。

二十四史的意义至少有如下七方面：一是提供了几千年来治理国家的经验教训，成为我国管理学资料的渊薮；二是记载了几千年来各方面杰出人物的概况，实为我国人才史的宝库；三是记述了两千年来官制、军事制度、礼乐制度、选举制度、刑法、祭祀、车马服饰等制度的变化状况，为我国各方面制度史的研究积累了丰富而可信的资料；四是详细记录了几千年来重要的天象变化情况，成为世界各国中最为悠久、最为翔实的资料，至今仍在为彗星、新星等方面的研究发挥着无可替代的作用；五是提供了两千年来中华大地上山川河流的变化概况，成为历史地理研究者的珍贵素材；六是记述了两千年来主要的灾荒情况，从而为灾荒史研究提供了丰富史料；七是著录了历朝历代的藏书，确为研究藏书史，乃至学术史的宝贵资料。此外，在音乐、美术、建筑、医学、术数文化等诸多方面，二十四史都为我们提供了极其丰富的研究资料。

北宋馆阁校勘以及刻印史书的辉煌成就，使得上述诸方面的意义得以最终实现，实为对中华文化的又一巨大贡献。

北宋所校其他书中的《资治通鉴》，又是编年体史书中影响最为深远的一部——自《春秋》、三传之后，我国的编年体史书一直处于低潮；而《通鉴》问世后，编年体大兴，继踵者不绝如缕，如《续资治通鉴长编》、《宋元资治通鉴》、《明通鉴》、《续资治通鉴》等等；我国的三大史体之一——纪事本末体，也由此而诞生；注释、研究《通鉴》之书亦层出不穷，乃至后世形成了专门之学——通鉴学。因此可以说，北宋所校史书，大多为当时最重要的史籍。

南宋校史虽亦有6次，然多为实录、会要之类，对成于北宋的三部正史——旧、新《五代史》，《新唐书》却未予刊正，所以其重要性自与北宋所校不可同日而语。

第四，是校当代之书。北宋仁宗乾兴年间所摘编之《天和殿御览》，至天圣二年就已校毕镂板；对《资治通鉴》的校勘，距其被进呈时间还不到一年。而南宋在这方面又有发展——修书未毕便进行校勘，如李焘的《长编》即属此种情况。这也是宋代校勘高度发展的标志之一。

第五，是校勘的计划性。北宋校正史表现出很强的计划性：第一次即校前三史，第三次为《三国志》、《晋书》、《唐书》，第七次校《南、北史》、《隋书》，第十一次为南北朝之“七史”，其余几次复校穿插其中。在数十年内，系统校勘了成于北宋之前的全部十六史。

而南宋的情况却显得颇为凌乱：从实录方面看，第二次所校为神宗、哲宗实录，第五次为徽宗实录，第六次才校太祖、太宗等六朝的，而真宗朝的却始终未校；以国史论，仅校神宗、哲宗两朝，而未及其他。因此，南宋之校史书可谓是毫无计划性。

特别要指出的是《神宗实录》等不断重修，已经不是“校勘”所能概括的，它是围绕王安石变法展开的政治斗争的反映。

第六，在将校勘成果汇编成书方面，两宋亦相差甚远。从上文不难看出，北宋校史书13次，汇编校记的就有4次，即：第二次复校《史记》时，产生“刊误文字五卷”；第四次复校前、后《汉书》时，将校正的三千余字“录为六卷以进”；第九次复校前四史之后，余靖“上《汉书刊误》三十卷”；第十二次复校《后汉书》时，又产生《东汉刊误》一卷。

而南宋的6次中，却未见有此类校记汇编。

北宋的4次校记汇编，皆产生于复校之时，其原因何在？

《宋会要辑稿》中，在第四次刊正前、后《汉书》之后，有一句很容易被忽略的记述，为我们提供了答疑的线索：“今之行者，止是淳化中定本。后虽再校，既已刻板，刊改殊少。”[①]就是说：因前、后《汉书》已刻板，所以这次复校的结果，只有“殊少”的一小部分能反映在书板上。在这种情况下，若不将校勘结果集结为专书，则绝大部分成果都很难保存下来，更为重要的是当时就无法向皇帝汇报校勘的全部成果，因此很有必要将所校正的文字汇编成册。其余三次亦如是。可见，校勘记专书就是在这种情形下产生的。而南宋馆阁鲜有复校，故而没有必要将校勘成果编为专书。

而如果刊正的字数非常之多时，即便是集结成册之后，仍要在书板上改正，这就是第九次的情况：“……（余靖）乃上《汉书刊误》三十卷。至是改旧摹版，以从新校。”[②]

第七，在史书的复校方面，南宋远不及北宋。北宋馆阁除上述的四次复校外，在第七次校《南、北史》之后，于景祐年间又复校之。即在全部13次校勘中，有5次复校。而南宋的6次校史书，仅第二次所校众多史籍中的《神宗实录》，于乾道七年又随其他5种实

---

① 《宋会要辑稿·崇儒》四之一。

② 《麟台故事》卷二。

录复校之。这种状况充分反映出南宋的校勘远不及北宋那样从容不迫，可以一而再、再而三地复校。

第八，为刻印情况，在这方面两宋相差亦很悬殊。北宋的13次中，校后立即"镂板"、"刊行"的有第一、三、五、六、七、八、十、十一、十三共9次，而未刻板的4次均为复校，即校勘已刻印之书。实际上，北宋的多次校勘，其目的之一就是为了刻印。

南宋的6次校勘之后，却无一次提及"镂板"，仅为"缮写"、"抄录"而已。这主要是因为：实录、会要等官修史书，大多具有官方档案的性质，而且这些官修史书的卷帙多颇浩繁，如北宋前后三次所修会要，就有五百余卷，因此这类官修史书在北宋时就未付梓，南宋则沿袭其例。

上述八个方面之中，所校史书的重要性、校勘的计划性、将校勘成果汇编成书、复校的次数及刻印情况等五个方面充分说明：北宋的史书校勘远胜于南宋。究其原因，主要是北宋政局较为稳定，经济高度发展，在"政通人和，百废俱兴"的情况下，政府才有可能在校勘史书方面投入大量精力、物力。特别是真宗、仁宗两朝，国泰民安，君臣于治理国家之余，尚可追思历史，取鉴前朝，正如仁宗所言："朕听政之暇，于旧史无所不观，思考历代治乱事迹，以为鉴戒。"[①]宋代19次校史书中，仅有3次是由皇帝亲自发动的，而3次均在真宗、仁宗两朝，这充分表明当时帝王对校勘事业直接关注的程度。在这些条件下，北宋之校史书才会高度集中于真宗、仁宗两朝。与此形成鲜明对照的是：南宋仅残存半壁河山，大军时时压境，又怎么可能花费很多精力去校勘史书呢？绍兴十四年的一段

---

① 《玉海》卷五四。

君臣对话充分说明了这个问题："上曰：'崇儒尚文，治世急务。'李文会曰：'若非干戈偃息，此事亦未是举也。'"[①]故而南宋君臣也只有在"干戈偃息"的间隙中才能去"崇儒尚文"。

三

纵观宋以前千余年官府校勘的历史，自向、歆父子雠校群书后，历代多为对四部书的综合校理，如东汉安帝时"校定东观五经、诸子、传记、百家艺术"[②]；西晋武帝时校理著名的汲冢竹书[③]；刘宋年间谢灵运"整理秘阁书"[④]；北齐宣武帝命樊逊等校定群书[⑤]。至唐代，仅《玉海》(卷四三)所载，综校四部之书就已达五次。历代亦曾多次校定经书，如镌刻熹平石经、正始石经、晋石经、开成石经、后蜀石经之前，即多有刊正。然而在校史书方面，宋代之前却甚少建树。

我国在汉代已出现了专门整理史书的活动，如"永平十五年……(马严)与校书郎杜抚、班固等杂定《建武注记》"[⑥]。但史书在汉代尚未成为独立部类，因此雠校史书的次数自不会多。魏晋南北朝时期战乱频仍，统治者亦无暇经常校正史书。至唐代，史学高度发展，"唐修八史"等成就为宋代校勘提供了丰富的素材，然在史书校勘方面，唐代也仅是偶尔为之，如"太和五年，中书侍郎、监修国史路随奏曰：'臣昨面奉圣旨，以《顺宗实录》颇非详实，委臣等

① 《宋会要辑稿・崇儒》四之二七。
② 《后汉书》卷八〇《刘珍传》。
③ 《晋书》卷五一《束皙传》、卷三九《荀勖传》。
④ 《宋书》卷六七《谢灵运传》。
⑤ 《北齐书》卷四五《樊逊传》。
⑥ 《后汉书》卷二四《马援传》。

重加刊正”[1]。这次校勘的起因是：韩愈所作的《顺宗实录》直书禁中之事，结果“内官恶之，于上前屡言不实，故令刊正也”[2]。

综合前文所述，宋代馆阁之校勘史书，至少在如下五方面超越前代：

一是校史书的频率。两宋合计 319 年，共校史书 19 次，平均约 17 年一次。这种频率实为前代所无。

二是北宋校理史书的高度计划性也是前所未见的。北宋校正史始于太宗淳化五年，终于仁宗嘉祐八年，仅历时 69 年，主要经四次校勘即毕其功。隋以前尚少有专门校史书的活动，所以根本谈不到计划性。唐以前已修成 7 种正史，然唐代并未有计划地刊正之。

三是将校勘成果汇编成专书。自宋初始，就已出现这种汇编：太宗朝史馆修撰张泌集有《汉书刊误》一卷[3]；真宗朝“任随等上复校《史记》勘误文字五卷”[4]；至景德年间校前、后《汉书》时，又将所校正的“三千余字”“录为六卷以进”[5]；至仁宗景祐年间校《汉书》后，更产生了多达三十卷的《汉书刊误》，在卷帙上远过前朝，且与张泌之书同样具有独立书名。它们标志着到北宋时，校勘记又发展到一新阶段，即已完全独立成书。

上面所述历代中央政府的多次校理群籍活动中，均未将校勘成果单独汇集成书。私家校雠中，虽有不少涉及校勘的名篇名著，

---

① 《唐会要》卷六四。
② 同上。
③ 《宋史》卷二〇三《艺文志》。
④ 《玉海》卷四三。
⑤ 《宋会要辑稿·崇儒》四之一。

如颜之推《颜氏家训·书证》、陆德明《经典释文》等，但也未见有独立的校记汇编。北宋的校记专书，不但标志着政府校勘的一大进步，也是校勘学发展史上一重要里程碑：它标志着校勘学已从以往与目录、版本诸学并行的状态，向着独立方向的重大迈进。

北宋这些校记汇编，是以往校勘发展的必然结果，又对后世产生重大影响，如南宋张淳《仪礼识误》、毛居正《六经正误》、方崧卿《韩集举正》等，都继承光大了这种做法，将校勘成果集为专书。

四是对史书的复校。两宋复校共达 6 次，而宋以前对经书有过复校，却罕见复校史书者。

五是刻印情况。北宋校史书后立即镂板刊行者达 9 次之多，亦远胜前代。

宋代校史书盛况空前，其原因除上述之“国泰民安”外，尚有如下三点：

其一，史部书自身的发展是宋代史书校勘成就辉煌之必不可少的前提条件。

我国自先秦至西汉前期，史书的门类、数量皆远不及经、子之书，因此至东汉班固修《汉书·艺文志》时，仍沿《七略》之例，不立史部。自司马迁《史记》问世后，史书大兴，故而至西晋荀勖的《中经新簿》，首将史书独辟一部，然尚在经部、子部之后。至东晋李充之《晋元帝四部书目》，史部才位列第二。隋唐时期，史部书继续发展，成为拥有十三部类的泱泱大国；宋以前的十六部正史中，有八部纂修于唐代——这一切都为宋代的史书校勘奠定了坚实基础。

其二，推动宋代校勘事业空前发展的最直接原因是印刷术的广泛使用。

其三是“会通”思潮的影响。我国史学至唐宋年间空前发展，史家已不满足于断代为史，而是站在更高的层面上，纵观上下几千年的变化——唐中叶《通典》问世，北宋年间《资治通鉴》付梓，南宋期间《通志》诞生，宋末元初《通考》修纂——这四部巨著皆“贯二帝三王而通为一家”，“能同天下之文”，“能极古今之变”[①]，它们生动反映出唐宋时期“大矣哉”的“会通”思潮。

更值得注意的是，北宋初年编纂的“四大部书”，即《太平广记》、《太平御览》、《文苑英华》与《册府元龟》(总计达三千五百卷)，同样是“包括群书，指掌千古”[②]的会通之作。四部书中前三部均修于太宗朝，《册府元龟》纂于真宗朝；而宋代之校正史，恰始于太宗朝，而终于仁宗朝。由此可见，正是在当时编纂会通巨帙蔚然成风的氛围之中，北宋馆阁校勘了当时成书的全部正史，从而在校勘史书的领域里，成就了空前的会通之作。

*　　　　*　　　　*

两宋馆阁校勘史书的辉煌成就，对我国正史中前十七史的保存、传播，“钦定二十四史”的最终形成，乃至近千年来史学的发展，都建立了不可磨灭的功勋。其对史书校勘的许多做法，如有计划地全面校勘、将校勘成果汇为专书等，对今天的校勘仍是有启迪意义的。

---

① 《通志·总序》。

② 《玉海》卷五四宋太宗为《太平御览》所下之诏。

第三章　宋代官府对子部书的校勘

第一节　医学书籍

宋代文化事业繁兴，在校雠古籍方面多有创获，医书的校理在我国传统医学发展史上亦占有极为突出的地位。然宋朝主要进行过哪些校理医籍的活动？与前朝相比，其特点何在？形成这些特点的深层原因又是什么？迄今为止尚未见有专门文章进行探研。本节即试图回答这些问题。

本节所言之校理，乃谓宋代中央政府以校勘为主，而间或有增损、补注诸项的整理古籍的活动。限于篇幅，对两宋的私家校雠本文不予讨论。

一

北宋中央政府至少有九次校理医书的活动，其第一次为宋太祖时期的"开宝重定《本草》"："开宝中，命医工刘翰、道士马志等详定，附益一百二十三种，学士（卢）多逊、（李）昉、（扈）蒙刊定之。六年四月癸丑，知制诰王祐等上之。[二十卷。凡神农所说，以白字别之；名医所传墨字别之。《崇文目》：二十一卷。] 御制序。[合九百八十三种，并目二十二卷。颁天下。]"①

---

① 《玉海》卷六三。方括号内原为双行小字。

《宋史》对此亦记之颇详："尝被诏详定《唐本草》，（刘）翰与道士马志、医官翟煦、张素、吴复珪、王光祐、陈昭遇同议，凡《神农本经》三百六十种，《名医录》一百八十二种，唐本先附一百一十四种，有名无用一百九十四种，翰等又参定新附一百三十三种。既成，诏翰林学士、中书舍人李昉、户部员外郎、知制诰王祐、左司员外郎、知制诰扈蒙详覆毕上之。"①

又载李昉所作序，曰："……乃命尽考传误，刊为定本，类例非允，从而革焉……紫矿，亦木也，自玉石品而改焉；伏翼，实禽也，由虫鱼部而移焉；橘柚，附于果实；食盐，附于光盐；生姜、干姜，同归一类……去非取是，特立新条。自余刊正，不可悉数。"②

由此可见，这次"重定"，既有"不可悉数"的刊正文字之处（即校勘），又有对药物分类方面的重要更正，还有"参定新附"的药物百余种，因此是一次综合性的整理；参加者先后至少有11人。

第二次是宋太宗太平兴国六年，命贾黄中等校正历代医书："冬十月……丙戌，校历代医书。"③

同年"十二月癸酉，购求医书"④。从时间上看，这次购求医书应该是与上述校正密切相关的。

第三次为宋仁宗时校《内经·素问》等医书："（天圣）四年十月十二日，翰林医官副官赵拱等上准诏校定《黄帝内经·素问》、《巢

---

① 《宋史》卷四六一《刘翰传》。
② 同上。
③ 《宋史》卷四《太宗纪》。
④ 同上。

氏病源》、《难经》，诏差集贤校理晁宗悫、王举正、石居简、李淑、李昭遘依校勘在馆书籍例，均分看详校勘。”①至“（天圣）五年四月乙未，令国子监摹印颁行。诏学士宋绶撰《病源序》”②。其中《素问》后又校之：“景祐二年七月庚子，命丁度等校正《素问》。”③嘉祐再校之（详后）。

第四次仍在仁宗年间：“宋皇祐三年五月二十六日，内降札子……仍令秘阁简《外台秘要》三两本，送国子监见较勘医书官子细较勘闻奏。札付孙兆。准此。”④又有：“欲望圣慈特出秘阁所藏医书，委官选取要用者，较定一本，降付杭州开板模印。”

孙兆序曰：“国家诏儒臣较正医书，臣承命旨其书。方证之重者删去以从其简，经书之异者注解以著其详。鲁鱼豕亥，焕然明白。”⑤即这次“较正”，除校勘“鲁鱼豕亥”之类的文字错误外，还进行了删重复、注解等项工作。

《外台秘要》简况如下：“《外台秘要》四十卷，唐天宝中……王焘撰。焘久知弘文馆，得古今方，上自神农，下及唐世，无不采摭。”⑥

第五次为宋仁宗嘉祐年间之校医书：“（嘉祐二年八月）庚

① 《宋会要辑稿·崇儒》四之六。又见《巢氏诸病源候总论·原序》。

② 《玉海》卷六三“天圣校定《内经·素问》”。其中“宋绶”原为“宋缓”，据《续资治通鉴长编》卷一〇五改。

③ 《玉海》卷六三“天圣校定《内经·素问》”。

④ 《外台秘要》书前之《外台秘要方札子》。

⑤ 《外台秘要》书前之《外台秘要方·原序》。

⑥ 《玉海》卷六三“唐《外台秘要》”。又见《文献通考》卷二二二《外台秘要方》。

戌，……（韩）琦又言：'医书……请择知医书儒臣与太医参定颁行。'"[①]仁宗接受了韩琦的建议，下诏："所有《神农本草》、《灵枢》、《太素》、《甲乙经》、《素问》之类，及《广济千金》、《外台秘要》等方，仍差太常少卿、直集贤院掌禹锡、职方员外郎、秘阁校理林亿、殿中丞、秘阁校理张洞、殿中丞、馆阁校勘苏某（即苏颂）同共校正闻奏。"[②]此后"臣禹锡等寻奏置局刊校，并乞差医官三两人同共详定"[③]。韩琦上言的 11 天后，即"嘉祐二年八月辛酉，置校正医书局于编修院，命掌禹锡等五人。从韩琦之言也"[④]。至"其年十月，差医官秦宗古、朱有章赴局祗应"[⑤]。

"至四年九月，又准敕差太子中舍陈检同校正。五年八月，《补注本草》成书，先上之。十一月十五日准敕差光禄寺丞高保衡同共复校。至六年十二月，缮写成，版样依旧，并目录二十一卷，仍赐名曰《嘉祐补注神农本草》。嘉祐五年八月十二日进。"[⑥]本次校勘的最大特点是专门设立"校正医书局"，足见其重视程度；其中仅《本草》的校正就历时三年之久。

这次还有："顷在嘉祐中……臣等……乃搜访中外，裒集众本，浸寻其义，正其（即《内经・素问》）讹舛……又采汉唐书录古医经之存于世者，得数十家，叙而考证焉……正谬误者六千余字，增注

---

① 《续资治通鉴长编》卷一八六。

② 《苏魏公文集》卷六五。但下诏时间为"八月三日"，恐误。因据《续资治通鉴长编》卷一八六，韩琦上言为"八月庚戌"，即六日，下诏时间自当在此之后。又据《玉海》卷六三的两处记载，下诏之日为八月辛酉，即十七日，似得其实。

③ 《苏魏公文集》卷六五《本草后序》。

④ 《玉海》卷六三"天圣校定《内经・素问》"。

⑤ 《苏魏公文集》卷六五《本草后序》。

⑥ 《重修政和证类本草》书后之《补注本草奏敕》。

义者二千余条。”[①]

《伤寒论》等书则为宋英宗年间进呈：“国家诏儒臣校正医书……今先校定张仲景《伤寒论》十卷，总二十二篇。”“治平二年二月四日进呈，奉圣旨镂版施行。”[②]这次校定《伤寒论》，据书前之序记载，参加者有高保衡、孙奇、林亿等十九人之多。

又有：“臣（孙）奇先校定《伤寒论》，次校定《金匮玉函经》，今又校成此书（即《金匮要略》）……凡二十五篇，除重复，合二百六十二方。”[③]

二十三年后，即哲宗元祐三年，又因《伤寒论》等医书“册数重大，纸墨价高，民间难以买置”，所以于“八月一日奉圣旨令国子监别作小字雕印。内有浙路小字本者，令所属官司校对”。至“九月二十日……准朝旨，雕印小字《伤寒论》等医书出卖”[④]。这次仅历时五十天，恐非校勘，而确为今天意义上的“校对”而已。

尚有：“《巢氏病源候论》……昭陵（此指宋仁宗）时诏校本刻牍颁行，宋绶为序。”[⑤]以及孙思邈的《千金翼方》：“其书之传于今，讹舛尤甚，……仁宗皇帝诏儒臣校正医书，臣等今校定《千金翼方》……取自神农以来书行于世者而质之。”[⑥]本次校正之书尚不止于此，限于篇幅，兹不赘述。

第六次为：“哲宗时，臣僚言：‘窃见高丽献到书，内有《黄帝针经》九卷。据《素问·序》称，《汉书·艺文志》《黄帝内经》十八篇。

---

① 《重广补注黄帝内经·素问》高保衡等《序》。
② 《注解伤寒论》高保衡等《序》。
③ 《金匮要略方论》高保衡等《序》。
④ 《注解伤寒论》高保衡等《序》。
⑤ 《文献通考》卷二二二《巢氏病源候论》。
⑥ 孙思邈：《千金翼方》，人民卫生出版社1955年版，第1页。

《素问》与此书各九卷，乃合本数。此书久经兵火，亡失几尽，偶存于东夷。今此来献，篇帙具存，不可不宣布海内，使学者诵习……'有旨，令秘书省选奏通晓医书官三两员校对，及令本省详定讫，依所申施行。"[①]本次虽仅校正一部书，然来自高丽，故为北宋期间鲜见的校域外所献之医书。

第七次为宋徽宗时期之校医书："《和剂局方》十卷　右大观中，诏通医刊正药局方书，阅岁，书成，校正七百八字，增损七十余方。"[②]"库部郎中陈师文等校正，凡二十一门、二百九十七方。"[③]《宋史》亦有："陈师文校正《太平惠民和剂局方》五卷。"[④]本次校医书，任用"通医"、"郎中"校正，"阅岁"而成，正七百余字；此外亦有对医方的增损。

第八次为校《证类本草》："政和六年七月二十九日奉敕校勘"[⑤]，"命臣(即提举医学曹孝忠)校正而润色之……诸有援引误谬，则断以经传；字画鄙俚，则正以《字说》；余或讹戾淆互、缮录之不当者，又复随笔刊正，无虑数千，遂完然为成书，凡六十余万言……政和六年九月一日……曹孝忠谨序"[⑥]。参加者仅署名的就有八人[⑦]。其"校正"包括：1. 改引语之误；2. 正俗字；3. 改错字。其纠错"无虑数千"，可谓成果斐然。

---

① 《事实类苑》卷三一。

② 《郡斋读书志·后志》卷二。

③ 《直斋书录解题》卷一三，然著录为六卷。而此书《四库全书》本为十卷，今从之。

④ 《宋史》卷二〇七《艺文志》。

⑤ 《重修政和经史证类本草·校勘官叙》。

⑥ 《重修政和经史证类本草·曹孝忠序》。

⑦ 《重修政和经史证类本草·校勘官叙》。

第九次为校《内经》："（政和八年）五月十三日……诏太医学司业刘植、李庶通、元冲妙先生、张虚白充参校官，大素处士赵壬、明堂颁朔皇甫自收、黄次公、迪功郎龚璧、从事郎王尚充检讨官，上舍及第宋乔年、助教宋炳充检阅官。后又诏刑部尚书薛嗣昌充同详定官。"①本次校理参加人数颇多，且注意任用有学术专长者。

南宋至少有三次。第一次为宋高宗时期之校《灵枢经》："仆……参对诸书，再行校正……依条申转运司选官详定。具书送秘书省国子监。今（史）崧专访请名医，更乞参详，免误将来。……宋绍兴乙亥仲夏望日，锦官史崧题。"②其中乙亥即绍兴二十五年。

《灵枢经》是《黄帝内经》的一部分，"原书九卷，八十一篇，约成于春秋战国时期……两千多年来对中医学术发展起着指导作用，是祖国医学的一部重要文献，素为历代医家所重视"③。据四库馆臣考证，"此书至宋中世而始出，未经高保衡、林亿等校定也"④。

第二次为："（绍兴）二十七年八月……上《重加校定大观证类本草书》，诏……付国子监刊行。初……令（王）继先辟御医张考直、柴源、高绍功检阅校勘。继先言：'……依前三十二卷，及新添《释音》一卷。'"⑤本次校勘参加者至少四人，且为以御医校医书。校后产生《释音》一卷，并立即刻板颁行。⑥

此书《四库全书》本为三十卷。《本草》在北宋年间就曾多次整理，因此其影响深远："这部《本草》沿用了五百年。明朝的李时珍

---

① 《宋会要辑稿·崇儒》四之一一。
② 《灵枢经·原序》。
③ 东北师范大学古籍所辞书编辑室：《简明中国古籍辞典》，第451页。
④ 《四库全书总目》卷一〇三《灵枢经》提要。
⑤ 《宋会要辑稿·崇儒》四之一三。
⑥ 《玉海》卷六三"嘉祐绍兴校定《本草图》"。

对它推崇备至,可见是一代杰作。"①

第三次在理宗淳祐九年,张存惠又将《本草》整理刊行:"字书谬误,殊关利害,如升斗、疽疸、上下、千十、未末之类,无虑千数,或证以别本,质以诸书,悉为厘正。"②"今平阳张君魏卿(即张存惠),惜其浸遂湮坠,乃命工刻梓……比之旧本益备而加察焉。"③

二

从上述不难看出,两宋对医书的校勘多数乃北宋所为,故本节亦以北宋论之。若欲对当时校理医书的状况进行评价,就需将其置于古代整理医书的历史长河中去观察。

我国古代官方对医书的整理,首推向、歆父子的雠校群书。据《汉书·艺文志》载,当时专任"侍医李柱国校方技",颜师古注"方技"曰:"医药之书。"④《汉志》是据向、歆父子的《辑录》、《七略》改编而成的,因此基本反映出当时图书整理的情况,其中"有《方技略》",专门著录与古代医学相关之书,"凡方技三十六家,八百六十八卷"⑤。这次整理除校勘外,还进行了审定书名、编制目录、撰写提要等项工作。

此后的医书整理亦取得不少成就,如魏晋时期王叔和整理张仲景的《伤寒杂病论》:"他曾将当时已有散乱的《伤寒杂病论》汇集、整理、补充、编次,名为《金匮玉函经》……成无已说:'仲景《伤

① 何应忠:《论两宋时期的医学发展》,载漆侠等主编:《宋史研究论文集》,河北大学出版社1982年版,第454页。

② 《重修政和经史证类本草·"晦明轩"序》。

③ 《重修政和经史证类本草·"麻革信之"序》。

④ 《汉书》卷三〇《艺文志》。

⑤ 同上。

寒论》得显用于世，而不堕于地者，叔和之力也。'"[①]

齐梁间，则有"全元起注《黄帝素问》九卷"[②]，"书名《素问训解》。此书到南宋时已佚"[③]。

至"隋唐时期，杨上善又将《内经》分类编纂和注解，编成《黄帝内经太素》三十卷……这是现存最早的《内经》注本"[④]。

而"注释《素问》影响较大的，是中唐时期的王冰……博采当时许多传本，反复校对，重新编次、注释。又增加了《天元纪大论》等七篇……撰成《注黄帝素问》二十四卷"[⑤]。

然上述四例，均属私家所为，且除王冰外，《中国医学史》对其他三次整理的叙述中均未提及"校对"。

唐代中央政府曾数次整理四部群书，如唐太宗"贞观二年，秘书监魏征以丧乱之后，典章纷杂，奏引学者校定四部书。数年之间，秘府粲然毕备"[⑥]。

唐高宗"乾封元年十月十四日，上以四部群书传写讹谬，并亦缺少，乃诏东台侍郎赵仁本……等，集儒学之士，刊正然后缮写"[⑦]。

唐玄宗"开元三年……褚无量、马怀素侍宴，言及内库及秘书坟籍，上曰：'……卿试为朕整比之。'……及整比四部书成……百

---

① 甄志亚主编：《中国医学史》，上海科学技术出版社1984年版，第39页。

② 《玉海》卷六三《黄帝内经》。

③ 甄志亚主编：《中国医学史》，第38页。

④ 同上。

⑤ 同上。

⑥ 《唐会要》卷三五《经籍》。

⑦ 同上。

姓官人……无不惊骇”[①]。

对“四部群书”的“校定”、“整比”自然包括了医书。唐代官府亦曾有过专门整理医书的活动：唐高宗“显庆二年，右监门长史苏静言：陶弘景《本草》事多舛谬，请加删补。四年正月十七日撰成，并图五十卷，诏藏秘府”[②]。

与前代相比，北宋官府的医书校理至少在以下六方面颇为突出。

一是专门校理医书的次数空前。由上述可知，北宋以前官方进行的专门校雠医书的活动是相当鲜见的。而北宋朝享祚仅 167 年，专门校理医书却达 9 次之多，其校雠之勤远胜于以往任何朝代。

二是校理医书的范围甚广。以嘉祐年间的校勘为例，宋仁宗的诏书中就明确指出要“校正”“所有《神农本草》、《灵枢》、《太素》、《甲乙经》、《素问》之类，及《广济千金》、《外台秘要》等方”，即当时全部的医书医方，乃至在南宋就有评论曰：“凡医书之行于世，皆仁庙朝所校定也。”[③]太宗太平兴国年间所校也是“历代医书”。再加上其余几次，北宋校理医书的范围之广亦远远超越前代。

三是校雠持续的时间久长。正是由于校理医书的范围甚广，所以费时亦久。据《玉海》载：“嘉祐间，命掌禹锡等校正医书……十余年……”[④]即仅此一次，就历时十余年；如果总计北宋历次专门校理医书所花费的时间，则更是以往任何朝代都无法企及的。

---

① 《唐会要》卷三五《经籍》。

② 《玉海》卷六三《唐本草》。

③ 《文献通考》卷二二二《外台秘要方》。

④ 《玉海》卷六三“庆历《善救方》”。

四是参加雠校者人数众多。如政和年间校《政类本草》，参与者署名的就有八人之多；而嘉祐年间的校雠，仅本文所引史料中，参加的“儒臣与太医”更多达数十人。如此众多的太医、儒臣共同进行校雠医籍的工作，亦为宋以前所未见。

五是为校理医书而成立专门机构——“校正医书局”。设置专门机构可以保证身处其中的人员专心致志进行校勘，这一举措对保证雠校质量无疑具有重大作用，它充分显示出最高统治者对校理医学典籍的高度重视。这种为校雠医学典籍而成立专门机构的做法，也是北宋中央政府所开创的，其成效十分显著：“校正医书局做了大量艰苦细致的工作，力图恢复古典医籍的原貌，为医学教育提供了教本，促进了对医学理论的探讨。而且为保存和传播宋以前的中医文献，作出了重大贡献。在中国医学史上具有重要意义。”①

六是刻印与校雠紧密相连。如上述太祖年间对《本草》“尽考传误”之后即“刊为定本”、“颁天下”；仁宗天圣年间校定《素问》等书之后，立即“令国子监摹印颁行”；皇祐年间校定《外台秘要》后，则“降付杭州开板模印”；而上述规模最大的嘉祐年间全面校雠医书之后，更是“悉从摹印”②。对当时“所有”的医学典籍进行校正，然后又“悉从摹印”，其工程之宏大可以想见。而宋以前的雕版印刷术未见用于印制医书。北宋朝的上述校雠和“摹印颁行”，不但极大地保护了宋代以前的医书、使之不致湮堕，而且更使古代医籍广为流传，乃至“天下皆知学古方书”③，其在我国古代医学史上的

① 史兰华等：《中国传统医学史》，科学出版社1992年版，第155页。

② 《玉海》卷六三“庆历《善救方》”。

③ 同上。

影响确实是极为深刻而久远的。

以上六个方面，充分显示出北宋政府在校理医书方面所取得的空前辉煌的成就。清代学者已充分注意到这些成就，并评论曰："自古以来，惟宋代最重医学，然林亿、高保衡等，校、刊古书而已，不能有所发明。"[①]这段评论至少说明三个问题：一为"自古以来"至清代，宋代对医学的重视超越了其他任何朝代；二是宋代在医学方面的成就主要就是"校、刊古书"；三是林亿、高保衡等人的校勘，当是宋代校医书规模最为宏大的一次，因此馆臣才以此来概称宋代的校理。本文考察的结果与这三项是完全一致的。

三

北宋官府在校理医籍方面成就如此辉煌，其原因是多方面的。

首先是北宋政局较为稳定，经济高度发展，为文化事业的繁荣奠定了坚实的基础。

如所周知，宋太祖通过"陈桥兵变"而"黄袍加身"，成为宋代的开国君主，其间未经过大规模的农民起义和长年的血腥战争；太祖登基后，又采取了一系列措施加强中央集权，政局很快稳定下来，因此生产力迅速得以恢复和发展，这是北宋文化繁兴、校勘事业发达之必不可少的社会条件。

其次是印刷术的广泛使用，直接刺激校勘事业的发展。我国的四大发明之一——雕版印刷术到"唐代中后期"就已"较为成熟"[②]，到北宋，印刷术广泛用于刻印各种书籍。以往手抄书籍，数

---

① 《四库全书总目》卷一〇四《御定医宗金鉴》。

② 何兹全主编：《中国大事典》，中华工商联合出版社 1994 年版，第 745 页，"雕版印刷术的发明"条。

量极为有限；而刻印动辄就是成百数千册，因此人们在印书之前自然希望尽量减少其中的文字讹误，以免错谬广为流布，贻误后人，故而校勘工作就显得格外重要——这也是北宋官府校勘事业空前辉煌的最直接动因。

由此亦可看出：科学技术方面的重大发明，会对文化事业产生何等巨大的推动力！

其三是宋以前医书的蓬勃发展，为北宋校勘奠定了丰厚的基础。我国医学历经千百年的发展，至宋以前已达到相当高的水平，许多重要的医学典籍均已问世，如“开创了中医学独特的理论体系”的《内经》，“成为我国临证医学迅速发展的重要标志”的《伤寒杂病论》，“为我国古代的药物学奠定了基础”的《神农本草经》[1]，以及王叔和的《脉经》，皇甫谧的《针灸甲乙经》，孙思邈的《千金要方》、《千金翼方》，等等。其他医书亦为数不少，如《新唐书·艺文志》著录有“明堂经脉类”“三十五部，二百三十一卷”，“医术类”“一百二十部，四千四十六卷”。[2] 这四千余卷医籍，为北宋之校理提供了丰富素材。

其四是北宋最高统治阶层对医学的高度重视。

我国传统医学虽然从未形成过现代西医这样的理论体系，然古代先哲对今天所讲的“人体科学”却有着极为深刻的认识。他们从千百年的丰富实践中，感悟到人与自然之间存在着千丝万缕的联系；感悟到人体内的运动和变化，与“天”、“地”的运行、变化遵循的是同一个规律——人就是“天”的一部分，“天”、人是合一的。

---

① 史兰华等：《中国传统医学史》，第60—70页。

② 《新唐书》卷五九《艺文志》。

《周易》是我国古代灿烂哲学思想的结晶，它吸引了数千年来几乎所有最优秀知识分子（包括西方最杰出的思想家乃至科学家）的关注，成为人类思想宝库中稀有的珍藏，而“医易同源”恰恰反映出古代医学思想的深邃，已达到了哲学的高度。正因为如此，我国古代医学理论在社会中所发挥的作用，也远远超出了治病救人的范畴。早在东汉班固的《汉书·艺文志》中，就已指出：“方技者，皆生生之具，王官之一守也……盖论病以及国，原诊以知政。”①《隋书·经籍志》中亦有：“其善者，则原脉以知政，推疾以及国。”②被尊为“药王”的孙思邈更明确指出：“古之善为医者，上医医国，中医医人，下医医病。”③可见在古人眼里，若能深刻领会医治人体疾病的理论，则完全可以将这些理论用于治理国家。

北宋君臣对此亦有清醒的认识，如宣和殿大学士蔡攸就在奏章中指出：“窃考《内经》所载，皆道德性命之理，五行造化之妙。”④宋徽宗在诏书中更明确指出：“朕阅《内经》，考建天地，把握阴阳，其理至矣。”⑤也就是说，《内经》虽为医书，然由于“天人合一”，对人体的辨证也就蕴含着天地阴阳之理，“五行造化之妙”，因此也就包含着治理天下之“道”。

这种对医理的认识直接促进了对古医书的整理，如仁宗嘉祐年间北宋进行了规模最大的一次校理医书，其主持者高保衡、林亿等就极为明确地指出：“顷在嘉祐中，仁宗念圣祖之遗事将坠于地，乃

---

① 《汉书》卷三〇《艺文志》。
② 《隋书》卷三四《经籍志》。
③ 《备急千金要方》卷一《诊候第四》。
④ 《宋会要辑稿·崇儒》四之一〇。
⑤ 《宋会要辑稿·崇儒》四之一一。

诏通知其学者，俾之是正(《黄帝内经》)。”而“圣祖之遗事”即：“在昔黄帝之御极也，以理身绪余治天下，坐于明堂之上，临观八极，考建五常……”①此处“理身绪余”当出自《庄子·让王》：“道之真以治身，其绪余以为国家，其土苴以为天下。”故而“圣祖之遗事”就是“治身”、“治天下”的理论(即“道”)与实践。他们最后又强调，《内经》经过此次整理之后：“以之治身，可以消患于未兆；施于有政，可以广生于无穷。”②即同样认为《内经》不仅可以用于治病，而且可以用来治理国家。足见当时正是由于君臣们对《黄帝内经》有这样高的认识，才会对它怀着近于虔诚的态度，进行极为认真的整理。

高保衡、林亿等还对唐代将《黄帝内经》仅仅视为医学书的做法提出尖锐批评：“惜乎唐令列之医学，付之执技之流，而荐绅先生罕言之，去圣已远，其术暗昧，是以文注纷错，义理混淆。”③即认为唐代的做法不但降低了《黄帝内经》的崇高地位，而且也是使之“文注纷错”的根源。

孙兆则指出：“臣谓三代而下，文物之盛者必曰西汉，止以侍医李柱国较[校]方技，亦未尝命儒臣也。”④可见只有到北宋时期才出现“命儒臣校医书”，这种做法同样表明北宋君主并未将古医书仅仅“列之医学”，而确实是视之为“圣祖之遗事”、“道德性命之理”，所以才会命儒臣去整理。因此前文所引诸医书之序言中，多次出现“国家诏儒臣校正医书”之语，即是要凸现这种做法的重要意义。

高保衡、孙兆等的非议都是指向那时的最高统治者的，即认为

① 《重广补注黄帝内经·素问·高保衡等序》。
② 同上。
③ 同上。
④ 《外台秘要·孙兆序》。

他们对医书(包括《内经》)的认识尚有较大差距。上文所引《汉志》、《隋志》等文表明:汉代、唐代的知识阶层已将中医理论视同治国之方;而至北宋,最高统治者的认识也提升到了同样高度,且皇帝亲自下诏"命儒臣校医书",彻底改变了宋以前"荐绅先生罕言之"的状况,这恰是北宋医书校理取得空前成就的深层动因。这一点对今天我们应如何认识传统医学,尤其是传统医学的理论,仍是颇具启迪意义的。

第二节　道家书籍

宋代官府在经、史、医籍方面的校勘成就卓著,已如前述,其中央政府在校勘道家书籍方面亦取得令人瞩目的成果。然迄今为止,诸如宋代官府究竟校理过几次道教书籍?从道经发展史的角度观察,这些校勘有什么重大意义?又是哪些原因促使宋代在校理道经方面取得空前成就?尚未见有专门的研究。论述《道藏》的几部专著,如陈国符的《道藏源流考》、日本吉冈义丰的《道教经典史论》、朱越利的《道经总论》等,其主旨均在《道藏》之发展,故皆未回答上述问题。本节即为对这些问题的初步探研。

本章题目中之"官府",主要指宋代馆阁(即集贤馆、昭文馆、史馆和秘阁),因此本节所论,不涉及私家校雠及地方政府的校理。

一

据笔者考察,北宋官府校勘道家书籍共计 11 次,其第一次即为对道家经典的全面校正:

"初,太宗尝访道经,得七千余卷,命散骑常侍徐铉、知制诰王禹偁校正，删去重复，写演送入宫观，止三千三百三十七卷。”[①]

《文献通考》和《玉海》的记载更为详细：

“唐开元中，列其书（指道教之书）为藏目，曰《三洞琼纲》，总三千七百四十四卷。厥后乱离，或至亡缺。宋朝再遣官校定，事具《道释志》。尝求其书，得七千余卷，命徐铉等雠校，去其重复，裁得三千七百三十七卷。”[②]“分置上清、太一宫。”[③]

《隆平集》亦有：“唐明皇所撰《琼纲》，才三千余卷，徐铉等尝校勘，去其重复，得三千七百三十七卷。”[④]

这三部书与下文所引《咸淳临安志》卷八九所载之《道藏》卷数皆为 3737 卷，与《混元圣纪》不同，似得其实。

这次校勘前曾有对道教之书的专门搜求：“至雍熙二年，有诏悉索是经（指天台山桐柏宫的《道藏》），付余杭传本。”[⑤]

第二次为校勘《道德经》：“（真宗咸平）六年四月，诏选官校勘《道德经》，命崇文院检讨、直秘阁杜镐、秘阁校理戚纶、直史馆刘锴同校勘，其年六月毕。”[⑥]此次是真宗亲自下诏所为，因《道德经》篇幅不长，故历时两个月即毕。校后立即“并《释文》一卷送国子监刊板”[⑦]。此处所言《释文》即唐代陆德明之《经典释文》，其中有《道德经》的《释文》一卷。

---

① 《混元圣纪》卷九，引自《道藏》，1926 年上海涵芬楼据明正统本影印，第 553 册。

② 《文献通考》卷二二四《经籍考》。

③ 《玉海》卷五二“祥符《宝文统录》”。

④ 《隆平集》卷一。

⑤ 大中祥符三年夏竦撰《重建道藏经记》，见《天台山志》，引自《道藏》第 332 册。

⑥ 《宋会要辑稿·崇儒》四之二。又见《玉海》卷四三“景德校诸子”。

⑦ 同上。

第三次是校《庄子》:“(真宗景德)二年二月,国子监直讲孙奭言:‘诸子之书,《老》、《庄》称首……今诸经及《老子释文》共二十七卷并已雕印颁行,唯阕《庄子释文》三卷,欲望雕印,冀备一家之学……’诏可,仍命奭与龙图阁待制杜镐等同校定,刻板。”①至“大中祥符元年六月,崇文院检讨杜镐等校定《南华真经》摹刻板本毕,赐辅臣人各一本”②。《南华真经》即《庄子》的别名——唐天宝元年二月,号庄子为“南华真人”,其书亦得名《南华真经》。

这次校勘还包括在众家注本中选定郭象之注:“又《庄子》注本前后甚多,率皆一曲之才,妄窜奇说,唯郭象所注特会庄生之旨,亦请依《道德经》例差官校定、雕印。”③《庄子》之《序》文亦为真宗亲定:“(杜)镐等以《庄子序》非郭象之文,因删去之。”④“大中祥符四年”⑤,“真宗尝出《序》文谓宰臣曰:‘观其文理尚可,但传写讹舛耳。’乃命翰林学士李宗谔、杨亿、龙图阁直学士陈彭年等别加雠校,冠于首篇”⑥。

这次校勘自景德二年开始,至大中祥符元年正文校毕,历时三年有余;其《序》文则在大中祥符四年才开始校正,前后延续六年有余。值得注意的是:本次校勘的目的就是为了“雕印颁行”。

第四次是校《道藏》:“(大中祥符)二年己酉,诏左右街选道士

---

① 《宋会要辑稿·崇儒》四之三,其中“雕印”原文作“雕即”,据上下文义改。又见《麟台故事残本》卷二、《玉海》卷四三“景德校诸子”。

② 《麟台故事残本》卷二。

③ 《宋会要辑稿·崇儒》四之三。

④ 《宋会要辑稿·崇儒》四之三,其中“因删去”原文作“因册去”,据上下文义改。

⑤ 《麟台故事》卷二。

⑥ 《宋会要辑稿·崇儒》四之三,其中“尝出”原文作“当出”,据上下文义改;文尾之“首篇”疑当作“篇首”。

十人校定《道藏》经典。至三年，又令于崇文院集馆阁官僚详校，命宰臣王钦若总领之。"[①]其成书上进则在："(大中祥符)九年二月己酉，王钦若上详定《道藏经》，凡三洞四辅、四千三百五十九卷。初，唐明皇撰《琼纲》，裁三千余卷……钦若总之。删一百二十卷，又求得七百二十七卷，总为目录，诏赐名，圣制序。"[②]"赐名曰《宝文统录》。"[③]

还有："选道士三十人校定《道藏》经，命王钦若总领。旧藏三千七百三十七卷，钦若增六百二十二卷。仍令著作佐郎张君房就杭州监写本。"[④]

这次校勘："尽以秘阁道书、太清宝蕴出降于余杭郡，俾知郡、故枢密直学士戚纶，漕运使、今翰林学士陈尧佐选道士冲素大师朱益谦、冯德之等，专其修较，俾成藏而进之。"[⑤]

可见本次校勘开始时仅有道士参加，后则由馆阁共同完成；且校勘前亦有搜求；前后历时七年之久，参加人数众多；在内容上有增有删，其成书之卷数则超过唐代的《三洞琼纲》六百余卷；而且编制了总目录；御赐名，又亲为作序。

校勘后则有晋升："大中祥符九年三月，加王钦若检校太师，又加兵部郎中；直史馆张复祠部员外郎；直集贤院祁暐、阶勋赐度支员外郎；直集贤院钱易太常博士；秘阁校理慎镛绯鱼——皆预校

---

① 《混元圣纪》卷九，《道藏》第553册。

② 《玉海》卷五二"祥符《宝文统录》"，又见《宋史》卷八《真宗纪》。《宋史》将上进时间系于大中祥符九年三月，然三月为丙子朔，无己酉日，故今从《玉海》。

③ 《文献通考》卷二二四《经籍考》。

④ 《咸淳临安志》卷八九。

⑤ 张君房：《云笈七签·序》。

《道藏》故也。"①

尽管如此，本次校勘仍不尽如人意："然其纲条漶漫，部分参差，与《琼纲》、《玉纬》之目舛谬不同；岁月坐迁，科条未究。"②即从全书的整体结构，到具体条目，都存在不少问题。此时"故相司徒王钦若总统其事，亦误以臣（即张君房）为可使之，又明年（指大中祥符六年）冬，就除臣著作佐郎，俾专其事"③。由此又以张君房为具体负责人，开始新的校勘。

"臣于时尽得所降到道书，并续取到苏州旧道藏经本千余卷，越州、台州旧道藏经本亦各千余卷，及朝廷续降到福建等州道书、明使摩尼经等，与诸道士依三洞纲条、四部录略，品详科格，商较异同，以诠次之，仅能成藏，都卢四千五百六十五卷，起《千字文》'天'字为函目，终于'宫'字，号得四百六十六字，且题曰《大宋天宫宝藏》。"④

可见本次校勘之前也有大规模的搜求；且在全书结构上下了很大功夫，并以《千字文》为函目，使之便于检索；卷数亦比《宝文统录》多 206 卷——其质量显然在《宝文统录》之上。上进的时间为："距天禧三年春，写录成七藏以进之。"⑤则前后约五年有余。

第六次是大中祥符四年三月之校《冲虚真经》："诏崇文院校勘到列子《冲虚真经》，仍如'至德'之号。时真宗祀汾阴朝陵回，至中牟县幸列子观，因访所著书，命直史馆路振、崔遵度、直集贤院石中

---

① 《麟台故事残本》卷二。

② 张君房：《云笈七签·序》。

③ 同上。

④ 同上。

⑤ 张君房：《云笈七签·序》。又据《辞源》，序文中的"修较"、"商较"之"较"皆通"校"。

立校勘。至五年，校毕，镂板颁行。”[①]是书作者列子，即战国时郑国的列御寇，其书本名《列子》，至唐封列子为“冲虚真人”，遂号其书为《冲虚真经》。至宋真宗时，又为列子加封“至德”之号[②]，故其书亦名《冲虚至德真经》。此书的校勘显然完全出于“圣意”，校后也立即“镂板颁行”。

仁宗朝也曾校《道藏》：“天圣四年正月，玉清昭应宫使王曾请下三馆校《道藏》库经，从之。上因言：‘其书多载飞炼金石方药之事，岂若老氏五千言之约哉？’张知白曰：‘陛下留意于此，乃治国清静之道也。’”[③]

又有：“仁宗皇帝天圣四年丙寅……帝曰：‘《道藏》多说飞炼金层修合方药，岂得皆如老子五千言！’宰臣张知白曰：‘《道德经》乃治清静之术，与诸道经不同。’帝曰：‘今搜访道经，当精细详校。乃入《道藏》。”[④]

还有：“（天圣四年二月）庚戌，玉清昭应宫使王曾请下三馆校《道藏》经，从之。上因言：‘其书多载飞炼金石方药之事，岂若老氏五千言之约哉！’张知白曰：‘陛下留意于此，乃治国清静之道也。’”[⑤]

从上面三段史料的时间、对话人物和对话内容不难看出，三段

---

① 《宋会要辑稿·崇儒》四之四。“列子观”原作“列子劝”，据上下文义改。又《麟台故事残本》卷二将真宗幸列子观、命官校书之事均系于“景德中”，然据《宋史·真宗纪》，谒诸陵、“幸列子庙”之事当在大中祥符四年三月，与《宋会要辑稿》同；且《玉海》卷四三“景德校诸子”明载校《列子》的时间为四年三月，《麟台故事残本》显误，今不取。

② 《玉海》卷五三《列子》。

③ 彭耜：《道德真经集注·道德真经说序》，《道藏》第398册。

④ 《混元圣纪》卷九，《道藏》第553册。其中“天圣”原文作“天祐”，显误。

⑤ 《续资治通鉴长编》卷一〇四。

所记当为同一件事，仅时间上略有不同。这次校理亦有搜访于前。然校勘的规模、持续时间、参加的人数等项则皆语焉不详。

第八次为哲宗元祐六年闰八月，“秘书监王钦臣乞差真靖大师陈景元校黄本道书，每月支钱五千缗。诏从之。仍令秘书省具道书目录付陈景元，据目录于《道藏》取索。先校定成本，供秘书省委本省官对校”[①]。据此，哲宗朝曾校理部分道书，然具体时间、人员、规模等亦不详。

黄本书是相对白本书而言、质量较好的一种书：“崇文白本书岁久多蠹，又多散失。置官校正、补写别本亦以黄纸，以绝蠹败。”[②]这次“校黄本道书”，是元祐年间大规模校理黄本书的一部分（详见第五章之“校四部群书”）。

这种做法遭到给事中范祖禹的强烈反对，其理由主要有二，一为：“……乃陈景元先取《道藏》之书，校定成本……皆取正于景元，不亦损朝廷之体，羞当世之士乎！”二为：“道书……多虚诞不经……馆阁所藏，唯备数可矣，不必使方外之士雠校，以崇长异学也。”[③]然从这篇奏章前的说明文字中的“准中书省录黄”和上引《长编》来看，这篇奏议未能阻止校勘的进展。

第九次为徽宗朝之校《道藏》：“宋徽宗初，兴道教，诏天下搜访道家遗书，就书艺局令道士校定。”[④]“我朝崇宁中，再校定《道藏》经典。”[⑤]道经的数量在此期间也有相当大的增长：“近世张君房所

---

① 《续资治通鉴长编》卷四六五。

② 《玉海》卷五二“嘉祐编定书籍”。

③ 《宋名臣奏议》卷五九《上哲宗论差道士校黄本道书》。又见《续资治通鉴长编》卷四六五、《历代名臣奏议》卷二七五。

④ 《历世真仙体道通鉴》卷五一，《道藏》第148册。

⑤ 《道德真经集注杂说》卷上，《道藏》第403册。

集道书，凡四千五百六十五卷。崇、观间，增至五千三百七十八卷，抑何多邪。”[①]然这次校勘的过程则无从详考了。

第十次为政和年间再校《道藏》：“（三年）十二月癸丑，诏天下访求道教仙经。”[②]至六年校毕上进时，其书序云：“臣（即元妙宗）于前岁七月，被旨差入经局，详定访遗，及琼文藏经，开板符篆。因得窃览经箓，殆至周遍。”“近又……裒访仙经，补完遗阙，周于海寓，无不毕集。继用校雠密藏，将以刊镂，传诸无穷。”[③]

还有：“政和《万寿道藏》（政和四年，黄尚书裳奏请建‘飞天法藏’，藏天下道书五百四十函，赐今名，以镂版进于京）。”[④]

这次校勘，亦有大规模访求于前，并任用道士校《道藏》；且其规模宏大。更为重要的是：校勘后的“刊镂”，是我国历史上第一次将全部《道藏》刻板，因此，在《道藏》发展史上具有极为重要的地位。其“刊镂”之处为福建天宁万寿观，故名《万寿道藏》。

第十一次为校《亢桑子》、《文子》：“政和七年八月一日，宣和殿大学士蔡攸言：‘……《亢桑子》、《文子》未闻颁行。乞取其书于秘书省，精加雠定，列于国子学之籍，与《庄》、《列》并行。’从之。”[⑤]《亢桑子》又名《亢仓子》，“唐天宝元年，诏号《亢桑子》为《洞灵真经》”[⑥]；《文子》又名《通玄真经》，二书于《四库总目》中皆入“子部・道家类”（见卷一四六），故此次校勘亦为校道家之书；而校勘

---

① 《文献通考》卷二二四《经籍考》。

② 《宋史》卷二〇《徽宗纪》。

③ 《太上助国救民总真秘要・序》，《道藏》第986册。

④ 《淳熙三山志》卷三八“道观”。括号内原文为双行小字。

⑤ 《宋会要辑稿・崇儒》四之一〇。

⑥ 《郡斋读书志》卷三上。

的目的就是为了"颁行"。

南宋时期，笔者尚未见有校勘《道藏》的史料，仅有些相关记述，如：

"政和《万寿道藏》(…… 淳熙二年，令以所藏经文送行在所)。"[①]

"淳熙四年，重建《道藏》成，御书《琼章宝藏》以赐。"[②]

"淳熙六年，《道藏》成，八年，赐藏经。"[③]等等。

这里所谓的"(重建)《道藏》成"，虽有"御书《琼章宝藏》"的名号，但仅为重新抄录，而未进行校勘工作。后又抄录数部，然均无校勘。[④]

二

从我国道经发展史的角度观察，北宋官府多有建树，而南宋鲜见校理，故本节仅以北宋时期论之。当时的校勘有如下几个方面值得注意。

首先是对道经的搜求。道经的发展，至唐玄宗时期达到第一个高峰，即玄宗时的《三洞琼纲》和《三洞玉纬》，据《文献通考》，《三洞琼纲》为 3744 卷；而《三洞玉纬》约为 2000 余卷[⑤]，二者合计当在 6000 卷左右。然而后来的安史之乱，使"两经秘藏，多遇焚烧"[⑥]。后又经五代时期的动荡，到北宋太宗时，仅有 3737 卷。

---

① 《淳熙三山志》卷三八"道观"。括号内原文为双行小字。

② 《咸淳临安志》卷一三"太乙宫"。

③ 《咸淳临安志》卷七五"余杭县·洞霄宫"。

④ 朱越利：《道经总论》，辽宁教育出版社 1991 年版，第 150 页。

⑤ 同上书，第 139 页。

⑥ 《太上黄箓斋仪》卷五二，《道藏》第 276 册。

而上述北宋的11次校勘中，有6次皆为访求于前（即第一、四、五、七、九、十次），且6次都是校理道经（其中4次为全面校理），其效果十分显著：如第一次校勘前的“访道经”，就得“七千余卷”；第二次（即本文第四次）“又求得七百二十七卷”；第三次（即本文第五次）又得数千卷；最后一次，即校《万寿道藏》时，更是“（道经）无不毕集”，乃至成书后多达5481卷[①]，比北宋初多出1744卷，即多了46.7%。在百余年间增长近一半，足见其搜访之勤（其中亦包括对此期新撰写道经的搜求）。

众所周知，搜访书籍是高质量校勘必不可少的前提条件；对于官府校勘来讲，访求书籍的力度往往是其组织者对校勘重视程度的重要标志之一。道经总数在北宋时期的大幅度增长，恰恰是这6次校理的组织者高度重视的生动写照。而北宋的搜求，又对后世《道藏》规模的形成，起到至关重要的作用。

其次是北宋的11次校勘中，共有4次对《道藏》的全面校理（还有3次卷数不详），其频率在中国历史上既为空前，又乃绝后（迄今为止）。这4次的时间为自太宗雍熙二年（985）至徽宗政和六年（1116），共约131年，平均约33年就全面校勘一次。

北宋以前曾先后出现过12部道经总集，其出现频率最高的朝代是唐代，即唐高宗年间的《玉纬经》，唐玄宗先天年间的《一切道经》，开元年间的《三洞琼纲》及《三洞玉纬》，黄巢起义后神隐子的《三洞经》，肃宗时期的“上元经箓”，哀帝天祐三年（906）杜光庭的《三洞藏》。[②] 这六部总集，上起唐高宗年间（即650—683），下迄

① 陈国符：《道藏源流考》，中华书局1963年版，第148页。

② 朱越利：《道经总论》，第134—142页。

906 年,即使将开始之年算作 680 年,前后亦有 226 年,即平均约 37.7 年出现一部——更何况这六部总集的编纂过程中,多数并无校理,故而若以校勘频率而论,唐代就更无法与北宋相提并论了。

而北宋以后直至明末的五百余年间,仅有四部《道藏》问世,其频率就更低了。其后出现频率最高的时期为"1977 年以来,中日两国先后印刷发行了 4 种版本的精装影印《道藏》",然仅最后一次"纠正错简 17 处",其他三次均未进行校理。[①] 因此从校勘学史的角度考察,北宋时期确为中国历史上对《道藏》校理最为频繁的时段,其他任何朝代(或时期)都与之相差甚远。这些校理不但反映出当时统治者对道经的高度重视,更对道经高质量的流传功不可没。

第三是《万寿道藏》的"刊镂",对《道藏》的保存与流传起到重大作用。《万寿道藏》刊刻后,分藏于秘阁、天宁万寿观、建隆观等数十处道教宫观之中[②];南宋孝宗时,下令将《万寿道藏》抄写数部,分置于南方各道观中,"其《道藏》因得保存,而传至元代"[③]。由此可见,正是由于北宋《万寿道藏》的"刊镂",南宋孝宗时才得以抄写,《道藏》才得以流传至元代,否则很可能遭遇与唐代《三洞琼纲》同样的命运。

第四,北宋对其余几种道经的校正,对这些书籍的流传同样起到至关重要的作用。

前述第二、三次皆为校《释文》。《经典释文》始校于"周显德

① 参见朱越利:《道经总论》,第 150—162 页。

② 陈国符:《道藏源流考》,第 138—146 页。

③ 同上书,第 147 页。

中”，至北宋太祖朝继之[①]，而《老子》、《庄子》的《释文》至真宗朝才毕其功。这些校理，对《经典释文》的流传产生了重大作用：今存之《经典释文》的《四部丛刊》本，书后有孙毓修所撰札记，记述了其流传过程，孙氏指出流传至清代的几种刻本，最初“似……皆出北宋本矣”，后经南宋的刊刻、明代的影写，才传至清代。换言之，我们今天能见到《老子释文》、《庄子释文》，确实与北宋年间的校勘与“刻板”密不可分。

前述第六次所校之《列子》，今亦见于《四部丛刊》，其书后载清代著名藏书家叶昌炽之跋语，谈及版本曰：“此北宋椠本《列子》……《冲虚》善本，当以此为第一。”即今存之《列子》，北宋刻本乃其最佳者。

第十一次所校之《亢仓子》、《文子》，今皆收入《四部丛刊三编》，二书前均有：“上海涵芬楼借常熟瞿氏铁琴铜剑楼藏宋刊本景印”，即二书所据皆为宋代刻本。依行文惯例，仅言“宋刊”者多指北宋；而且据笔者考察，南宋并未校理过这两种书[②]，因此这里即使是指南宋刻本，也仍是在北宋校刻的基础上再印的。

由此可见：前述其余 4 次所校的 5 种书，在其流传过程中，北宋的校勘和刻印都起到关键性作用。

第五为任用道士校理道经。任用专家校勘专门之书，始于西汉之刘向校理群书：“诏光禄大夫刘向校经传、诸子、诗赋，步兵校尉任宏校兵书，太史令尹咸校数术，侍医李柱国校方技。”[③]后遂成为我国校勘古籍的优良传统。前述的 11 次校勘中，有 5 次（即第

① 《玉海》卷四三“开宝校《释文》”。

② 汝企和：《南宋馆阁校勘述论》，《河北大学学报》2003 年第 1 期。

③ 《汉书》卷三〇《艺文志序》。

四、五、八、九、十次)均特别提及选任道士校理道经,从而使这一优良传统得到发扬光大;尤为重要的是:这5次中有3次所校皆为全部《道藏》(另2次亦为部分《道藏》),因此这一举措从根本上保证了《道藏》校勘的高质量。

道家书籍同样有着深远的文化意义,它们对中医学特别是养生学、建筑学、文学、音乐、美术、化学等等都有深刻的影响,这些在其他专著中已有论述[①],本节不赘。

三

北宋校勘道经取得空前成就,其原因是多方面的。

首先是北宋政局稳定,经济高度发展,从而为文化事业的发展奠定了坚实基础。

如所周知,宋太祖夺取政权未经过旷日持久的血腥战争;北宋政权建立后,宋太祖采取了一系列措施,使全国局势迅速稳定下来,社会生产力由此得以在原有基础上持续发展——对此许多专著、论文都有详细论述,笔者不再赘言,而政局稳定、经济发达,恰是北宋图书校理事业发展必不可少的前提。

其次是印刷术的广泛使用,这是推动宋代校勘事业空前发展的最直接原因。唐以前印刷术尚未问世,因而此前之多次校雠皆无条件付梓,至多不过是将儒家经典镌于石上,供人传抄而已。至唐代,印刷术虽已发明,然尚未普遍运用。五代时期印刷术的发展为宋代的刻书业奠定了良好基础。宋代已具备了大量刊印书籍的各种条件,而镂板之前自然希望尽量减少书籍中的错讹之处,由是

① 参见刘国梁:《道教精粹》,吉林文史出版社1991年版,第313—388页。

校勘事业大为兴盛。

具体到道教书籍的校勘，上文所述的11次校勘中，有5次（即第二、三、六、十、十一次）都是校勘之后立即“镂板颁行”，其中更有2次（即第三次、第十一次）校勘的目的就是为了颁行。而未“刻板”的6次，所校皆为《道藏》，由于其卷帙浩繁，因此迟至第7次（即本节第十次）校勘之后方得“刊镂”，所以前6次的校勘，实质上也是为最终的刊刻作必要的铺垫。

由此亦可见，科学技术的发展，会对文化事业产生何等巨大的推动力。

其三是官方校勘事业在北宋空前发展，为校勘道家书籍创造了良好条件。

笔者对北宋官府校勘的状况进行了详细考察。从经部书看，我国的经部书在北宋得到了全面、系统的校勘，而且其认真程度、校勘规模、若干次的校勘时间，以及对经书注疏的校勘等诸方面，都远远超越了前代。①

从史部书籍看，北宋馆阁的校勘，至少在校勘的频率、校勘的高度计划性、将校勘成果汇编为专书、复校、刊刻等五个方面，为前代所无法企及。②

从子部书籍看，北宋仅校勘医书就达9次之多，超过以往任何一个朝代。③

从综校四部书籍看，北宋亦多达11次，而且其参加人数之多、

---

① 汝企和：《北宋中后期官府校勘述论》，《中国史研究》2000年第1期。

② 汝企和：《论两宋馆阁之校勘史书》，《史学史研究》2001年第1期。

③ 参见本篇第三章第一节。

校勘时间之长等诸多方面，也是前代所无法与之相比的。①

北宋政府对传世典籍的广泛校雠，培养了大批校勘人材，健全了各种校勘机构，积累了丰富的校勘经验，这一切都为徽宗时期大规模校勘道家书籍创设了良好条件（当然，道家典籍的校勘也同样为其他书籍的校理提供了经验）。

第四，帝王的重视也是北宋校勘高度发达不可忽视的因素。从上文所述来看，北宋的11次校勘中，有8次都是在真宗、徽宗二朝，而这两位皇帝恰是北宋诸帝中最尊崇道教者。

宋真宗时，曾多次庆贺“天书”降临，乃至将年号都改为天书之名“大中祥符”；又亲自组织了庞大阵容，从京师出发，到泰山举行极为隆重的封禅大典；还“钦定”了“天庆节”、“天祯节”、“天贶节”、“降圣节”等诸多道教节日，举国庆祝；又不惜耗费大量人力、物力，在各地营建道宫、道观，如玉清昭应宫：“其宏大瑰丽，不可名似……所费巨亿万……阿房、建章，故虚语尔。”②即议者认为其规模之宏大、耗费之惊人，均超过了秦代的阿房宫和汉代的建章宫。

宋徽宗对道教的尊崇比真宗更有过之，他不但像真宗那样多次斥巨资修建道教宫观，增设了真元节、天应节、天符节等道教节日，而且还有新举措：即依照政府官员的品秩，为道士设立道官、道职，如重和元年“置道官二十六等，道职八等”③，从而将道士的社会地位提升的前所未有的高度。更为突出的是，到政和七年，徽宗本人也成为下凡的道教神仙：“‘朕乃昊天上帝元子，为大霄帝君……卿等可上表章，册朕为教主道君皇帝。’于是群臣及道录院

① 参见本篇第三章第三节。
② 《宋稗类钞》卷二《奢汰》。
③ 《续资治通鉴》卷九三。

上表册之。”[①]

二帝对道教的尊崇，还表现在直接倡导校理道经。如前述第二、四、六次校勘皆为真宗亲下诏书，并为《宝文统录》作序、赐名；第九、十次则均为徽宗发起。正因为如此，北宋校勘道教书籍的活动才高度集中于这两朝。

由此可见，帝王的高度重视也是北宋道教书籍校勘事业空前繁荣的重要原因（当然，帝王重视之背后的深层原因，仍是当时政治统治之需）。

上述诸项原因，对于今天道教书籍的整理，乃至道教文化的发展，仍是颇具深意的。

第三节　其他书籍

除以上两节所述之医学书籍与道家书籍外，宋代至少还有八次校理子书的活动，兹简述如下。

北宋年间曾两次校《孟子》，一次在真宗朝：“（大中祥符）五年十月，诏国子监校勘《孟子》，直讲马龟符、冯元说，吴易直同校勘，判国子监龙图阁待制吴爽、都虞员外郎王勉复校，内侍刘崇超领其事。”[②]此次校勘之中，“孙奭等言：‘《孟子》有张镒、丁公著二家撰录。今采众家之长，为《音义》二卷。’是年四月以进”[③]。真宗又

① 《续资治通鉴》卷九二。

② 《宋会要辑稿·崇儒》四之四。文中“冯元说”后为一空格。

③ 《玉海》卷四三“景德校诸子”。

“诏两制与丁谓看详”[①]，至“七年正月，上新印《孟子》及《音义》”[②]。

本次校勘值得注意之处在于，对以往《孟子》的注释、阐发进行了爬梳整理，形成新的校本。

另一次在仁宗朝：“景祐二年九月，诏翰林学士张观等刊定《前汉书》、《孟子》，下国子监颁行。”[③]值得注意的是：对于真宗朝的校《孟子》，《玉海》非常明确地将其列入“景德校诸子”条下；而记录仁宗朝的校勘时，《麟台故事》亦将《孟子》列于《前汉书》之后。由此不难看出：在真宗、仁宗朝，《孟子》仍为子部书，故将其置于本节述之(《孟子》何时成为经书，请参见本篇之第一章“宋代官府对经部书的校勘”)。

北宋馆阁亦曾两次校理兵书，一为仁宗朝之校秘阁兵书：“(嘉祐)六年四月，以大理寺丞郭固编校秘阁所藏兵书。先是，四馆置官编校书籍，而兵书与天文为秘书，独不预。大臣或言：固晓知兵法。乃命就秘阁编校，抄成黄本一百七十二册……治平四年六月，以编书毕，迁内藏库副使、路分都监。”[④]此文虽未言编校之书及卷数，然历时六年，最后又“抄成黄本一百七十二册”，可见其数量相当多。

第二次即神宗朝之校著名的“武经七书”：“元丰三年四月一日，诏校定《孙子》、《吴子》、《六韬》、《司马法》、《三略》、《尉缭子》、

---

① 《宋会要辑稿·崇儒》四之四。

② 《玉海》卷四三“景德校诸子”。

③ 《麟台故事》卷二。其中“景祐二年”原为“景祐一年”，据《玉海》卷四三、《续资治通鉴长编》卷一一七改。

④ 《宋会要辑稿·崇儒》四之八。其中“大臣或言”原为“大冇有言”，据《续资治通鉴长编》卷一九三“嘉祐六年四月丙子”条改。

《李靖问对》等书,镂板行之。”[①]“我国古代兵书著述繁富,种类繁多,然而其精华部分就是‘武经七书’”,“‘武经七书’的颁定,确立了兵书在封建社会的正统地位”,“奠定了中国古代军事学的基础”。[②] 此外,本次校定辅之以“镂板行之”,对保存与传播古代兵书亦功不可没。

这两次校勘,分别出现在仁宗朝和英宗朝,绝非偶然。北宋“咸平以后,承平既久,武备渐宽”[③],至仁宗之初,无大战事已数十年,乃至士兵不识战阵,将领不谙兵法,故而在此期间亦未见有对兵书的校勘。而仁宗康定年间西夏兵屡败宋军,引起朝廷对军事的重视,于是才有仁宗朝的校勘兵书。

至神宗朝,军事形势更为紧张,因此朝廷开始健全武学制度:“熙宁五年,枢密请建武学于武成王庙……生员以百人为额……习诸家兵法”[④],同时武举考试以“《孙》、《吴》、《六韬》义十道”为重要内容[⑤]。后为进一步加强武学,才开始校定“武经七书”。

从上述两例可明显看出:北宋期间两次兵书之校,皆源于当时军事形势之需。

真宗朝还曾校勘《齐民要术》等:“天禧四年四月,利州转运使李昉请雕印《四时纂要》及《齐民要术》,付诸道劝农司提举劝课。诏令馆阁校勘,镂板颁行。”[⑥]本次校理的两种书均为农书,在宋代多次大规模的整理群籍活动中,专门校理农书实不多见。本次校

---

① 《宋会要辑稿·崇儒》四之一〇。

② 参见王显臣:《中国古代兵书杂谈》,战士出版社1983年版。

③ 《宋史》卷一八七《兵志一》。

④ 《宋史》卷一五七《选举三》。

⑤ 同上。

⑥ 《宋会要辑稿·崇儒》四之五。

勘后亦“镂板颁行”。

仁宗朝又校《荀子》、《文中子》：“景祐四年十月十七日，翰林学士李淑言：‘……有《国语》、《荀子》、《文中子》，……欲望取上件三书差官校勘、刻板，撰定《音义》，付国子监施行。’诏可。”[①]这里也提到要撰定《音义》，惜乎结果不详。校后亦刻板。

神宗朝曾校阴阳之书：“元丰元年十二月二十三日，提举司天监所言：‘先被旨应馆阁所藏及私家所有阴阳之书，并录本校定，置库收掌。今编成七百一十九卷，乞上殿进呈。’从之。”[②]此为笔者所见之北宋首次校阴阳之书，计七百余卷。

南宋时期除校理医书外，尚有一次对《乾象通鉴》的校勘：“绍兴元年三月十八日，诏《乾象通鉴》与旧书参用，差讹并依经改正。太史局言：‘入内内侍省东头供奉官、干办御乐院邵谔、付下、天文官吴师颜等奏：“臣等承御前降到《乾象通鉴》一百卷，谨校勘到差讹去处略举数事，开具下项：

一、镇星居心，本是大人‘有喜’，却作‘有忧’。一、镇星犯房，本是‘兵忧’，却作‘兵庆’。一、岁星占内漏南方之宿所主。一、周天星座内漏虎贲一占。一、军南门星合在奎宿内，却作娄宿度内，并杂座星入宿度，并差一月，占内‘大缩’字却作‘大漏’字。一、右旗本是九星，却作十星。一、二星合后漏彗、孛二占。一、太尊、虎贲、军门并是黄星，进贤系黑星，并作赤星。一、晋元帝应验王敦举兵逼京师，本是‘祸及忠贤’，却作‘福’字。已上开具外，其余即与本局见行《乾象占》书所主灾祸颇同，所定是实。故有是命。”[③]本

① 《宋会要辑稿·崇儒》四之七。

② 《宋会要辑稿·职官》一八之八四。

③ 《宋会要辑稿·职官》一八之八七、八八。引文第三行的“付下”当作“付卞”。

次校勘记述颇详,列举了多项校正之处。

宋代校理其他子书的情况即如上述。其中北宋为七次,仍远胜于南宋。

第四章　宋代官府对集部书的校勘

宋代官府校勘集部书的状况远逊于其他各部。

北宋时期校集部书仅两次，第一次在真宗景德年间："四年八月，诏三馆秘阁直馆校理分校《文苑英华》、李善《文选》，摹印颁行。"[①]《文苑英华》为宋太宗朝所纂修，但其内容上起南梁，下至唐末五代，故此的确需要校勘，而发起者正是宋真宗："景德中，上谓宰臣曰：'《文苑英华》先帝缵次，当择馆阁文字之士校正，与李善《文选》并镂版颁布，庶有益于学者。'"[②]此次校正过程中，"以前所编次未尽允惬，遂令文臣前贤文章重加编录，芟繁补缺，换易之卷数如旧"[③]。而后又"令工部侍郎张秉、给事中薛映、龙图阁待制戚纶、陈彭年校之"[④]。可见其认真态度。对李善《文选》，刻板后，"又命官复校"，惜乎二书之校本不久后皆焚于火。

第二次在仁宗年间："至天圣中，监三馆书籍刘荣超上言：'李善《文选》……欲集国子监官校定净本，送三馆雕印。'从之。"[⑤]至"天圣七年十一月板成，又命直讲黄鉴、公孙觉校对焉"[⑥]。真宗时

① 《宋会要辑稿·崇儒》四之三。
② 《玉海》卷五四"雍熙《文苑英华》"。
③ 同上。
④ 《宋会要辑稿·崇儒》四之三。
⑤ 同上。
⑥ 《宋会要辑稿·崇儒》四之四。

虽已校过《文选》，后因"宫城火，二书（《文选》及《文苑英华》）皆烬"[①]，故有本次之校。

南宋校集部书亦仅两次，一次为校《文海》："先是，临安书坊有所谓《圣宋文海》者……（淳熙四年十一月，吕）祖谦得旨校正，盖上意令校雠差误而已……甫数日，上乃命（知临安府赵）磻老与临安教官二员同校正，则上意犹如初也。时祖谦已诵言皆当大去取，其实欲自为一书，非复如上命。"[②]这段史料明确显示孝宗本意是命吕祖谦校正《文海》，然而后来祖谦却将其扩编为新书。孝宗校《文海》的本意虽被改为扩编，然编书前，祖谦曾"奉朝旨，裒辑建隆以后、建炎以前诸贤文集，精加校正……"[③]，足见"精加校正"仍是本次整理的基础，故本文将其计为一次校勘。

第二次为校《文苑英华》："孝宗以秘阁本多舛误，命周必大校雠以进。淳熙八年正月二十二日，以一百十册藏秘阁。"[④]《文苑英华》成书于北宋太宗年间，在真宗年间曾进行校正重编，后焚于火。[⑤] 对本次校勘周必大甚为不满："臣过计有三不可：国初文集虽写本，然雠校颇精，后来浅学改易，浸失本旨。今乃尽以印本易旧书，是非相乱，一也；凡庙讳，未祧之前当缺笔。而校正者于赋中以商易殷、以洪易弘；或值押韵，全韵随之。至于唐讳及本朝讳，存改不定，二也；元阙一句或数句，或颇用古语，乃以不知为知，擅自增损，使前代遗文幸存者转增疵类，三也。"[⑥]即：1. 增添了不少妄

---

① 《宋会要辑稿·崇儒》四之四。

② 《建炎以来朝野杂记》乙集卷五。

③ 《宋文鉴·序》。

④ 《玉海》卷五四"雍熙《文苑英华》"。

⑤ 《宋会要辑稿·崇儒》四之三、四之四。

⑥ 《周益国文忠公集》卷五五《文苑英华序》。

改之文；2.对避讳的处理方法不一，易引起混乱；3.擅自增损原文。后周必大乃以私家之力重校之。

宋代官府校勘集部书仅此而已，故略述于此。

第五章　宋代官府之综校四部群书

两宋期间文化事业高度发展，其中央政府在校勘经、史、子各部书籍中，都取得了令人瞩目的成就。[①] 然在综校四部群书方面的情况，如宋代官府共综校群籍多少次？每次概况如何？与前代相比，宋代的综校在哪些方面更为突出？诸多问题，迄未见有专文论述。本章即试图勾勒出宋代官府十余次校理群书的概况，并将其与前代状况进行比较研究，以期回答上述问题。

一

据笔者考察，北宋官府对四部群书的校理至少有十一次，首先是对"诸伪国图籍"："宋朝三馆书，直馆官校对。太祖太宗朝收诸伪国图籍实馆阁，亦或召京朝官校对，皆题名卷末。"[②]

第二次则在真宗咸平年间："先是，咸平二年闰三月甲午，令三馆写四部书一本来上。"[③]"五年十二月甲申，令流内铨于常选择知书者以名闻。初，诏写三馆书籍，一本置龙图阁，一本藏后苑，皆以馆阁官分校。上阅之，见其尚有舛误，而未雠对者犹二万卷，故择

---

① 请参见前述几章。

② 《宋会要辑稿·崇儒》四之一。

③ 《玉海》卷四三"咸平校三馆书籍"。又见《宋会要辑稿·崇儒》四之一、四之二。

官详校。”[①]可见对四部群书的校勘在咸平五年以前就已开始，而“择官详校”则始于五年十二月。至景德元年三月“丁酉，直秘阁黄夷简等上校勘新写御书，凡二万四千一百六十二卷，校勘官六人赐缗帛有差”[②]。故本次“择官详校”“逾年而毕”[③]。

此处所言之“御书”并不全是“太宗圣制”，而主要是四部群书：“总太宗圣制诗及故事、墨迹三百七十五卷，文章九十二卷……四部书共二万五千一百九十二卷。”[④]

第三次则是由大火引发的：大中祥符八年夏“荣王元俨宫火，延及殿阁内库”[⑤]，“燔崇文院秘阁所存无几”[⑥]，“故命购本抄写”[⑦]。当时“前后献书者十九人……得一万八千七百五十四卷”[⑧]。

至十二月，“诏枢密使王钦若都大提举，抄写校勘三馆秘阁书籍，翰林学士陈彭年副之”[⑨]。其程序则为：“凡校勘官校毕，送复校勘官复校，勘毕送主判馆阁官点检详校。复于两制择官一二人充复点检官主判馆阁官点检详校讫，复加点检”[⑩]，且“其校

① 《玉海》卷四三“咸平校三馆书籍”。又见《宋会要辑稿·崇儒》四之一、四之二。

② 《续资治通鉴长编》卷五六。

③ 《续资治通鉴长编》卷五三。

④ 《玉海》卷五二“景德太清楼《四部书目》”。然此处之卷数恐有误：《玉海》卷五二同条、卷三三“景德校勘新写御书”及《续资治通鉴长编》卷五六皆作“二万四千一百六十二卷”，似得其实。

⑤ 《宋史》卷八《真宗纪》。

⑥ 《续资治通鉴长编》卷八五。

⑦ 《宋会要辑稿·崇儒》四之五。参见《宋朝事实类苑》，卷三一；《麟台故事残本》，见张富祥：《麟台故事校证》，中华书局2000年版，第286页。

⑧ 《续资治通鉴长编》卷八五。

⑨ 《宋会要辑稿·崇儒》四之五。参见《宋朝事实类苑》卷三一；张富祥：《麟台故事校证》，第286页。

⑩ 《宋会要辑稿·崇儒》四之五。参见《宋朝事实类苑》卷三一；张富祥：《麟台故事校证》，第286—287页。

勘、详校计课，用秘书省式，群官迭相检察，每旬奏课及上其勤(情)[惰]之状”①。对校勘中的问题则集体讨论：“疑舛未辩证者聚议裁之。”②如此反复“点检详校”、“迭相检察”，不可谓不认真矣！

第四次始于仁宗景祐元年：“闰六月，以三馆秘阁所藏，有缪滥不全之书，辛酉，命翰林学士张观、知制诰李淑、宋祁将馆阁正副本书看详，定其存废，伪谬重复并从删去；内有差漏者，令补写校对。仿《开元四部录》，约《国史艺文志》，著为目录，仍令翰林学士盛度等看详。”③

不难看出，这是一次大型综合性整理活动，包括：1. 确定各书之存废，删伪去重；2.“补写校对”；3. 编制新目录；4. 全面审定。其结果为：“(景祐)二年十月己未，馆阁上所校两库经史八千四百二十五卷。”④“景祐三年十月乙丑，御崇政殿，观三馆秘阁新校两库子集书凡万二千余卷，赐校勘官并管勾使臣、写书吏器币有差。”⑤此后校雠工作仍在继续：“(景祐)三年十月甲寅，以知制诰王举正看详、编排三馆秘阁书籍。自是常于内外制中选官充是职。”⑥而目录进呈时间为：“(庆历元年十二月)己丑，翰林学士王尧臣等上新修《崇文总目》六十卷……所藏书凡三万六百六十九卷。”⑦自景

---

① 《续资治通鉴长编》卷八五。

② 同上。

③ 《玉海》卷五二“庆历《崇文总目》”。又见《续资治通鉴长编》卷一一四“景祐元年闰六月辛酉”条。

④ 《玉海》卷五二“景祐编三馆秘阁书籍”。

⑤ 张富祥：《麟台故事校证》，第290页；又见《续资治通鉴长编》卷一一九。

⑥ 张富祥：《麟台故事校证》，第269页。

⑦ 《续资治通鉴长编》卷一三四。

祐元年至《总目》上进，整理活动持续十年有余。

第五次为嘉祐编定书籍："嘉祐四年二月〈丁丑〉置馆阁编定书籍官，以秘阁校理蔡抗、陈襄、集贤校理苏颂、馆阁校勘陈绎，分史馆、昭文馆、集贤院、秘阁而编定之……六月己巳，又益编校官，每馆二员。"[①]至"六年十二月辛丑，三馆秘阁上写黄本书六千四百九十六卷，补白本书二千〈一云一千〉九百五十四卷。二十二日壬寅，遣中使诏中书枢密院合三馆秘阁官属四十一人赐宴，以嘉其勤"[②]。可知参与者至少有41人。此后编校工作仍在继续："七年三月辛酉，诏参知政事欧阳修提举三馆秘阁写校书籍，仍诏两制看详天下所献遗书。六月丁亥，秘阁上补写御览书籍。"[③]"十二月，诏以所写黄本一万六百五十九卷、黄本印书四千七百三十四卷，悉送昭文馆。"[④]

黄本书是相对白本书而言、质量较好的一种书："崇文白本书岁久多蠹，又多散失。置官校正、补写别本亦以黄纸，以绝蠹败。"[⑤]

这次编定群书值得注意之处为："〈六年六月，开献书之路，诏诸道搜访。《中兴书目》有《嘉祐搜访阙书目》一卷，首载六年六月求遗书诏书。〉"[⑥]即为整理政府藏书，特别编制搜访书目，到各道访求。

这次整理的结束时间，《长编》卷二六〇载："（熙宁八年二月四

---

① 《玉海》卷五二"嘉祐编定书籍"。其中尖括号内之原文为小字，下同。

② 同上。

③ 同上。

④ 同上。

⑤ 《玉海》卷五二"嘉祐编定书籍"。

⑥ 同上。

日)丙寅……赐馆阁校勘林希、集贤校理梁焘银绢各三十四两,以编校四馆书籍毕也。”而且似唯恐人不知,下面特以小字指明:“嘉祐四年二月丁丑,初编校四馆书。”[①]即此次编校群书,历时达十七年之久。

第六次在神宗熙宁七年:“六月二十二日,监三馆秘阁言:‘看详崇文院孔目官孟寿安所陈诏书内求访到书籍,只各一部,并未校正,乞行校正。仍差见补写楷书二十人将上件书抄写四部,均送逐馆……’从之。”[②]本次为校正求访所得之书,然结果不详。

元丰元年十二月七日秘阁校理的上言中,提及第七次校理:“每岁崇文楷书补写四库书,只令吏人比校,或致差误。乞应在馆诸官点检校定……遂命崇文院勘会四馆书籍……”[③]详情亦未可知。

第八次始于哲宗元祐二年:“六月八日,秘书省言:‘……秘阁黄本内有印本者……乞在省官与供职校理分校;秘阁所藏黄本书补完校正……’”[④]这次校正延续多年,如元祐五年六月四日的诏书中提及“秘书省见校对黄本书籍未了,可添一员,以明州定海县主簿秦观充”[⑤]。七年三月七日秘书省亦言:“本省节次添差到校

---

① 《玉海》卷五二所载编校开始时间与此处完全一致。而《续资治通鉴长编》卷一八九“嘉祐四年六月己巳条”下云:“馆阁编校书籍自此始。”与卷二六〇矛盾,疑有误。又《玉海》卷五二载:“以校勘功毕,明年(指嘉祐八年)遂罢局”,但又以小字标明:“或云:……熙宁中罢局。”《宋会要辑稿·崇儒》四之九亦为两个时间并存。而此处上文有六年六月才发求遗书诏书,若八年即罢局,于情理亦不合,故本文从《续资治通鉴长编》卷二六〇。

② 《宋会要辑稿·职官》一八之四。

③ 《宋会要辑稿·职官》一八之四至五。

④ 《宋会要辑稿·职官》一八之七。

⑤ 《宋会要辑稿·职官》一〇八之一〇。

对黄本书籍官共五员。"[①]至"徽宗崇宁二年五月四日，礼、户部言：'(校)[秘]书省见誊写三馆书籍充秘阁书，至今一十七年，装褫成书共二千八十二部……犹有一千二百一十三部、及阙卷二百八十九卷未写……今一十七年尚未写毕，显是自来点勘疏略，致得因循，虚费请受。今来乞立程限。'从之"[②]。从元祐二年至此，恰为十七年，且此后仍在进行，足见本次校正历时之久长。校书二千余部，规模亦颇可观。

在此期间还有："元祐七年五月十九日，秘省言高丽献书多异本，馆阁所无。"[③]"诏降付秘书省，仍令本省誊写、校正二本，送中书省、尚书省；及别誊写、校正二本，送太清楼、天章阁收藏。"[④]校域外所献之书，这是北宋百余年间不多见的。

第九次在徽宗大观年间："二年八月二十七日，诏大司成(非)[分]委国子监、太学、辟雍等官校本监书籍。候毕，令礼部复校。"[⑤]本次校书之具体人数、时间则不详。

第十次始于大观四年："五月七日，秘书监何志同奏：'……《(崇文)总目》之外，别有异书……就加校定，上之策府……'从之。"[⑥]至"政和四年四月十四日……蔡攸……又奏：'本省官校勘书籍……以经史子集次序成部分校……'"[⑦]可见此次校勘，亦延

---

① 《宋会要辑稿·职官》一八之一二。

② 《宋会要辑稿·职官》一八之一四。

③ 《玉海》卷五二"景德太清楼四部书目"。

④ 《宋会要辑稿·职官》一八之一三。

⑤ 《宋会要辑稿·崇儒》四之一〇。又见《文献通考》卷一七四《经籍考·总叙》。

⑥ 《宋会要辑稿·职官》一八之一四、一五。又见《文献通考》卷一七四《经籍考·总叙》。

⑦ 《宋会要辑稿·职官》一八之一四、一五。

续了四年以上。

最后一次为："宣和初，提举秘书省官遂建言置补完御前书籍所于秘书省，稍访天下之书，以资校对。以侍从官十人为参详官，余官为校勘官。"[1]后又建局："（宣和）四年四月十八日诏……乃命建局，以'补完校正文籍'名，设官综理，募工缮写。一置宣和殿，一置太清楼，一置秘阁。仍俾提举秘书省官兼领其事……庶成一代之典。"[2]本次校勘之过程虽未见史载，然特为此建局，可见必具有一定规模。宣和六年的一段史料透露出这种规模的概况："九月十九日，诏减罢校正御前文(集)[籍]官吏，校勘官、校正官、对读官各减一年磨勘……中书省请并补完校正御前文籍并归秘书省，只用馆职校勘，少监充校勘官，校书郎正字充初校正官，丞、郎、著作佐郎充复校正官。详定官十员、管勾一员并依旧。对读官于校正对读官内通留十员。其余合留人数：取押绫纸等使臣四人，点检文字一人，手分五人，楷书六人，专副二人，对算二人，通引官二人，库子库司八人，兵士五十人，和雇人据合用数逐旋和雇。从之。"[3]可见，即使不计兼职的校勘官、初校正官、复校正官与"逐旋和雇"的人员，其他人员总数已达 101 人！而此前人数还要超出若干。且徽宗时曾多次下诏、极为认真地搜求逸书，并予奖励，如："（宣和）七年，提举秘书省又言：'取索到王阐、张宿等家藏书，以三馆、秘阁书目比对，所无者凡六百五十八部、一千四百一十七卷，及集省官校勘，悉善本……'诏阐补承务郎，宿补迪功郎。"[4]足见直至北宋

---

① 张富祥：《麟台故事校证》，第 276 页。

② 《宋会要辑稿·崇儒》四之一二。

③ 同上。

④ 《文献通考》卷一七四《经籍考·总叙》。

灭亡以前,徽宗对校理群书一直是重视有加。《宋史》也注意到这一状况,特别指出:"徽宗时……诏购求士民藏书,其有所秘未见之书足备观采者,仍命以官。且以三馆书多遗逸,命建局,以补全校正为名……自熙宁以来,搜访补辑,至是为盛矣。"①宣和七年距北宋灭亡仅约两年,而徽宗却仍如此"搜访补辑"遗逸之书,实令人慨叹!

综校四部之书在南宋有三次,第一次始于绍兴二年:"四月十四日,秘书少监王昂言:'本省承节次降下御府书籍四百九十二种,今又有曾旼家藏书二千六百七十八卷,未经校正,欲依故例,将降到书籍分定经史子集四库,拨充秘阁专人各行主管……仍分官日校二十一板,于卷尾亲书"臣某校讫"字。置课程,每月结押……内有损坏脱落、大段错谬、不堪批凿者,许将别本参考,重行补写。……'诏可"②。本次为南宋馆阁首次大规模校理群书,分经史子集四库,各派专人负责;且有明确的定额,每月结算;卷尾署名则便于检查。

第二次在绍兴十四年五月:"二十八日,秘书省复置补写所,以秘阁成,书写校勘黄本书籍也。"③

第三次在淳熙五年:"七月六日,秘书省言:'昨乞将诸库写本书籍有损蠹残缺者,再校正书写……今约计合书写五千万字,用钱五千贯,省乞检照前请施行。'从之。"④本次校正预计达五千万字,可见规模颇为宏大。

---

① 《宋史》卷二〇二《艺文志序》。

② 《宋会要辑稿·崇儒》四之一三。

③ 《宋会要辑稿·职官》一八之二七。

④ 《宋会要辑稿·职官》一八之三七。

二

从上述可明显看出，两宋的14次校理群书中，有11次是北宋所为，故本节仅以北宋论之。而欲对当时官府校雠四部群书予以评价，就需将其与宋以前各朝的状况进行纵向比较。

纵观宋以前近千年官府校勘的历史，自向、歆父子雠校群书后，历代时有对四部书的综合校理，如东汉安帝时“校定东观五经、诸子、传记、百家艺术”[①]；西晋武帝时校理著名的汲冢竹书[②]；刘宋年间谢灵运“整理秘阁书”[③]；“元嘉八年，秘书监谢灵运造《四部目录》，大凡六万四千五百八十二卷”[④]；北齐宣武帝命樊逊等校定群书[⑤]

至隋朝，文帝“开皇三年，秘书监牛弘表请分遣使人，搜访异本。每书一卷，赏绢一匹，校写既定，本即归主。于是民间异书，往往间出。及平陈已后，经籍渐备……于是总集编次，存为古本……于秘书内补续残缺……凡三万余卷”[⑥]。

至唐代，中央政府曾数次整理四部群书。如唐太宗“贞观二年(628)，秘书监魏征以丧乱之后，典章纷杂，奏引学者校定四部书。数年之间，秘府粲然毕备”[⑦]。

唐高宗“乾封元年(666)十月十四日，上以四部群书传写讹舛，

---

① 《后汉书》卷八〇《刘珍传》。
② 《晋书》卷五一《束皙传》，卷三九《荀勖传》。
③ 《宋书》卷六七《谢灵运传》。
④ 《隋书》卷三二《经籍志序》。
⑤ 《北齐书》卷四五《樊逊传》。
⑥ 《隋书》卷三二《经籍志序》。
⑦ 《唐会要》卷三五“经籍”。

并亦缺少，乃诏东台侍郎赵仁本……等，集儒学之士，刊正然后缮写”①。

唐玄宗“开元三年(715)……马怀素侍宴，言及内库及秘书坟籍，上曰：‘……卿试为朕整比之。’及整比四部书成……百姓官人……无不惊骇”②。

又如唐文宗“开成元年(836)七月，分察使奏秘书省四库见在新旧书籍共五万六千四百七十六卷，随日校勘”③。

五代时亦有：“周世宗以史馆书籍尚少，锐意求访，凡献书者悉加优赐……乃选常参官三十人校雠刊正。”④

与前代相比，北宋官府校理群书有不少值得注意之处。

其一为事前对参加者进行考核。如真宗咸平年间“择官详校”前，真宗下诏曰：“‘大凡雠校，尤须精至。可特诏委流内铨于常选人中择历任无过、知书者以名闻。’又命吏部侍郎陈恕、知制诰杨亿同试诗、论各一首，于银台司第其优劣，得前大名府馆陶尉刘筠……等六人。又诏有司推择，再得四人，亦命恕等考试，得前舒州桐城簿王昱凡七人，并令于崇文院校勘，给本官俸料，太官供膳。”⑤

可见首先要求“历任无过、知书者”，然后还要“试诗、论各一首”，才可成为校书者。

大中祥符年间的雠校前更有两次考试：“命吏部取常选人状，

① 《唐会要》卷三五“经籍”。

② 同上。

③ 《玉海》卷四三“唐刊正四部群书”。

④ 《文献通考》卷一七四《经籍考序》。

⑤ 《宋会要辑稿·崇儒》四之二。

先试判三节，每节百五十字以上。仍择可者又送学士院试诗、赋、论，命入馆校勘。”[①]也有的是直接推举任职：“时（陈）彭年又起请以直馆校理及吏部试中选人分为校勘官，又令……于馆阁京朝官中各举服勤文学者一人为复校勘官。”[②]

这种做法在北宋以前的近千年官府校雠史中尚属鲜见，它对保障校勘的高质量无疑是非常重要的；同时也反映出真宗对雠校之事是何等重视。

其二是为校理群书设立专门机构——“补完御前书籍所”和“补完校正文籍局”。设置专门机构，可使参与其中的人员专心致志地进行工作，并可配备大量辅助人员，如前述之“点检文字”、“手分”、“通引官”等等多达百余人，专门机构则可使如此众多的人员协调一致。这一措施是北宋中央政府首创的。

其三为校理的次数远胜前代。北宋享祚仅 167 年，综校四部群书却达 11 次之多。而以往任何朝代中，均未见有中央政府校理群书超过 10 次者。

其四为校理群书的卷帙浩瀚。如上所述，宋以前的官府校勘群书之卷帙，已有一次就超过五万卷者，然若以一个朝代作为观察的单位来看，则很少有超过十万卷者。

北宋的校理群书，如宋朝初年的校勘“诸伪国图籍”，据《通考》载，“（乾德）三年，平蜀，遣右拾遗孙逢吉往收其图籍，凡得书万三

---

① 《宋会要辑稿·崇儒》四之五。“吏部”原作“户部”，据《续资治通鉴长编》卷八五改。

② 《宋会要辑稿·崇儒》四之五。

千卷。”[①]“开宝八年冬，平江南……就金陵籍其图书，得二万余卷。”[②]仅此两地之书，已逾三万三千卷了。

真宗咸平年间的校理，为二万四千余卷；大中祥符年间，仅“前后献书”就有一万八千余卷；景祐年间更达三万多卷；哲宗至徽宗朝的校雠，十七年里已有二千余部。因此若总计北宋十余次校勘的卷数，显然远不止十万卷，确实是颇为浩瀚的。

其五为校理的时间特别久长。北宋校雠群书的卷帙既浩繁，其费时自然亦久，如上述之“嘉祐编定书籍”，历时十七年；而哲宗朝至徽宗朝的雠校三馆书籍，十七年犹未止。景祐年间的校理，亦持续十年有余。

像这样多次长时间地校雠，也是宋以前所未见的。

其六是对校雠人员赏罚严明。以往各代在校理群书后对参与者进行赏赐的做法，在北宋也得到很好继承。从史书中可见：每次校勘之后皆立即行赏，或升官晋级，或物质奖励。而对敷衍塞责者则严惩不贷，最突出一例为在仁宗朝：“（天圣三年六月）丙辰，降直昭文馆陈从易为直史馆，集贤校理聂冠卿、李昭遘并落职。先是，从易等校太清楼所藏《十代兴亡论》，字非舛误而妄涂窜，以为日课。上因禁中览之，故及于责。”[③]这种惩罚之严厉前代罕有，实乃保证校勘质量的有效措施之一。

其七为搜求与校勘紧密结合。如“咸平二年……上因阅书目，见缺书尚多，甲子，诏求遗书”[④]，至咸平五年才开始“择官详校”。

---

① 《文献通考》卷一七四《经籍考序》。

② 同上。

③ 《续资治通鉴长编》卷一〇三。又见《宋会要辑稿·崇儒》四之六。

④ 《玉海》卷五二“景德太清楼四部书目”。

景祐年间更是在编校过程之中又“诏求逸书，复以书有谬滥不全，使命定其存废”[①]。

有些校雠更是因搜求而产生的，如前述太祖太宗年间正是因为“收伪国图籍实馆阁”，且卷数超过三万卷，于是才有“召京朝官校对”；神宗熙宁时也是对下诏所求之书进行校正。大中祥符年间火灾之余，正是在“前后献书”“一万八千七百五十四卷”之后，才得以开展校勘的。足见北宋年间对图籍的访求，直接推动着其校勘事业的开展。

尤为值得注意的是，嘉祐年间的雠校过程中，不但“诏诸道搜访”，而且专门编制了《嘉祐搜访缺书目》。为搜求阙书专门编目的做法，北魏就已出现，即“《阙书目录》一卷”[②]，唐代也曾有《唐四库搜访图书目》一卷[③]。北宋官府继承了这种针对性很强的搜求方法。

北宋馆阁校勘当然也存在一些问题，如神宗熙宁四年宋敏求的奏章中就曾提出尖锐批评：“今三馆秘阁各有四部书……虽累加校正，而尚无善本。”[④]然从整体上看，北宋在诸多方面皆超越前代，达到空前高度。

三

北宋官府校理群书成就显著，绝非偶然。

首先是北宋政局较为稳定，经济高度发展。

---

① 《玉海》卷五二“淳化秘阁群书”。

② 《隋书》卷三三《经籍志》。

③ 《宋史》卷二〇四《艺文志》。

④ 《宋会要辑稿·职官》一八之三。

若与南宋相比，则更为明显。南宋偏安152年，综校四部群书仅有3次，平均约51年一次；而北宋的167年间，却有11次之多，平均约15年一次，两者可谓差之远甚，其主要原因就是由于政治、经济的大环境不同所致。

其次是北宋诸帝对文化事业均颇为重视。

如宋太祖每收一地，均特别注意收取当地的图籍："太祖乾德元年(963)，平荆南，诏有司尽收高氏图籍，以实三馆。"[①]不久后又有："(乾德)三年九月，命右拾遗孙逢吉往西川取伪蜀法物、图书、经籍、印篆赴阙。"[②]这些都充分显示出太祖对图籍的高度重视。

宋太宗对文化的重视比太祖更有过之，北宋时期编修的著名的"四大部书"，即《太平御览》1000卷、《册府元龟》1000卷、《文苑英华》1000卷、《太平广记》500卷，其中有三部皆成于太宗时期(《册府元龟》为真宗朝所修)，就是最好的证明。

在太平兴国九年正月的一段话里，太宗更明确指出了书籍的重要性："上谓侍臣曰：'教化之本，治乱之原，无书籍何以取法？'"[③]至晚年，他仍读书不辍："朕年长，他无所爱，但喜读书，多见古今成败，善者从之，不善者改之，斯已矣。"[④]可见太宗将典籍视为"教化之本，治乱之原"，从中可"多见古今成败"，从而可以"善者从之，不善者改之"，即将典籍视为治理国家的重要借鉴，这种认识的高度自然保证了书籍整理的顺利进行。

宋徽宗则是另一种类型，即昏庸无道，生活奢靡，最终成为亡

---

① 《宋会要辑稿·崇儒》四之一五。又见《麟台故事》卷二。

② 同上。

③ 《玉海》卷五二"太平兴国三馆四库书籍"。

④ 《续资治通鉴长编》卷三二。

国之君，他在治国方面可谓一无是处，但在文化领域却颇有建树，他"擅书法，自成一家，称'瘦金体'，有《千字文卷》等书迹传世。工花鸟，存世画迹有《芙蓉锦鸡》、《池塘秋晚》等。能诗词，著有《宣和宫词》三卷，佚。近人辑有《宋徽宗诗》、《宋徽宗词》"[①]。正是由于宋徽宗对文化如此偏爱，徽宗朝的校勘事业亦取得了可观的成就。

总之，北宋诸帝无论是明君还是昏君，皆能"崇儒尚文"，这确实成为北宋校勘事业空前繁荣的重要原因之一。

第三，推动宋代校勘事业空前发展的最直接原因是印刷术的广泛使用(请见本篇第一章所述，此不赘)。

综上所述，北宋官府在综校四部群书的过程中，有不少方面取得了超越前代的成就；其采取的一些措施，如校勘书籍前对校书者进行考核、为校理群书设立专门机构、在广泛搜求的基础上进行校雠、对参与者赏罚严明等等，对今天进行大规模整理群籍的工作，仍是颇具启迪意义的。

① 《中国历史大辞典·宋史卷》，上海辞书出版社 1984 年版，第 231 页。

第六章　宋初官方搜求书籍述论

宋朝历代皇帝，皆以“文治”标榜，其风实肇于宋初。太祖、太宗二朝，不但对有宋数百年政治、经济、军事等方面产生了重大影响，尤其在文化方面做了大量开创性的工作，在文献学方面，二朝亦颇多建树，本文仅就当时官方对书籍的搜求，作一初步探讨。

搜求书籍是整理文献的先决条件，更是各项文化事业发展的基础，宋太祖、太宗二朝对此项工作均颇重视。然若将二朝相比较，仍可发现一些令人感兴趣的情况。本文先分述两朝之概况，而后再略论其特点及影响，最后对其原因作一浅探。

一

太祖自“陈桥兵变”、“黄袍加身”之后，南战北征，才奠定下宋代数百年的基业，因此他的搜求书籍活动也与征伐密切关联。纵观太祖朝，大规模的搜求书籍主要有四次。

第一次始于有宋立国后不久：“太祖乾德元年(963)，平荆南，诏有司尽收高氏图籍，以实三馆。”[①]

时隔不久，便开始了第二次：“(乾德)三年九月，命右拾遗孙逢

---

① 《宋会要辑稿·崇儒》四之一五。又见《麟台故事》卷二。

吉往西川取伪蜀法物、图书、经籍、印篆赴阙。”[①]其结果是：“（乾德三年五月）乙亥，逢吉还，所上法物皆不中度，悉命焚毁，图书付史馆。”[②]北宋建国之初，官方藏书甚少：“国初，三馆书裁数柜，计万三千余卷。”[③]而这次收书，“凡得蜀书一万三千卷”[④]，也就是说，仅此一次所收之书，已与国初全部藏书卷数相埒了。

第三次是在乾德四年闰八月：“是月，诏求亡书。凡吏民有以书籍来献者，令史馆视其篇目，馆中所无则收之。献书人送学士院试问吏理，堪任职官，具以名闻。是岁，《三礼》涉弼、《三传》彭幹、学究朱载皆应诏献书，总千二百二十八卷，命分置书府，赐弼等科名。”[⑤]

最后一次是在太祖朝之末：“开宝九年，江南平，命太子洗马吕龟祥诣金陵籍其图书，得二万余卷，送史馆。伪国皆聚典籍，惟吴、蜀为多，而江左颇精，亦多修述。”[⑥]这次所获甚丰，不但卷数多于前次，而且质量“颇精”。

除了上述几次大规模搜求外，太祖朝还有一事值得一书，即对跋山涉水去西域取佛经者的鼓励：“太祖乾德三年十二月，沧州僧道圆诣西域还，表献贝叶梵经四十二夹……太祖召问所历山川道里，赐紫衣器币，馆于京寺。四年三月，僧行勤等一百五十七人请

---

① 《宋会要辑稿·崇儒》四之一五。又见《麟台故事》卷二。

② 《续资治通鉴长编》卷七。又见《玉海》卷四三。

③ 《宋会要辑稿·崇儒》四之一五。又见《玉海》卷四三。而《续资治通鉴长编》中的记载更少：“建隆初，三馆所藏书仅一万二千余卷。”（见卷一九）今从《宋会要辑稿》、《玉海》。

④ 《续资治通鉴长编》卷一九。又见《麟台故事》卷二。

⑤ 《续资治通鉴长编》卷七。《宋会要辑稿·崇儒》四之一五中“彭幹”作“彭翰”。

⑥ 《宋会要辑稿·崇儒》四之一五。文中“吕龟祥”后之“诣”字为据《玉海》卷四三补。

游西域取经，各赐钱三万遣之，自是往取经者颇众。”[①]此事虽与明确地下诏求书有所不同，然有具体有效的措施——“赐紫衣器币”、“各赐钱三万”，有明显的效果——“自是往取经者颇众”，故亦需略施笔墨。这些“颇众”的取经者所取回的佛经，为后来太宗朝时大规模的整理佛经奠定了基础。

二

太宗朝的搜求活动主要有七次。

太平兴国二年(997)十月，太宗登基始届一年，便“诏诸州搜访先贤笔迹图书以献”[②]。对这次“搜访”的效果，文献中记载颇详：“荆湖献晋张芝草书及唐韩幹画马三本，潭州石熙载献唐明皇所书道林寺、王乔观碑，袁州王澣献宋之问所书龙鸣寺碑，升州献王羲之、王献之、桓温凡十八家石版书迹，韶州献唐相张九龄画像及文集九卷。”[③]这次下诏，显然与太宗本人对书法的浓厚兴趣有关。

第二次在太平兴国四年：“五月，太原平，命左赞善大夫雷德源入城点检书籍图画。”[④]史籍中对这次“点检”记载甚略。

两年半之后，太宗又下诏搜求医书：“(太平兴国六年十二月)癸酉，诏：‘诸州士庶，家有藏医书者，许送官。愿诣阙者令乘传，县次续食，第其卷数，优赐钱帛，及二百卷以上者与出身，已仕官者增其秩。’未几，徐州民张成象以献医书补翰林医学，自是诱致来者颇

---

① 《宋会要辑稿·道释》二之五。又见《续资治通鉴长编》卷七。

② 《宋会要辑稿·崇儒》四之一五。又见《玉海》卷四三、《续资治通鉴长编》卷三。

③ 《宋会要辑稿·崇儒》四之一五。“凡十八”原作“二十八”，据《宋会要辑稿·崇儒》四之二七、《玉海》卷四五改。

④ 《宋会要辑稿·崇儒》四之一五。又见《玉海》卷四五。

众。"[①]此次对献医书者的优待措施相当丰厚：一是可以免费"乘传""诣阙"，且是"县次续食"；二是按献书卷数多少"优赐钱帛"；三是对献二百卷以上者"与出身，已仕官者增其秩"。对此次搜访的效果，史书中仅有"所获颇众"四字，而未言具体的书名和卷数，然从后来太宗得以修成百卷的《太平圣惠方》，特别是多达千卷的巨帙《神医普救方》这些情况来看，此处之"所获颇众"绝非泛泛浮夸之辞，而是有丰富内涵的。

此次下诏之后仅四天，即太平兴国六年十二月丁丑，太宗又"诏开封府及诸道转运遍下营内州县，搜访钟繇墨迹，听于所在进纳，优给缗贯偿之，并下御史台告谕文武臣僚，如有收者，亦令进纳"[②]。此诏之效延续了四年之久："七年正月己未[③]，钱惟治[④]以钟繇、王羲之、唐元宗(即唐明皇——笔者)墨迹七轴为献。八年二月丁酉，钱昱献钟王墨迹八轴。"[⑤]"(十月)己丑，越州以王羲之画象并其石砚来献。"[⑥]

第五次在雍熙元年"春正月壬戌，上谓侍臣曰：'夫教化之本，治乱之源，苟无书籍，何以取法？'……"[⑦]于是下诏曰："……宜令

---

① 《续资治通鉴长编》卷二二。

② 《宋会要辑稿·崇儒》四之一五。又见《玉海》卷四五。

③ 《宋会要辑稿·崇儒》四之一五作"是岁"，即太平兴国六年。

④ "钱惟治"《宋会要辑稿·崇儒》四之一六作"镇国军节度使钱惟演"。然考《宋史》卷四八〇《钱惟治传》，惟治于太平兴国年间"改领镇国军节度"，且"善草隶，尤好二王书"；传内又明载"惟治尝以钟繇、王羲之、唐玄宗墨迹凡七轴为献"(仅轴数与《玉海》稍异)。而钱惟演事迹则与上述相去远甚(参见《宋史》卷三一七《钱惟演传》)，故今从《玉海》。

⑤ 《玉海》卷四五。

⑥ 《太宗皇帝实录》卷二六。又见《宋会要辑稿·崇儒》四之一六、《玉海》卷四五。

⑦ 《续资治通鉴长编》卷二五。又见《太宗皇帝实录》卷二八。

三馆所有书籍，以《开元四部书目》比校，据见阙者特行搜访，仍具录所少书，于待漏院榜示中外。若臣僚之家有三馆阙书，许上之，及三百卷以上者，其进书人送学士院引验人才书判，试问公理，如堪任官职者，与一子出身；或不亲儒墨者，即与安排；如不及三百卷者，据卷帙多少优给金帛；如不愿纳官者，借本缮写毕，却以付之。"①此次搜书，除了坚持太平兴国六年十二月的一些褒奖措施，如"优给金帛"、"与一子出身"之外，其特点在于"以《开元四库书目》阅馆中所缺者，具列其名"②，然后"据见缺者特行搜访"③。这种开列书单搜求书籍的方法，在北宋朝尚属首例。其效果为："雍熙二年三月，殿直潘昭庆以褚遂良、欧阳询、虞世南墨迹三十本来献"④，而且"自是，四方之书往往间出矣"⑤。

对上述五次搜求的结果，《续资治通鉴长编》内有一段精彩的总结性文字："……先是，遣使诣诸道，购募古书奇画及先贤墨迹，小则偿以金帛，大则授以官。数岁之间，献图籍于阙下者不可胜计，诸道购得者又数倍。乃诏史馆尽取天文、占候、谶纬、方术等书五千一十卷，并内出古画、墨迹一百一十四轴，悉令藏于秘阁。图籍之盛，近代所未有也。"⑥一句"图籍之盛，近代所未有也"，高度概括出历次搜求的显著效果。

第六次在淳化五年四月："参知政事苏易简言：'故知制诰赵邻

---

① 《宋会要辑稿·崇儒》四之一六。

② 《续资治通鉴长编》卷二五。又见《太宗皇帝实录》卷二八。

③ 《宋会要辑稿·崇儒》四之一六。又见《麟台故事》卷二。

④ 《宋会要辑稿·崇儒》四之一六。但《玉海》卷四五"淳化《历代名臣法帖》"条为"潘昭庆献虞、褚、欧阳墨迹三本"，疑《宋会要辑稿》中之"三十本"为"三大本"之误。

⑤ 《续资治通鉴长编》卷二五。

⑥ 《续资治通鉴长编》卷三一。

几尝追补唐武宗以来实录，其家今寓睢阳。’诏遣殿中丞、直史馆南安钱熙乘传往取其书。熙得邻几所著会昌以来日历二十六卷及它书，凡百卷来上，实录盖未成也。诏赐其家钱十万。”①又《玉海》载得书之日为四月戊申。②

此次下诏与一般搜求之不同点在于，它是专取一人所著之书，目标非常明确，取书后亦有赏赐。

最后一次是在太宗垂暮之年，即至道元年六月："乙酉，遣内侍裴愈乘传往江南诸州购募图籍，愿送官者优给其值，不愿者借出，于所在州命吏缮写，仍以旧本还之。"③其结果为："愈还，凡购得古书六十余卷，名画四十五轴，古琴九，王羲之、贝灵该、怀素等墨迹共八本，藏于秘阁。"④

除上述七次正式下诏访求外，太宗对献佛经者也予以褒奖："太宗太平兴国三年三月，开宝寺僧继从等自西天回，献所得梵夹经等，诏赐继从等紫衣。自是每献者多赐方袍焉。"⑤这些奖励措施同样取得了很好的效果，取经者所献佛经亦成为后来译经之资。

此外，在雍熙年间，宋廷还有一次地图的大"丰收"，即："至雍熙中，吴、晋悉平，奉图来献者，州郡几四百。"⑥此次"奉图来献"，史籍中虽未讲是出自皇帝的诏令，然这些州郡之所以会献如此多的地图，自是出于以往的惯例，即自太祖始便是每平一地，就广收其地的图籍。因此究其原委，此次大规模献地图即便并非直接出

---

① 《续资治通鉴长编》卷三五。

② 《玉海》卷四八。

③ 《续资治通鉴长编》卷三八。又见《宋会要辑稿·崇儒》四之一七。

④ 《宋会要辑稿·崇儒》四之一七。又见《麟台故事》卷二。

⑤ 《宋会要辑稿·道释》二之五。

⑥ 《玉海》卷一四。

自诏令，也仍是以往广搜图籍的间接结果。另外，宋初各地定期献地图已成为制度："兴国二年闰七月丁巳，有司上诸州所贡闰年图。故事：三年令天下贡地图，与版籍皆上尚书省。国初以闰为限，所以周知地理山川之险易，户口之众寡。"[①]这种朝廷下令由各地定期贡献地图之事，其目的虽与前述下诏求书迥异，然今日以文献学角度观之，却仍不失为官方搜求文献的一种形式，故特书于此。这些历年所献之图和雍熙年间的"丰收"，又成为太宗朝一次大规模地图文献整理的丰富素材（详见下文）。

又，在《麟台故事》卷二"书籍"条下还有这样一条史料："两浙钱俶归朝，又收其书籍"，似亦为一次搜求，然《长编》、《宋史》云："（兴国三年）淮海王俶入朝，命其子镇国节度使惟治权知吴越国事。一夕厩中火，……于是惟治悉奉兵民图籍……赴阙。诏遣内侍护诸司供帐迎劳于近郊。"[②]由是观之，此次图籍归朝，亦非直接搜求，而是钱惟治循旧例"奉图籍""赴阙"的，故亦简附于此。

将上述太宗朝搜访图籍的情况与太祖朝的加以比较，不难看出有如下特点：其一为次数之增。粗略观之，太祖朝四次，太宗朝七次，似增之不多。然仔细观察便可发现：太祖朝的四次中，有三次是平定诸国后收其图籍，而特意地"诏求亡书"却仅有乾德四年闰八月的一次。太宗朝的七次中，唯太平兴国四年五月是"平太原"之后顺便"点检书籍图画"的，其他六次均为专门下诏访求，足见太宗在求书方面所倾注的力量远过于太祖。

其二为奖励措施更为丰厚。太祖朝的四次搜求中，提到褒奖

---

① 《玉海》卷一四。

② 《续资治通鉴长编》卷一九；《宋史》卷四八〇。

措施的也只有乾德四年闰八月一次，而且仅限于“赐科名”。而太宗朝的六次求书之诏，却有五次都言及褒奖，尤其是求医书之诏，更开列优厚措施达三项之多。故在此方面，太祖朝亦远逊于太宗朝。

第三点更为重要，即搜求具有方向性。太祖朝的四次中，没有一次是明确指出搜求对象的。而太宗朝的七次，除第二次外，皆在诏书中明确指出寻访对象，其中“搜访先贤笔迹图书”三次，医书一次，“以《开元四部书目》比较，据见阙者特行搜访”[①]一次，取赵邻几个人所著书一次，前四次可谓是专科性搜访。从访求图籍自身发展的角度观察，这种专科性搜求比一般泛泛地寻访无疑是前进了一大步。在当时，这种访求也为编纂专书产生了直接的重大影响（详见下文）。

特点之四是搜求与编纂紧密相连。太祖朝历次访求之后，分别将书“实三馆”、“付史馆”、“分置书府”和“送史馆”。诚然，太宗朝的文献整理之所以能取得辉煌成就，太祖朝的数次求书之功实不可泯，然太祖朝也的确未将搜求与编纂相结合，而这一点在太宗朝却非常突出。几次“搜访先贤墨迹图书”产生出一部《历代帝王名臣法帖》：“淳化四年四月，诏以先贤墨迹为《法帖》十卷，勒于石。”[②]以厚利“诱致”献医书者，更直接促成医学巨帙《神医普救方》的诞生：“（太平兴国六年十月），命驾部员外郎、知制诰贾黄中与诸医工杂取历代医方，同加研校，每一科毕，即以进御……”[③]至雍熙四年十月书成：“翰林学士贾黄中等上《神医普救方》一千卷，

① 《宋会要辑稿·崇儒》四之一六。

② 《玉海》卷四五。

③ 《续资治通鉴长编》卷二二。

诏颁行之……”①若无同年十二月“诏求医书”的成果，很难想象《神医普救方》可长达千卷。

历年要求各地献上的地图和雍熙年间的地图大“丰收”，又孕育出辉煌的《天下图》：“淳化四年，诏画工集诸州图，用绢一百匹，合而画之，为《天下图》，藏于秘阁。”②对取经者的鼓励和褒奖，则成为后来大规模翻译佛经的契机。至若太宗朝著名的三部大书——千卷巨帙《太平御览》、《文苑英华》和五百卷的《太平广记》——的纂修，更是离不开两朝的搜求了。例如，《太平御览》为太平兴国二年太宗命李昉等编辑，初名《太平类编》。据《春明退朝录》载，书成，太宗日览三卷，一岁读毕，故赐名《太平御览》。《御览》引书浩博，材料丰富，多至1690种，其中多有现在不传之古籍佚文。

综上，太宗朝的图籍搜求，不但在数量方面胜于太祖朝，而且在质量方面——措施得力、搜求具专科性，尤其是与编纂紧密相连——拓展出全新的境界，结出了累累硕果。

三

为何太宗朝的书籍搜求能获得如此长足进展？原因是颇为复杂的，如政局较为稳定、经济更为繁荣、文化事业各方面发展的刺激等等——离开其中任何一项原因，太宗朝的文化事业都不可能出现如此繁兴的局面。这些原因在以往的专著、论文中已多有论述，本文就不重复了。而对太宗个人因素对当时文化繁荣所起的作用，前人之论尚不多见，故本文着重就此问题略予探讨。

---

① 《续资治通鉴长编》卷二八。《玉海》卷六三载此书名为《神医普效方》，与众书皆异，恐误；又载成书时间为雍熙三年十月，未知孰是。

② 《玉海》卷一四。

如所周知，封建帝王在中国古代享有至高无上的权力，乃至他们个人的好恶有时也会对历史的发展产生或多或少的影响。正如古人早已指出的“上有所好，下必甚焉”。宋太宗的个人爱好，对当时的书籍搜求产生了直接的影响。

太宗对书法有着浓厚的兴趣，并为此投入不少时间：“上听政之暇，每以观书及笔法为意，诸家字体洞臻其妙，遣中使王仁睿持御扎示(王)著，著曰：‘未尽善也。’上临学亦勤，……久之，复以示著，著曰：‘功至矣，非臣所能及。’”[①]雍熙三年，又学飞白书：“冬十月丙申朔，上出飞白书赐宰相李昉等，因谓曰：‘朕退朝未尝虚度光阴，读书外尝留意于真草，近又学飞白，此虽非帝王事业，然不犹愈于畋游声色乎！’”[②]至其晚年，他曾讲对于书法是“中心好之，不忍轻弃”[③]。可见他一生之中对于书法的爱好有增无减。因此，太宗朝的七次求书之中有三次是求“名贤法帖”之类，就决非偶然了。

太宗对医学也颇有研究：“太宗留意医术，自潜邸得妙方千余首。”[④]他在登基前就注意收集医方，登基后的下诏搜求，显然与此有着直接联系。

对于太宗“崇尚文史”，史书中更有大量记述。如他登基后不久，便“谓赵普曰：‘朕每读书，见古帝王多自尊大，深拱凝严……岂能归天下之心哉！’”[⑤]可见他读书时心中念念不忘的是他的统治。太平兴国八年他又说道：“朕览前书，备见历代治乱。”[⑥]还有：“(太

① 《续资治通鉴长编》卷二三。
② 《续资治通鉴长编》卷二七。
③ 《宋会要辑稿·崇儒》六之四。
④ 《玉海》卷六三。
⑤ 《续资治通鉴长编》卷二三。
⑥ 《续资治通鉴长编》卷二四。

平)兴国九年正月……上谓侍臣曰:'教化之本,治乱之原,无书籍何以取法?'"[①]至晚年,他仍读书不辍:"朕年长,他无所爱,但喜读书,多见古今成败,善者从之,不善者改之,斯已矣。"[②]他以古为鉴,时时匡正自己的言行。他在淳化年间的一段话,明确道出了搜求书籍与统治之间的联系:"朕即位之后,多方收拾抄写购募,今方及数万卷,千古治乱之道,并在其中矣。"[③]正是由于他高度重视搜求工作,才在这方面获得了远胜太祖朝的成就。

太宗的个人爱好及其对文史的高度重视,恰恰顺应了当时历史发展的需要。他适时地提出并完成了发展文化事业的各项任务,如校勘经史典籍、翻译佛经、编纂若干巨帙长篇等等,其中首先是对书籍的搜求。这些多方访求所获的大量书籍,为当时文化事业的繁兴奠定了坚实的基础。

---

① 《玉海》卷五二"太平兴国三馆四库书籍"。

② 《续资治通鉴长编》卷三二。

③ 《宋会要辑稿·职官》一八之四八。

教　学　篇

第一章　教材研究

第一节　对建国以来《中国历史文选》教材的回顾与思考

建国至今的近半个世纪里，在全国同行们的共同努力之下，《中国历史文选》教学取得了长足进展，仅教材一项，就已出版二十余部。近十年间又有两部论文集面世，对本课教学目的、大纲、教学方法等诸多问题皆有深入探研。然迄今尚未见有对以往教材进行较为全面回顾的文章。本节即拟从教学目的、选文的编排方法、辅助内容（即选篇与注释外的一切内容，如要籍介绍、古文化常识、工具书介绍、练习等）等方面，考察建国以来所修的二十余种教材。

一

《中国历史文选》这门课的起源，可追溯到建国以前，它"是陈援庵老师的首创，陈老师二十年代初……就在北大第一次设了一个课，名'史学名著选读'"，后来他又"设置了另一个课'史学名著评论'"，"这两个课都是必修课"[①]。这两门课陈老讲授多年，"早

① 刘乃和：《学识渊博，追求进步》，载张承宗等：《青峰学记》，南京江苏文史资料编辑部，1992 年。

年他的学生中，有很多都认为这两个课对他们后来的研究有很大好处”[①]。

建国后，“高等师范教育会议讨论课程设置时”，“肯定了这两门课作为历史系的必修课，改名‘历史文选’和‘历史要籍介绍’，根据师资情况不同，有的学校力量不够，可把这两门课合起来叫‘中国历史要籍介绍及选读’”。[②] 因此《历史文选》课自建国之初就已在一些院校开设，有些任课教师就是陈老的学生。如北师大历史系的柴德赓先生和刘乃和先生都讲授过这两门课，后刘先生偏重于《历史文选》，并在陈老教材的基础上，编写了自己的文选教材；柴先生则侧重于《要籍介绍》[③]，若干年后他出版的《史籍举要》，即在陈老讲稿的基础上增补而成[④]。

现一般论及以往《中国历史文选》教材者，大都自周予同本始，至多再加上郝建梁本。然据笔者查找，周本前至少还有六种教材；另北师大历史系文献教研室编《中国古代历史文选》(1983 年版)，及王有录等编《中国历史要籍介绍及选读》(1990 年版)，一般文章亦未论及。本文皆列于下，以求尽可能完备。[⑤]

---

① 刘乃和：《历史文选课设置的回顾》，载杨燕起等编：《中国历史文选教学研究》(第一集)，北京师范大学出版社 1989 年版，第 275 页。

② 刘乃和：《学识渊博，追求进步》，载《青峰学记》。

③ 此为笔者向刘乃和先生请教时，她对笔者所讲。

④ 陈垣先生于 1955 年为《中国佛教史籍概论》所写《后记》中说：“此稿为余十数年前讲课旧稿，继《史学要籍解题》之后辄讲授此课，以介绍同学研究历史时如何掌握及运用有关材料。”其中所言“《史学要籍解题》”，即历史要籍介绍。

⑤ 限于经费，笔者仅查阅了北京几家大图书馆，故本文之统计很可能不完备。若发现有遗漏者，诚望告知，本人不胜感谢。

为叙述方便，本文将以往教材按其出版时间先后编了序号。

1. 刘乃和《中国历史文选》，北京师范大学历史系1950年油印本，16开，一册。

(一)教学目的[以下略作(一)]：本书无前言。

(二)选文的编排方法[以下略作(二)]：按时间顺序排列。

(三)辅助内容[以下略作(三)]：无。且选篇无注释。

2. 华钟彦《中国历史文选》，东北师大教务处1953年版。

(一)本书无前言。

(二)按时间顺序排列。

(三)无辅助内容。

(此教材虽无辅助内容，甚至连前言都没有，但其选文范围之广阔，仍给笔者留下深刻印象。如上古有盂鼎铭文、虢季子白盘铭文、诅楚文等，宋元时期有诗词选录、元曲小令选录，明清时期有《桃花扇》片段、八股文举例等等。这些选文纳入《历史文选》，是优是劣姑且不论，但从中至少可看出，该书编者眼界颇为开阔。作为建国之初的早期之作，实为难能可贵。)

3. 郝建梁、班书阁《中国历史要籍介绍及选读》，高等教育出版社1957年版。

(一)本书《前言》未论及。

(二)《前言》："要籍编排，原则上以著述时代先后为顺序，但有时也'连类并举'，如《后汉书》列在《三国志》前，三通集中起来讲之类。"

(三)1. 选篇无注释。

2. 后附几种工具书之简介。

4. 姚震寰、钱卓英等《中国历史要籍及选读》[①]，上海第一师范学院交流教材，1957 年油印本，16 开，上下两册。

（一）书前《绪论》："……以培养学生对于中国历史要籍具有基本知识以及阅读古书能力，并为独立工作、科学研究打下基础。"

（二）按照"时代先后的顺序"（但选的书相当少）。

（三）选文与选文之间有些参考资料，如："参考资料一：二十五史修撰表"；"二：《尚书》今古文之分"等。

5. 孙昌荫《中国历史要籍介绍及选读》，东北师大出版社 1958 年版，两册。

（一）本书《例言》未言及。

（二）《例言》："本讲义共分三编：第一编，先秦；第二编，秦汉魏晋南北朝；第三编，隋唐至明清。"显然为按时间顺序编排。然其中也考虑到文体，如第一编内又分记事史、编年史、国别史、地理与传记、思想学术等凡十二章。

（三）有简单的工具书介绍。

6. 华南师院《中国历史要籍介绍及选读》，编者自刊，1958 年，油印本。

（一）因笔者仅见该书之第二册，故不详其有无前言。

（二）按时间顺序。

（三）除要籍介绍外，无其他辅助内容。

7. 周予同《中国历史文选》，中华书局出版，上册，1961 年版；

---

① 钱、姚二先生各自编了一套教材，但因是同一学院、同一时期内编修的，书名亦相同，故仅计为一种。所引《绪论》见姚本。

下册，1962 年版。

（一）该书一版仅有编辑说明，无前言。其三版前言（1978 年）曰："它的主要目的，在于通过各种典型的历史作品，培养学生阅读并运用一般文言文史料的能力，也向学生介绍一点有关中国史料学和中国史学发展概况的常识。"

（二）按时间顺序。

（三）第一版除要籍"解题"外，无其他辅助内容。

8. 高振铎《中国历史要籍介绍及选读》，黑龙江人民出版社 1982 年版。

（一）本书《前言》："为了提高学生阅读和运用史籍的能力，造就符合规格的历史工作者。"

（二）全书按时间顺序分六部分：先秦、秦汉、……明清。

（三）1."要籍介绍"；2. 附录：古汉语常识、读史知识、常用工具书介绍；3. 作业。

9. 北师大编《中国古代历史文选》，1983 年版（未标明出版社）。

（一）本书无前言。

（二）按时间顺序。

（三）无其他辅助内容。

10. 王德元等《中国历史文选》，山东教育出版社 1984 年版。

（一）书前《说明》："主要目的是配合高校历史系中国古代史的教学，选择有代表性的原始资料，用以提高学生阅读古代史籍的能力，充实专业知识。"

（二）"全书按历史顺序分为三册"。

（三）无其他辅助内容。

11. 王雅轩《古代汉语》，辽宁人民出版社 1985 年版。

（一）书前《说明》与《绪论》未论及。（但有编写此教材的目的："为适应大学文科，尤其是历史、考古、图书、档案、文博、文秘等有关专业的各种形式的学习需要，我们特编此书。"）

（二）按时间顺序。

（三）1. 附"古代汉语基础"和"古代文化常识"。

2. 另附一册选篇的白话译文。

12. 北师大编《中国古代历史文选》，北师大出版社 1986 年版。

（一）书前之白寿彝先生序："编选的目的不是别的，就是要提高读者的古书阅读能力。"

（二）按时间顺序。

（三）有旧注选篇和白文选篇。

13. 贺卓君《中国历史文选》，华东师大出版社 1987 年版。

（一）本书《前言》："根据教育部的规定，本课程的教学目的是：'使学生对于历史要籍具有基本的认识和阅读的能力，为其理解、运用中国史料奠定基础。'"

（二）"按古籍的性质和内容分类"，"按群经、诸子、春秋战国时期的史书、全史型的正史、详记政事史的通鉴、便于阅览的纪事本末、杂记、史学评论、典志体史书、地理、科技、读书笔记、诗文集、目录与提要等分为十四类"。

（三）1. 要籍介绍。

2. 附"研究中国历史的主要工具书介绍"。

3. 附若干无标点的阅读材料。

(这是笔者见到的第一种主要以典籍体裁分类,而不是按时间顺序排列选文的教材。)

14. 宋衍申《中国历史要籍介绍及选读》,东北师大出版社1987年版。

(一)本书《前言》:"它(指本课)担负着提高学生阅读和运用古文献能力的任务。"

(二)按史籍顺序,标明"先秦时期"、"秦汉时期"等六个时期。

(三)有要籍"概说"和"介绍"。

15. 张大可《中国历史文选》,甘肃教育出版社1987年版。

(一)书前《题记》:"其目的是培养学生初具阅读和使用我国古代文献典籍的能力,为进一步学习和研究奠定一个基础。"

(二)"按文体类别贯通古今的条式单元制",分十四个单元:1—9. 史书;10. 民族文献;11. 甲骨文、金文等;12. 经书;13. 子书;14. 文集。

(三)1. 典籍概述;2. 通论;3. 练习文选;4. 另附《导读》一册。

16. 赵淡元《中国历史要籍介绍及选读》,高等教育出版社1988年版。

(一)本书《前言》:"本书的任务,是要系统地给培训对象以中国历史要籍方面的基础知识,使培训对象能系统地掌握中国历史要籍发生、发展的基本情况,并具有阅读一般古代史籍、运用马列主义观点分析文言史料的能力。”

(二)“全书按时间顺序”,“分四个历史时期”,同时也注意了各种史书体裁。

(三)有对史书体裁与要籍的介绍。

17. 萧佩钦《中国历史要籍介绍及选读》,广东高等教育出版社1989年版。

(一)本书《前言》未论及。

(二)按时期“分为六大单元”:先秦、秦汉、……明清。

(三)1. 概述;2. 要籍介绍;3. 工具书简介;4. 每单元有作业。

18. 孙绍华《中国历史文选》,延边大学出版社1989年版。

(一)本书《编后》:“为了培养学生阅读中国古代历史原著的能力,增强学生对历史原著的感性知识。”

(二)“按时代顺序排列”。

(三)每篇选文前有《题解》。

19. 张传玺《中国历史文献简明教程》,北京大学出版社1990年版。

(一)本书《前言》:“其任务是……使学生初步掌握中国古代目录学基本知识,一般了解重要文献和具有文献价值的文物与考古资料的状况,培养提高学生阅读古文献的兴趣和能力,及检索、收集史料的方法,为进一步学习、研究中国历史和古代文献作必要的准备。”

(二)分六部分:1. 经部;2. 史部;3. 子部;4. 集部;5. 类书与丛书;6. 文物与考古。

(三)1. 每部分的概述;2. 书籍简介;3. 各种史体的介绍;

4. 复习题；5. 重要名词；6. 练习。

20. 王有录《中国历史要籍介绍及选读》，中州古籍出版社 1990 年版，上下两册。

（一）本书《前言》未直接言明教学目的，但有："……依据 1988 年国家教委……颁布的师范专科学校《历史专业教学大纲》"，"联合了……9 省近 30 所院校的教师共同编写"的。

（二）"按史籍内容、年代及体例粗分作六个单元"。

（三）1. 上册全为要籍介绍；2. 无其他辅助内容。

21. 刘重来《中国历史要籍介绍及选读》，西南师大出版社 1991 年版。

（一）本书《前言》："其目的是培养学生阅读和运用文言文历史文献的能力，并初步掌握我国史学发展的概貌。"

（二）"全书按历史顺序，以中国古代史学发展为纲，分先秦……明清五个时期"。

（三）1. 五个时期的史学概述；2. 各书介绍；3. "并适当地添加了一些文言语法、文字、词汇、音韵方面的知识"；4. "还选录了白文和古注共十六篇"。

22. 张家璠《中国历史文选》，广西师大出版社 1991 年版。

（一）本书《前言》："其教学的主要目的，在于培养学生阅读和运用文言文史料的能力，为其进一步学习和研究历史奠定坚实的基础。"

（二）"选文酌情归类并按时间顺序分单元加以编排"，分十四个单元。

（三）1. 单元概述；2. 旧注、白文若干；3. 史料分析举例；

4. 思考与练习；5. 附一本《学习参考资料》，为古汉语常识、古文化常识和工具书简介。

23. 阙勋吾《中国历史文选》，高等教育出版社 1993 年版。

(一)本书《前言》："目的是提高学生阅读古文和用古文所写的史料的能力……使学生能借助工具书阅读没有今人注释和标点的如《资治通鉴》一类的作品。"

(二)"按时代顺序分八个单元排列"。

(三)1. 各书介绍；2. 通论，包括古文化常识、古汉语常识、工具书简介等；3. 常用词释例。

24. 郑铁钜《中国历史文选》，民族学院出版社 1993 年版。

(一)本书《前言》："其目的是提高学生阅读历史文献的能力，充实专业基本功。""着重突出民族特色。"

(二)"全书以历史文献体裁为纲、以体裁产生的先后为序，分门别类，设十一个单元。"

(三)1. 典籍概述；2. 古汉语通论；3. 读史常识；4. 练习文选。

25. 张衍田《中国历史文选》，北京大学出版社 1996 年版。

(一)书前《自序》："《中国历史文选》作为语言课，教学目的是单一的，即集中力量培养和提高学生阅读古代历史文献的能力。"

(二)"文选部分，采取考古、经、史(史部中又分为纪传体、编年体、纪事本末体、杂史、学案、政书、地理、史评等八个部分)、子、集等五部分编的编纂方法。""部内文献，按时间先后的顺序编排。"

(三)1. "每部之前，有部称提要"；2. "每一文献之前，有这一文献的简介文字”;3.另附《古汉语字词语法知识》一册。

26.吕志毅等《中国历史要籍介绍与选读》,河北大学出版社1996年版。

(一)本书《前言》:“这门课……对于培养学生阅读并运用一般文言文史料的能力是大有益处的。史籍介绍部分旨在向学生介绍一些有关中国史料学和中国史学发展概况的基本知识。”

(二)“基本上是按史书体裁、类别编写的。”“全书共分为八章”,1.先秦典籍;2.编年体史籍;3.纪传体史籍;4.纪事本末体史籍;5.典制体史籍;6.史评与史论;7.学术史;8.方志和地理。

(三)“史籍介绍”,包括对各种史书体裁和各要籍的介绍。

二

自建国至今,我们“中国历史文选”课程的教材编纂已走过了四十八年的历程,这四十八年大致可分为三个时段:

第一期是1949年10月至1962年12月,这十三年中有七种教材问世。此期可称为奠基期。

第二期是1963年1月至1982年8月,这二十年之间未出版一部新教材。可称之为停顿期。

第三期是1982年9月至1997年9月,这十五年内出版教材十九种。可称之为发展期。

奠基期的教材,有如下一些特点:

1.前言或序内容简短,有的甚至没有前言(如华钟彦本等)。

其中仅前述第 4 种论及本课教学目的(第 6 种不详),即使计入第 6 种,七部中论及教学目的者也仅占 28.6%。

2. 选文排列方式简单。七种教材皆按时间顺序编排,其中仅孙昌荫本在按时间顺序的基础上,又分为三编,每编下再分十余章。

3. 辅助内容少。七种中,第 1、2 两种只有选文,无其他内容,其余五种,或仅有要籍介绍(第 6、7 种),或仅有简短的工具书介绍(第 3、5 种),或只有一些简单的参考资料(第 4 种)。而其中第 1、3 两种的选篇甚至无注释。

上述三点,充分反映出教材编纂之初的各种特点。

停顿期持续达 20 年之久,时间之长颇耐人寻味。笔者考虑,主要有两个原因。一是周本问世后,许多院校相继使用,便不再急于编新教材。这充分说明周本是一个高质量的选本。迄今为止,由一个院校编撰而被其他院校使用得最多的教材仍是周本,它满足了一段时期内的需要。

另一个原因就是十年动乱的干扰,这恐怕是更为重要的原因。"文革"后 15 年间涌现 19 种教材,不能不说是长期停顿之后的一种反弹,这种反弹表明众多院校 20 年间并非完全没有对新教材的需求,而只是这种需求暂被压抑罢了。

"文革"对传统文化的冲击、破坏之惨烈,古今中外史无前例。《历史文选》所载大都是封建社会的文章,因而首当其冲受到压制,亦毫不足怪。而 1982 年正值思想界拨乱反正之后,传统文化重新受到应有的重视。改革开放后,西方各种思潮涌入,更使人们感到弘扬中华文化之必要。这些因素为《历史文选》教材建设注入了新活力,从而出现十几年不衰的繁兴景象。由此不难看出:全国大气候对这门课程的影响是何等深刻。而今党的“十五大”召开，形成了思想更为解放、更为务实的风尚，势必也会使《历史文选》教材编纂工作更为健康向上地蓬勃发展。

1982年至今的15年，在时间上仅为48年的三分之一弱，而其间付梓的教材却占到总数的近四分之三，足见此期发展之迅速。据悉很快又将有汪受宽先生、张大可先生以及北师大的教材问世，因此这一期可谓百花齐放的繁荣时期。

此期教材不但数量众多，且内容上变化亦甚大，主要有如下三点：

一为选文编排突破原单一方式，出现一些以其他形式编排的教材，共计七种，即贺卓君本、张大可本、张传玺本、张家璠本、郑铁钜本、张衍田本和吕志毅本。这七种教材的共同点是，皆以我国传统的典籍四部分类法为基础来编排选文。其中最为典型的是张衍田本，张先生在该书自序中详细阐述了四分法产生的经过，和按照这种方法编排选文的优点。而七种中较为特殊的是张家璠本，该本“选文酌情归类并按时间顺序分单元加以编排”[①]，共14个单元，其单元的题目为：“先秦甲骨文、金文”，……“汉魏六朝纪传体史书”，“汉魏六朝杂说、地记及地理书”，“唐宋元典志体史书”，“唐宋元文集”等。

其次是其他12种按时间顺序编排的教材，也有六种在此基础上又加以分期，即高振铎本、宋衍申本、赵淡元本、萧佩钦本、王有录本和刘重来本。且不论这些做法的优劣，它们至少说明此期在选文编排方面，同行们也作出了种种宝贵探索。

---

① 张家璠：《中国历史文选·前言》，广西师大出版社1991年版。

二为教材的辅助内容大大增加。这方面较为突出的有：高振铎本、张大可本、萧佩钦本、张传玺本、刘重来本、张家璠本、郑铁钜本、张衍田本等。这一时期的辅助内容主要有如下七个方面，即：要籍介绍、古汉语常识（主要包括古汉语语法，常用词，文字学、音韵学、训诂学常识等）、古文化常识（包括天文、地理、职官等等）、作业（包括练习文选和习题等）、旧注选篇和白文选篇、常用工具书介绍、史料分析举例等。可以说，凡是《历史文选》课应该加入或可能容纳的内容，此期教材都已吸收进来。

三为有些教材的前言或序比以往复杂得多，如 19 种教材中论及本课教学目的者就有 15 种，即第 8、10、12、13、14、15、16、18、19、21、22、23、24、25、26 种，即使不计第 19 种，也已占总数的 79%，比奠基期的 28.6%几乎多两倍。还有一些前言论及更多问题。显然，这反映出此期同行们对该课程的理论性思考比以往要广泛和深入得多。有更多先生的思索无法反映在教材之中，则以论文形式发表于《中国历史文选教学研究》（第一、二集）中。两部论文集的出版时间分别为 1989 年和 1993 年，它们是此期全国同行对本课教学研究成果的集中体现，标志着对教学的认识已从感性向理性方向发展。

三

纵观这 26 部教材，还有一些情况值得注意与探讨。

一是书名问题。上述 26 种教材，用了七个书名，其中以《中国历史文选》为名者最多，为 11 种，北师大的后两种皆名为《中国古代历史文选》，也可归入此类；其次是以《中国历史要籍介绍及选读》为名的共 9 种，吕志毅本名为《中国历史要籍介绍与选读》，姚震寰本名为《中国历史要籍及选读》，也可归入此类。这两类共计24种，占了绝大多数。其余两种为《古代汉语》和《中国历史文献简明教程》。曾有专家提出统一书名的问题，但尚未达成一致意见。“名不正则言不顺”，书名问题是应认真讨论、予以统一的。笔者以为，在更好的书名问世之前，仍可以《中国历史文选》为名，以区别于其他专业同类课程的教材。

二是教学目的问题。从以上26种教材的《前言》或《序》的表述中可以看出，对教学目的看法的不同主要存在于两个方面。一为有些教材提到了要向学生介绍要籍的“基本知识”，乃至“史料学和史学发展概况的常识”，而许多教材未提及。据笔者观察，这种不同主要是由于各院校历史系开设课程不同所造成的：了解历史要籍的概况对历史系学生十分必要，有些院校未开设史学史课或历史文献学、史料学等课程，这一概况介绍的任务就只好由《历史文选》课承担；而开设这些课程的历史系，对此就可从简了。

第二方面大体上是两种意见，一种认为“它的主要目的，在于……培养学生阅读并运用一般文言文史料的能力”①，另一种则认为“（本课）教学目的是单一的，即集中力量培养和提高学生阅读古代历史文献的能力”②。“严格地说，解决阅读与运用，应是性质不同的两门课程分别完成的教学任务。”③这两种意见在已出版的两部论文集——《中国历史文选教学研究》第一、第二集中反映得

---

① 周予同：《中国历史文选》，中华书局1961年第三版，第1页，及张家璠本之《前言》等。

② 张衍田：《中国历史文选》，北京大学出版社1996年版，《自序》第9页。参见北京师范大学历史系中国历史文献教研室编：《中国古代历史文选》，北京师范大学出版社1983年版，白寿彝《序》。

③ 张衍田：《中国历史文选》，《自序》第10页。

更为充分。笔者同意后者的看法,并在拙作《对〈中国历史文选〉教材编写的思考与探索》中作了详细论述[①],在此就不多谈了。

三是选文的编排次序问题。迄今为止的26种教材,基本上采用了两种编排方法:一为按时代顺序,由古而今;二为以典籍体裁为主,即按传统的四分法。两种编排方法,各有长短。

按时代顺序编排,对历史系的人讲,是极自然的选择。编修《历史文选》者,大都是学历史出身,而历史研究本身就极为重视时间因素,历史系其他课程也充分体现着这一特点,如基础课的两门大通史,选修课的史学史、经济史、思想史、文化史……几乎都是依时代顺序编排讲解的[②]。以这种方法编排选文的最大优点是:可以体现出文献自身的历史发展脉络,可使学生在学习中感受到古文献从语言到文体是如何从先秦一步步演变过来的。其缺点则是选文由难而易——先秦文献距今最遥远,也最难懂,学到后面却反而容易了。

此法编排的教材,多以《尚书》开篇。对刚刚走出中学校门的大一学生来讲,一开始就学佶屈聱牙的《尚书》,无疑是相当吃力的。从心理学角度讲,人们在认识一个新事物时的情景与认识陌生人的情况相类似,即最初印象十分重要,正如德国心理学家艾宾浩斯所言:“保持和重现在很大程度上依赖于在有关的心理活动第一次出现时的注意和兴趣的强度。”[③]笔者在十余年教学实践中发

① 汝企和:《对〈中国历史文选〉教材编写的思考与探索》,载杨燕起等编:《中国历史文选教学研究》第三集,甘肃文化出版社1998年版,第92—93页。

② 近年来也有突破此例者,如白寿彝先生主编的大型《中国通史》等。然从全国范围看,仍以按时代顺序讲解者居大多数。

③ 蔡起福:《语文教学心理学》,北京语文出版社1994年版,第40页。

现，这种心理现象在教学过程中表现得尤为明显——学生在接触一门新课时，前两三周是以一种审视乃至挑剔的心情在听课，如果这一阶段的内容使他们产生畏难情绪，那么今后他们很难再对这门课产生浓厚兴趣。

我们北京师范大学的前三种课本都按时代顺序编排，为避免上述不利于教学的心理影响产生，笔者曾采取一种简单但颇有效的方法，即开学之初就从《史记》讲起，这样排序不但选文字句比《尚书》等先秦文献易懂得多，而且讲第一篇《秦始皇本纪》的第一段时，还可引出秦始皇与吕不韦之间富传奇色彩的故事，学生听课时兴味盎然，随之对这门课也顿生好感——这种心理影响与上述不利影响形成鲜明对照，为今后教学做了极佳铺垫；此后的选篇仍按时间顺序讲下去，只是将先秦部分完整地移到清代以后，讲时仍依时间顺序进行。这种排序使学生在学完全书后，对古籍的语言、文体等的发展仍能形成一个清晰印象。因此这种方法既避免了时代顺序编排法从难而易的缺点，又保留了其长处。几年来本教研室皆依此法讲授，实践证明效果颇佳。

近年来以古书体裁为序编排选篇的教材较多，其优点是："可使学生了解各种体裁史学作品的语言特点与行文风格，接触一些古代文献目录学方面的知识。"[①]不足之处似与按时序者相仿，也存在一个由难而易的问题——经部、子部选文相对史部来讲，显然要难懂一些，而史部却处于两者之间，恐在教学安排上也要采取些措施才能解决这个问题。

四是辅助内容问题。上文谈到，发展期教材的辅助内容已

---

① 张衍田：《中国历史文选》，《自序》第11—12页。

达七项之多，这七项内容是否都必要？哪些可从简？哪些应加强？笔者认为，对这些内容的取舍，不存在孰是孰非的问题，关键还是要依各院校所开设的课程情况来决定。取舍的另一原则就是对《历史文选》课来讲，内容应力求专一，可要可不要的内容坚决不要。下面是我们对这些内容详略处理的考虑，供同行们参考。

关于古汉语常识中的语法部分，语言大师王力先生曾精辟地指出："语法方面固然很重要，但是由于语法是比较稳固的，古今差别不大，只消知道几个粗线条，再学习一些古代虚词，也就差不多了。"[①]因此在我们的新教材中，语法部分就是"几个粗线条"。

王力先生所编《古代汉语》中，与文选、通论并列的三大内容之一为常用词，我们的课本应否设此部分？对此已有人作了研究——吉林大学的韩峥嵘等先生对近年来"中学文言文教学的实际情况"作了详尽的调查和各种统计，并编成《中学文言文索引词典》。他们对中学情况认真研究后的结论是："根据中学文言文教学的深化，……把它（指常用词）放在教材之中是没有必要的。"[②]这一结论虽为对中文系古汉语教材而言，但对我们《历史文选》教材显然同样适用，因为两系学生在中学的文言文基础完全相同。

不单设常用词一项，并不等于说常用词不重要，对此王力先生又有一段精彩论述："学习古代汉语，掌握常用词也是一件非常重要的事……有些僻字僻义……可以暂时不必费很大的力量去掌

① 王力：《古代汉语的学习和教学》，载张定远编：《文言文教学论集》，天津新蕾出版社1987年版，第2页。

② 韩峥嵘：《古汉语文献导读》，吉林大学出版社1994年版，《前言》第7页。

握。至于常用词就不同了,……掌握常用词也可以说是掌握了一把钥匙,它把文言词汇中的主要问题解决了”。[①] 常用词如此重要,教材中又略去了这项内容,这一矛盾如何解决?

当初王力先生在教材中设常用词时,就已指出:“这些常用词不可能在课堂上一一讲授”[②],我们在多年实践中逐渐认识到:在教学中适当引入“小学”(即文字学、音韵学、训诂学)的实用部分,是一种以简驭繁的极好方法,正如刘家和先生深刻指出的:“这种方法给予学生的就不止是一杯水或一桶水,而是给了他们长流水的水源。”[③]

对理解古书来讲,古文化常识无疑非常必要,但其内容广涉古代天文、地理、职官、避讳等等,相当庞杂,笔者在大学期间,刘乃和先生曾专门开设此课,要讲整整一个学期。在《历史文选》课中安排这些内容,少则难窥全貌,多则喧宾夺主。目前绝大部分院校都未设立此课,我们的新教材中也不得不安排这些常识的简介,然笔者仍希望这门专课早日恢复。

作业部分,练习文选在我们教材内以旧注选篇和白文选篇的形式出现,这样学生在做练习的同时又可了解一些古书的款式,可谓一举两得。习题方面,因现在出版的习题集很多,如《古代汉语三百题》、《古代汉语习题集》、《古代汉语千题例解》等等,教师随时可据之安排做习题,因此我们本着从简原则,未安排此项内容。

掌握一些工具书对提高古汉语自学能力十分必要,但教学生

① 王力:《古代汉语》,中华书局1962年版,《绪论》第4页。
② 同上。
③ 此为笔者向刘家和先生请教时,他对笔者所讲。

使用工具书是一项实践性很强的教学活动，一些复杂的工具书（如《册府元龟》、《古今图书集成》等）如何查找，用文字表达异常困难，学生看懂也不易；而教师当面讲解、学生随之动手查找，显然要容易得多，因此我们将此项内容融入实习系列。设置实习系列是我们新教材的又一特色，前述之拙作对此亦有论述[①]，敬请专家、同行审阅。

安排"史料分析举例"的教材极少，北京师范大学历史系已开设了《史记研读》、《通鉴研读》、《汉书研读》等课程，每门课都要对史料进行大量分析，故而此项内容亦略去。

*　　　　*　　　　*

加拿大语言学家麦基所著《语言教学分析》，素有"语言教学研究的《圣经》"之美誉[②]，他在书中曾慨叹："经过了几百年的语言教学之后，至今还没有一本系统论述这些知识的书。"国内语言学家顾黄初先生也将对语文教育之研究称为"艰苦的理论跋涉"[③]，足见语言教学方面理论研究之艰难。本节力图从理论上探索与《历史文选》教材有关的种种问题，撰写时亦常感举步维艰。不当之处，敬请方家斧正。

本节撰写中，蒙杨燕起先生惠借所藏《中国历史文选》教材 15 种，特此深致谢忱。

---

① 汝企和：《对〈中国历史文选〉教材编写的思考与探索》，载杨燕起等编：《中国历史文选教学研究》第三集，第 97—98 页。

② W. F. 麦基：《语言教学分析》，北京语言学院出版社 1990 年版，《译者说明》。

③ 顾黄初：《语文教育研究的理论跋涉》，载顾黄初：《语文教育论稿》，人民教育出版社 1995 年版，第 55 页。

第二节 对《中国历史文选》教材改革的研究与探索

“中国历史文选”是我国各院校历史系的专业基础课和语言工具课，多年来我们一直努力探索改革与建设这门课的途径。1994年北京师范大学历史系被批准成为国家教委“文科人才培养基地”之后，我们更加大了改革力度，而教材改革就是其中最重要的举措之一。

建国以来，全国的《历史文选》教材已出版了30余部。我们在编写新教材时，也有了一些新的想法和尝试。

一、制定教学改革的新思路

教学改革首先要有一明确的改革思路，舍此则很难有科学、系统、深入的教材与课程体系改革。为此，笔者在以往教改的基础上，又进行了四项调查研究与思考。

一为对本课程目的的思考。对《中国历史文选》课的目的，学术界历来看法不一[这些歧异观点集中反映于《中国历史文选教学研究》(第一集与第二集)和已出版的各教材之中]。这些分歧意见可大致分为两类：一类认为这门课“作为语言课，教学目的是单一的，即集中力量培养和提高学生阅读古代历史文献的能力”①。另一类则认为这门课应承担多项任务，如：“要系统地给培训对象以中国历史要籍方面的基础知识，使培训对象能系统地掌握中国历史要籍发生、发展的基本情况，并具有阅读一般古代史籍、运用马

---

① 张衍田：《中国历史文选》，《自序》第9页。

列主义观点分析文言史料的能力。”[①]据笔者考察，这些分歧主要源于各院校历史系所设课程的不同：有些历史系未开设史学史、历史名著研读等课程，这样其“历史文选”课就不得不负担“向学生介绍一些有关中国史料学和中国史学发展概况的基本知识”[②]的任务；而有些历史系开设了多种与之相关的课程，上述各项任务可由这些课程分担，这样“历史文选”课自然可以目的单一了。北京师范大学的情况属于后者，因此多年来这门课一直被定位为历史系的语言工具课，其教学目的也是单一的，即“要提高读者的古书阅读能力”[③]。

二是对课程内容的分析与思考。既已将本课定位为历史系的语言工具课，古汉语学习就成为其主要内容。

无论学习何种语言，最基本因素皆为字词和语法，古汉语亦不例外。古汉语语法与现代汉语有着千丝万缕的联系，而许多古汉语语言现象又非语法所能涵盖，因此与语法问题相比，古汉语字词问题就显得格外突出。以往的教学实践充分表明：对于古汉语特有的语法规律，学生掌握起来比较容易，短时间内就能有较大提高，而字词方面若想有明显进步，则需长时间积累。正如语言大师王力先生所指出的：“我们在研读古代汉语的时候，……应该首先抓哪一方面呢？我想应该先抓词汇方面……语法方面固然很重要，但是由于语法是比较稳固的，古今差别不大，只消知道几个粗

---

① 赵淡元：《中国历史要籍介绍及选读》，高等教育出版社 1988 年版，《前言》第 1 页。

② 吕志毅等：《中国历史要籍介绍与选读》，河北大学出版 1996 年版，《前言》第 1 页。

③ 北京师范大学历史系历史文献教研室编：《中国古代历史文选》，白寿彝《序》。

线条，再学习一些古代虚词，也就差不多了。至于词汇，它是变化比较快的，……所以先抓词汇方面是对的。”①

要掌握字词，不外乎形、音、义三个方面。众所周知，古人对汉字的形、音、义，千百年来已作了极为深入的研究，其成果集中反映于文字学、音韵学、训诂学中。这三项专门之学（古代合称为“小学”）作为本科生课程，一向由中文系开设，历史系则很少设置。然而作为历史系的语言工具课——历史文选的教学，适当引入“小学”的实用部分却完全必要。学生掌握了这三学的实用部分，就可对每个汉字有非常深刻的理解，从而不但可准确把握每个字的各种含义，而且还可举一反三，即在离开教师之后仍能运用这些知识不断提高古汉语水平——这种方法给予学生的不止是一杯水或一桶水，而是给了他们长流水的水源。

三为对以往教学实践的调研与思考。实践是检验真理的唯一标准，以往的实践表明，引入“小学”知识确为解决历史文选教学难点的有效手段。如陈虹先生就曾以数则精彩例证，说明运用音韵学知识可使教学中的疑难迎刃而解，并总结道：“音韵学这把钥匙，就这样为同学们打开了众多的知识大门。”②在 1997 年全国历史文选教学研讨会上提交的论文中，她更进一步总结出运用“小学”内容进行教学的方法，即文字学方面，“第一是要讲透每个汉字部首的含义”，“第二则要讲清汉字字形在历史长河中的诸次演

---

① 王力：《古代汉语的学习和教学》，载张定远编：《文言文教学论集》，第 1—2 页。

② 陈虹：《历史文选与古代汉语》，载杨燕起等编：《中国历史文选教学研究》（第一集），北京师范大学出版社 1989 年版，第 248 页。

变”①；音韵学方面，“形声字、多音字则同样可以利用来作为（音韵学）明白易懂的范例”②等等。

孙绍华先生也在《历史文选教学中的辩证法》一文中指出：“学生自从掌握了钱大昕在声母上的新发现：‘有舌头，无舌上，有重唇，无轻唇’之后，对大量类似‘匪’读‘彼’以及据此形成的通假关系，几乎是一点即通。”③“由于平时在教学中，对于阅读古籍，强调要善识通假，运用古音韵知识解决疑难，引导学生从音韵角度切入，问题往往迎刃而解。”④她还明确提出了要“从汉字的实际出发，充分发挥文字、音韵、训诂之学的功用”⑤的观点。1997年的研讨会上，梅显懋先生也在《中国历史文选教学运用启发式之我见》一文中指出：“教师恰到好处地运用文字、音韵、训诂……等知识来疏通文义，学生往往会表现出浓厚的兴趣。”⑥此外，论及在教学中运用小学知识的，还有刘启林先生的《中国历史文选教学法摭言》⑦等文章。

我们教研室的几位教师，近年来也都不同程度地将“小学”知识运用于教学，效果皆颇佳。总之，以往的大量实践雄辩证明：将

---

① 陈虹：《历史系古代汉语教学之我见》，载杨燕起等编：《中国历史文选教学研究》（第三集），甘肃文化出版社1998年版，第55页。

② 同上书，第57页。

③ 孙绍华：《历史文选教学中的辩证法》，载杨燕起等编：《中国历史文选教学研究》（第二集），高等教育出版社1993年版，第169—170页。

④ 同上书，第169页。

⑤ 同上书，第170页。

⑥ 梅显懋：《中国历史文选教学运用启发式之我见》，杨燕起等编：《中国历史文选教学研究》（第三集），第169页。

⑦ 刘启林：《中国历史文选教学法摭言》，杨燕起等编：《中国历史文选教学研究》（第二集），第217—221页。

"小学"知识引入课堂,不但完全可能,且已取得非常好的效果。

四为对中学文言文教学状况的调研与思考。古汉语在中学称为文言文,其教学状况与大学教学密切相关。近年来中学文言文课水平不断提高,已发生很大变化。对于这些变化,有人进行了深入研究与精确统计,并编纂成《中学文言文索引词典》。编者的编纂动机,就是因发现"十年间(大学古代汉语的)教学效果之所以愈来愈不能尽如人意,关键在于我们对中学文言文教学的实际情况不明,教学的立足点与出发点偏低了",因此,"为了深入准确地了解中学文言文教学的现状","特地"编修此书。[①] 这部词典"把选入初、高中语文课本的 192 篇诗文所出现的全部词语和句子收揽无余",而且对"中学语文课文言课文的词汇蕴含量"进行了"精确统计":"其总量为 8624 个,去掉人名、地名则为 7394 个,其中单音词为 3342 个,复音词为 3869 个"。词典作者还将这些数字与迄今影响最大的古汉语课本——王力先生的《古代汉语》进行比较,其结果为:"《古代汉语》为 261 篇,中学语文课本为 155 篇。在《古代汉语》所选的 261 篇诗文中,有 32 篇已为中学语文课本所选,占 12.3%。"更重要的是:"《古代汉语》所要求学生注意掌握的 1123 个常用词,只有 75 个不见于中学课本,仅为其 6.8%。"据此,韩先生得出的结论是:"以上几点足以说明,中学语文的文言文部分比重大大增加,教学相当深入,已经和前些年不可同日而语了。""根据中学文言文教学的深化,古代汉语教学的立足点、出发点必须相应提高这个实际情况,我们认为现行的古代汉语教材是需要更新

---

① 韩峥嵘:《古汉语文献导读》,长春吉林大学出版社 1994 年版,《前言》第 5 页。

的。"[①]此文虽为中文系教师所作，但文章对中学有关情况的统计与分析，对《历史文选》课同样具有深刻意义，因为两系学生在中学的文言文基础完全相同。因此我们也必须考虑当前中学的情况，在教材中作出相应变化。

从上述统计还可看出，中学文言文教学的发展，主要体现在量的方面，如文中"揭示"了"几个常用文言虚词在中学课本中出现的次数"："之，2250 次；其，768 次；者，761 次；所，339 次……"[②]这些数字生动表明：中学教学已为学生提供了比十年前丰富得多的感性知识，而大学的古汉语教学则应在质的方面有所提高，即更加着力于将学生丰富的感性认识上升到理性高度，而"小学"知识恰是对汉字形音义的理论总结。因此如果说，十几年前将"小学"内容引入《历史文选》教学尚为时过早的话，那么十几年后的今天，鉴于中学文言文教学迅速发展，引入"小学"内容已变得日益迫切了！

通过上述四方面的调研，并吸收了多位专家的意见，教改的新思路终于产生：即以"小学"的内容（主要是实用部分）统领历史文选教学，以达到切实提高学生素质与能力的目的。

二、突出"小学"内容

我们的新教材，在突出"小学"内容方面的尝试主要如下：

1. 知识介绍。我们将文字学、音韵学、训诂学中实用的内容深入浅出摘编为短文，置于每册书之首，并精选历代名家关于小学的论述若干篇，附于短文之后。讲课时，将上述内容适当穿插于各篇

---

① 韩峥嵘：《古汉语文献导读》，《前言》第 7 页。

② 韩峥嵘：《古汉语文献导读》，《前言》第 6 页。

课文之间进行讲解(其中易懂者则作为练习让学生翻译)。这样安排,首先是将小学知识摆在课本最突出位置,以引起学生充分重视。而更为重要的是切实以这些知识贯穿全部教学终始,以使学生逐步加深理解,从而最终达到能独立运用这些知识来解决阅读中难题的目的。

2. 选篇。我们所选名篇,多为先秦、两汉之作,如前四史、子书和大部分经书等,这些名篇恰为中国历史上被后世学者注释最多的篇章。如《周易》一书,几千年来对其诠释、研究之书竟达三千余种,在这方面古今中外没有哪一部著作可以与之相媲美,堪称世界之最。对其他名篇的注释也往往超过原文几倍、几十倍,这些注释是“小学”资料的渊薮,且具有一定的权威性。因此选这些篇章,非常便于教师展开讲授“小学”内容。

3. 注释。我们在新教材注释中也注意引入“小学”方法。如《尚书·牧誓》的第一句即:“时甲子昧爽”,其中“昧”为“暗”,学生容易理解,而“爽”为“明”则不易懂。我们在注释中指出:“爽,会意字,字形象古代窗棂,其空白处表示透进的光。”与仅仅注“爽”为“明”相比,这样注释显然可使学生对字意的理解深刻得多。又如《文史通义·书教下》引《易·系辞》的“(易)穷则变”一句,“穷”很容易被误解为“贫穷”。我们在注释中指出:“窮,身弓于穴,表示无出路之意。”这样从字形中分析字意,生动形象,可给学生留下深刻印象。

4. 实习系列:以往教科书中,仅有几部有练习题,罕有安排实习者。我们于 1994 年设立文献实习室,故此次新编教材,首辟实习系列。该系列前两单元为实习如何使用工具书,后几单元则是实习如何从文字学、音韵学、训诂学的角度剖析与理解汉字。

笔者认为：大学学生在四年内能学会使用多少种工具书，是其学术水平高下的重要标志之一。多掌握一种工具书，其自学能力便增长一分，这对古汉语学习尤为重要。要想真正掌握“小学”知识，有些工具书（如《辞源》、《说文解字》、《古文字类编》等等）必须学会使用。以前课上我们也向学生介绍工具书，但由于没有教师指导下的实习，对一些较复杂工具书的使用，学生课上似乎学会了，但课后仍不会查。近年来我们在实习室内带领学生查找工具书，查找过程中出现的问题，教师当堂即给予指导和解决，这样学生很快便可掌握。

文字学、音韵学、训诂学本身即为实践性较强的学科，白兆麟先生曾指出：“显然，综合性和实用性是这门学科（指训诂学）的两大特征。”[①]我们向学生介绍时，又偏重于其实用部分，因此要掌握这些内容，实习就显得格外重要。这次新编教材，我们制订出围绕“小学”知识的实习系列，并将其按文字学、音韵学、训诂学的次序分置于三册之中。

三、选篇的创新

在选篇方面，我们的教材也有一些与其他选本不同之处，主要如下：

1. 首次选入“小学”篇章（详见上文）。

2. 首次遍选四书五经。以往的 20 多种教材，无一例外都选了经书，但对群经之首的《周易》却很少有人问津；选《论语》、《孟子》者甚多，而选取《大学》、《中庸》者亦鲜有闻。这次我们不但选入

---

① 白兆麟：《简明训诂学》，学生书局 1996 年版，《导论》第 10 页。

《周易》，且全文选入《大学》和《中庸》，从而成为遍选四书五经的第一种选本。

众所周知，自汉武帝独尊儒术以来，五经就成为历代选官取仕的必考内容。两千年来中华大地上每一位知识分子，特别是管理者与各方面杰出人物，无不自幼苦读经书，将其内容烂熟于胸。中国封建社会国家机器的各层管理者——从天子到大臣，乃至县乡官吏，亦无不尊奉经书作为其统治的最高指南。四书为南宋大理学家朱熹选定，其《四书章句集注》也成为后世知识分子必读之书。元皇庆二年(1313)十一月，元仁宗下诏定考试科目曰："考试程式，……《大学》、《论语》、《孟子》、《中庸》内出题，并用朱氏《章句集注》……"[①]自此后考试皆在四书范围内出题，明清数百年间一仍此例。故四书对中国六百年封建社会的影响，亦为其他任何文献所无法比拟。四书五经的思想，已融入千百年来知识分子，特别是国家各级管理者的血液之中，成为指导他们处理一切国政大事的最高原则。从这一事实得出的必然结论是：五经(后期包括四书)是对中国封建社会历史发展影响最为深刻的文献，因此也应是我们《历史文选》应首先考虑选入的篇章。

《历史文选》课的早期开拓者一直在考虑如何使这门课更好地为学生学习历史服务，但其效果正如白寿彝先生所指出的："最初是强调跟中国古代史相配合。做了一个时期，大家都感觉到这个办法行不通。文选的一篇文章，往往需讲上一两个星期，古代史的几百年过程有时一两个小时就可以讲完，这两门课说什么也配合

---

① 《元史》卷八一《选举志》。

不上。”[1]笔者认为，选学四书五经，就是将《历史文选》与中国古代史真正配合的方法——这是一种高层次的配合，有了这种配合，才能对千百年来中国各级统治者共同尊奉的指导思想有较全面的了解，从而也才有可能对其间的社会变化获得更深层次的理解。

3. 首次选入佛经、道藏。前些年学术界因受极“左”思潮的影响，史学研究的对象长期囿于阶级斗争史范围之内。近年来随着改革开放的深入，我国史学界也逐渐拓宽眼界，将研究触角深入到社会各个领域和层面。以往许多《文选》教材都注意到这个问题，并在选篇中努力反映出这一时代特色。我们这次编修，除注意选取竹简、诏令奏议、笔记文集、类书等篇章外（甲骨文、金文已成专门之学，故未选），还特选佛经、道藏各一篇。

佛教自东汉传入华夏大地，近两千年来对中国社会产生了极为深刻的影响，从最高统治者到庶民百姓，或多或少都要受到其直接、间接的种种影响（笔者认为：对反宗教者来讲，宗教同样对他们产生了很大影响，只是影响的性质不同而已）。道教是中国土生土长的宗教，中国古代统治思想、伦理学乃至养生学等等，无不带有其印记，历史上以道教为旗号的大规模农民起义也为人所共知。人们常以儒、释、道三者并举，就说明在中国历史上，这三者皆起过不容忽视的重大作用。因此要想真正理解中国社会的发展变化，亦须对释、道有所了解。

近代以来，不少史学巨匠已将研究触角深入宗教领域。如陈垣老曾撰写《明季滇黔佛教考》、《清初僧诤记》、《中国佛教史籍概论》等专著。他指出：“中国佛教史籍恒与列朝史事有关，不参稽而

---

① 北京师范大学历史系历史文献教研室编：《中国古代历史文选》，白寿彝《序》。

旁考之，则每有窒碍难通之史迹。”[①]他还撰写了《南宋初河北新道教考》，对道教亦有所探研。当代著名史学家何兹全先生、刘家和先生等也都对释教有所研究，并撰写了重要论文。我们的《历史文选》课，不可能全面介绍释、道二教，然让学生了解佛经、道藏亦为重要史料，却十分必要。我们选入佛经、道藏，正是基于这种考虑。

4. 别具特色的白文选篇。与以往相比，本教材中的白文选篇有两个特点：一为所选之书尽量与前面所注释之书不同，这样可使学生接触更多史籍，拓展其史学眼界；二为对习见史书，注意选取其最有特色的篇章。如《释老志》为《魏书》首创，《世纪补》为《金史》开先河，《宋书·鲜卑吐谷浑传》是当时民族迁徙的珍贵记录，《辽史·后妃传》生动反映出萧氏的专权，等等，我们都有所节选。

新编教材从整体思路到全书结构、到选篇等，每一项改革措施都是在研究的基础上产生的，因此它成为全国近 30 种《历史文选》教材中当时唯一被批准成为国家教委立项项目者。该教材于 1999 年出版，已成为教育部“面向 21 世纪课程教材”，并于 2002 年获全国普通高等学校优秀教材一等奖。

---

① 陈垣：《中国佛教史籍概论》，上海书店出版社 1999 年版，第 1 页。

第二章　教学方法研究

第一节　以教育心理学的原理指导历史文选教学

教育心理学是本世纪初新兴的一门科学，它自问世以来，受到越来越广泛的重视，并在指导教学实践方面发挥着日益重大的作用。“它山之石，可以攻玉”。本节试图运用教育心理学的某些原理，来剖析大学“中国历史文选”课教学中的一些问题，并力图将丰富的教学实践活动提高到理性认识的高度。

一

教育心理学认为，认知内驱力在课堂学习中具有“头等重要作用”[①]。在课堂里可以促使学生把自己的行为指向学习的各种动机中，“成就动机”是最主要的动机。要求成就的动机与遵守学校需求的动机不同：受成就推动的人乐于努力完成任务，喜欢智慧与非智慧方面的挑战，对困难的任务能坚持完成，对不可靠的意见能抵制。

成就动机有三个组成部分，即：认知的内驱力、自我提高的内

① 引自邵瑞珍等：《教育心理学》，上海教育出版社 1988 年版，第 330 页。

驱力、附属的内驱力。

所谓“内驱力”，就是：当人们对爱、感情、自尊、好奇心等的追求得不到满足时，由机体内部就会产生一种叫做内驱力的刺激。这种内驱力刺激引起反应，而反应可导致需要的满足。

所谓“认知内驱力”，就是人们希望了解和理解要掌握的知识、希望阐明与解决问题的欲望。这种内驱力与其他两种内驱力的不同之处在于：它直接指向学习任务本身，因此在有意义的学习中，它是一种最重要、最稳定的动机。它与学习之间是互惠的，即：它对学习起推动作用，学习又转而增强内驱力。

自我提高的内驱力，是个体的那种因自己的胜任能力或工作能力而赢得相应地位的需要。它与认知内驱力不同，它并非直接指向学习任务本身，而是把成就看做是赢得地位与自尊心的手段，因此它是一种外部动机。换言之，自我提高的内驱力，既是学生在学习期间力图用学业成绩来取得名次或等第的一种动机，又是他们在未来的学术生涯或职业生涯中谋求作出贡献、取得地位的一种动机。

附属的内驱力，是指一个人为保持长者们（如家长、教师等等）的赞许或认可而表现出来的把工作做好的一种需要。它也不直接指向学习任务。这种内驱力在儿童早期表现得最为突出。[①]

对这三种内驱力，我们是否可以作如下通俗的理解：一个人在学习中，单纯为求得知识的动机，就是认知内驱力，而为赢得全班第一（或前几名）或其他相应地位的动机，就是自我提高的内驱力；

① 引自邵瑞珍等：《教育心理学》，第332—333页；杰·姆·索里、斯·乌·特尔福德：《教育心理学》第十三、十四章；潘菽主编：《教育心理学》第三、十二章。

而为了获得家长、教师等的称赞的动机，就是附属的内驱力。这三种内驱力中，认知的内驱力是最重要和最稳定的。

显然，这三种内驱力所占的比重在不同的人，乃至一个人一生的不同阶段，都是有差别的。因此，分析、研究大学一年级学生的学习动机中这三种内驱力所占比重的变化，并根据这种变化在教学中作相应的调整，便是我们所应解决的问题。

下面，我们就来具体分析一下这三种内驱力所占比重在大一学生动机中的变化。

自我提高的内驱力在学生们高考之前，可以说是达到了前所未有的高度。高考复习阶段乃至高三年级全年里，那种单纯为求得知识的认知内驱力几乎完全被希望考上重点大学或成为大学生的自我提高的内驱力淹没了。而一旦跨入大学校门，这种内驱力可说是“一落千丈”，与高考前形成了极为强烈的反差。同时，由于没有中学那种经常性的考试刺激，以自己的能力赢得相应地位的机会如此之少，自我提高的内驱力自然要大幅度下降了。

附属内驱力在高考前后也发生了巨大变化。我国绝大部分中学生都是走读的，他们与家长朝夕相见，而许多家长从孩子上小学起，就采取各种办法，花费十余年的艰苦努力，目的就在于让孩子考上一个好大学。这些努力对学生又化为巨大的压力，时时刻刻鞭策着他们的学习。

中学里老师对学生也寄予厚望。许多中学老师盼望自己的学生高考取得优异成绩。许多学生对老师也怀着深深的报恩之情，强烈希望自己不要辜负老师的期望。这些自然也化为强大的动力，推动学生奋发学习。

而当他们成为大学生后，外部环境的巨大变化也使这种附属内驱力下降到空前的最低点。进入大学以后，那种希望得到家长称赞和不辜负家长期望，以及希望得到老师赞赏、报答老师恩情的附属内驱力也随之减弱了许多。

一般的大学生，正处在世界观形成的阶段，大学的环境又给他们提供了种种机会开阔眼界，他们自身的独立性日渐增强，依附性相对中学时期锐减。高年级同学自由自在的“榜样”也时刻在刺激和影响着他们。在这一过程中，附属的内驱力也相应地减少。

在大一学生自我提高的内驱力和附属的内驱力几乎降到最低点的同时，他们的认知内驱力却因为不断受到新刺激而有所增长。

中学时期沉重的作业负担压得大部分中学生透不过气来，一些学生因此对学习本身失去了兴趣，他们仅仅是为了考大学，或是为了家长和老师而学习，他们的认知内驱力被压缩到很低的程度。进入大学后，文科学生的作业量与中学时期相比可说是微乎其微。而大学中五花八门的讲座、藏书丰富的图书馆将一个又一个新的多彩世界展现在他们眼前，他们仿佛从知识的溪流驶入了汪洋大海。大学老师的渊博学识，乃至一些高年级同学的高谈阔论，都无时不在刺激着他们的求知欲望。加之大一学生一般还不到20岁，尚处于人生的求知阶段，因此那种被压抑了很久的认知内驱力便如弹簧般舒展开来。他们渴求知识，渴望成为学富五车的人。

综上所述：一般来说，依照教育心理学原理，认知内驱力是最重要、最稳定的学习动机；特殊地讲，在大一学生的学习动机中，自我提高的内驱力和附属的内驱力与中学时期相比，都有大幅度的下降，而认知内驱力却因受到各种新的刺激而有所增长。因此，作为大学一年级的课程，历史文选教学的任务，就是如何因势利导，进一步加强大一学生认知内驱力的增长趋势，从而取得更佳的学习效果。

二

历史文选课看似容易，真正教好却绝非易事，因为它有着极为丰富的内涵。同样，要想在一篇文章中讲清文选教学的各个方面，也是不可能的。因此本文仅想在文选课的众多矛盾中，探讨一个问题，即如何在常用词的教学中，加强学生的认知内驱力。

要学好古汉语，必须抓住两个关键：常用词和语法。然古汉语有些语法与现代汉语相同，因此掌握常用词对初学者来讲就愈发重要了。历史文选课有如一座大厦，常用词就是大厦的砖石。只有每一块砖的质量都是过得硬的，这座大厦才是坚不可摧的。史学界因对一字理解歧误而闹出笑话的事难道还少吗？

常用词的教学方法因人而易。我在教学中试用了四种方法，来加强学生的认知内驱力。

第一是努力形成常用词系列。

中国汉字多达六七万，而我们生活中常用的不过四五千。在历史文选课中，常用词约为一千余个[①]。这千余个词分散在数十篇文章之中，如果只是在讲课文的同时顺便提一下，很难引起学生的充分重视。我试着将常用词（多为单音节词）编号排列，形成特殊的系列，每个常用词讲三个最常见的词义，并让学生另记笔记，考试时亦作相应的检查。这种做法有几个好处，一是有新鲜感：学

① 韩峥嵘：《古汉语文献导读》，《前言》第 6 页。

生们以前在中学学习古汉语时，从未这样学过，这种新颖的方式必然要刺激他们的认知内驱力。二是能引起学生的充分重视：把常用词单提出来讲解，要求另记笔记，并作为考试的内容之一，这些措施能使学生充分认识到常用词在文选课中的重要地位。三是便于复习：常用词笔记独立于课文笔记之外，又非常集中，很有利于复习。四是有利于加强授课的节奏感：如果一节课从头到尾只是不停地讲解课文，那无论讲得多精彩，听者也难免感到疲劳。在讲解课文中适时穿插进几个常用词，就会使单一的课文讲解带有一种节奏感，学生的注意力也随之有节奏地变换，时而集中于此，时而专注于彼，这样50分钟很快就过去了，课堂效果也就明显改善了。

第五点，也是最重要的一点，就是有利于从中提炼出规律性的东西：汉字的发展有其自身的规律，但在历史系的文选课中，我们不可能像中文系那样用许多时间专门去讲解汉字发展的历史及其规律，然而将常用词编为系列，在写出每个词的三个词义时注意按照其本义、引申义的次序排列好，讲解时再点出它们的内在联系，这样十几个词讲下来，学生对汉字的本义与引申义间的关系就会有一定的体会。讲到几十个词时，只需稍加点化，学生们很容易就可领悟到汉字发展的各种规律了，因为他们已经有了充分的感性认识——有些汉字词义在不断扩大，而有的却在缩小；有的由贬义变为褒义，有的则从褒义转为贬义，有的从中性词发展为含褒贬，有的却从带褒贬的词变成中性……这些认识上升为理性认识后，对学生未来的自学是极有价值的。

上述这几点，对提高学生的认知内驱力同样是极为重要的。

第二是引入甲骨、金石文字。这一做法也是基于对大一学生特点的分析，即他们年龄尚小，好奇心、求知欲都很强，新鲜事物对他们比对成人的吸引要强烈得多。

大部分中学生很少接触过甲骨、金石文字，更谈不到辨认了。在上述常用词系列的基础上，对大多数常用词引入其甲骨、金文字形，首先就能给学生一种新鲜感，激发他们的认知内驱力。其次，在甲骨、金石文字中，许多字的字形无异于一幅图画，如“荐”字，犹如一只野兽出没于草丛之中；又如“宫”字，恰似一所房子的侧面图；再如“执”字，又是双手被铐住的人形……这些字形生动、形象，学生很容易记住，从而也就记住了这些字的本义。如“走”字，在甲骨文中是人奔跑时的侧面简图，这样就使学生牢牢记住了“走”在古代本义是跑。又如“斤”在甲文中就是一种斧子的形象，这也使学生们易于了解“斤”字的本义。

甲骨、金文字形对了解字的引申义，同样很有好处。如“析”字，甲骨文字形状如用斧砍树，故其本义即是“劈开”，而“分散”、“分析”这些后起的意义，便都是由此引申出来的。又如“为”字，甲骨文字形状如一只手牵着一头大象，后来的“作”、“制造”、“治理”等众多词义，也都是由这一本义引申出来的。这种教法，不但使学生能识别一些甲骨文字，而且更使他们对汉字的本义与引申义有深入的理解。与此同时，也加强了学生的认知内驱力，使他们对这门课更感兴趣了。

第三是介绍汉字的“六书”，即我们常说的象形、指事、会意、形声、转注、假借。在这里，有一点需要注意，即在历史文选课引入“六书”，与中文系文字学课上讲“六书”有很大的不同：文字学课讲“六书”，侧重于探寻汉字结构的规律与理论；而文选课上介绍“六书”，则侧重于其应用方面，即通过简单介绍汉字的构成特点，使学生们能在最短时间内掌握更多的汉字，并加深对每个汉字本义与引申义的理解。

汉字“六书”中，指事字数量少，不大好讲，故此处先以指事字为例略加说明。在讲到“纪事本末”这种史书体裁时，我向学生介绍了“本末”二字的构字方法，即用“一”指示出木的根部和梢部，并画出它们的甲骨文字形。这种做法的第一个好处仍是能激发学生的认知内驱力。学生们在小学就已认识这两个字了，但此刻见到其甲骨文字形、听到其构字方法，仍然会表现出浓厚兴趣。第二个好处是使学生对汉字的造字法有所了解。由“本末”二字再讲到“上”、“下”、“刃”、“朱”、“亦”等字，就可使他们对“指事”这种构字法有较深的印象。第三个好处，也是最重要的，就是使学生对汉字的本义有更深的理解。正如前文已指出的，学生们若能对每个常用词都有深入、准确的理解，在此基础上去读一篇古代的文章，其理解的准确性和深度必然也是高层次的。

对形声字的介绍则不但有上述三项好处，更能使他们对汉字的内在联系和发展有深入的理解。如对颜、颊、颖、顾、颓、颠等字，学生们原来只是分别地记忆，对它们之间有什么内在联系并不清楚。当指出这些字的共同部首“页”就是人头时，他们一下子就兴奋起来——他们不但了解了这几个字的本义都是与“头”有关的，因此有着内在联系，而且在今后遇到以“页”为部首的字时，也立刻会想到其本义多半是与头有关的。这种方法，确实能起到举一反三的作用，同时也增强了学生的认知内驱力。

由于篇幅所限，对其他几种造字方法就不一一加以说明了。

第四是以中华文化本身的巨大魅力来激发学生的认知内驱力。

中国是四大文明古国之一，更是四大古国中唯一具有不间断的三千余年文字记载的国家。她的古代文化是一座内涵极其丰富的瑰丽宝藏。目前，在国内有些人盲目崇拜西方文化，认为西方文化一切都好，而对我国的古代文化肆意贬低之时，西方一些有识之士却日益认识到东方文化深不可测的内涵。如美国著名的西点军校就以《孙子兵法》作为其基本教材之一；老子的《道德经》在德国也成为许多人指导其工作、生活的规臬；更有人指出21世纪将是"新儒学的世纪"……这里我无意评说东、西方文化孰优孰劣，提及这些只是为了说明东方文化确实具有极为珍贵的价值。我们的历史文选课的选篇又都是经过几百年乃至数千年时间的考验和淘汰积淀下来的优秀篇章，其本身蕴含的知识和智慧使我们完全可以以中华文化自身的魅力来激发学生的认知内驱力，使他们在掌握常用词的同时，学得更多的知识。我试用如下几种方法来展示中华文化的魅力。

首先是在常用词教学中穿插历史故事。如在讲到烽烟的"烽"字时，可引入"烽火戏诸侯"的故事；讲到"禅"字时，又可引出尧、舜"禅让"的传说。学生们在听故事的同时，也便牢牢记住了这些常用词的用法。

其次是穿插成语。现代汉语中许多词义与其本义相比已发生了很大变化，而在我们经常使用的成语中，许多汉字的古义却犹如动物中的熊猫一般保存至今。如"速"字，在现代汉语里是"迅速"、"快"的意思，而在古代它还有"邀请"之义，学生不易接受。但一提到"不速之客"中的"速"就是此义，学生便立刻理解并记牢了。又如"亡"字在古汉语里常作"失去"而不是"死亡"讲，也是学生学习中容易混淆的，这时举出"亡羊补牢"这个成语，同样能给他们留下深刻印象。这类成语相当多，它们对帮助学生理解常用词的古义非常有效。

再次是在教学中穿插讲解古代的典章制度。如讲到“题”字时，我给学生们讲了汉代的一种丧葬制度——“黄肠题凑”，他们听时兴趣盎然，而且在记牢了“题”字本义的同时，也了解了这种汉代的葬制。教学中可引用典章制度的地方虽不及成语那么多，但一经引用，效果也是非常好的。

另外，在讲解其他问题时，也可引述与之相关的古文化内容。如我在讲如何运用“对文互义”规律来确定某个晦涩的词的含义时，除课本上的例子外，又引述了名联：“二猿断木深山中，小猴子也敢对锯(句)？一马陷足污泥内，老畜生怎能出蹄(题)?”这个生动有趣的妙联和它的故事大大激发了学生们的认知内驱力，亦使他们对“对文互义”规律留下极为深刻的印象。

附带讲一句，在讲解课文的过程中，有许多地方都可引述中国古代文化中的灿烂成果，它们对增强学生的认知内驱力、改善教学效果同样是极其有用的。

第二节　再论以教育心理学的原理指导历史文选教学

“中国历史文选”课是我国各高校历史系开设的语言工具课，即古汉语课(有的院校使用的教材名为《中国历史要籍介绍与选读》)，是历史系学生的一门非常重要的基础课，它直接关系到学生毕业后阅读古汉语资料的水平，也是切实提高学生能力的一门不可或缺的课程。因此，提高这门课的教学质量，就能够有效地提高学生阅读和理解古代文献的能力。

笔者在如何运用教育心理学原理指导历史文选教学，以及周期性地安排"中国历史文选"课的内容方面，作了一些探索与思考。

一

在历史文选课教学中，笔者充分注意到运用教育心理学的原理、把握周期的问题，并发现在教学中，小到每一节课，大到一个学期，乃至一学年，都应注意周期性地安排各种教学内容。

在上述几种周期中，首先是每一节课内容的周期性安排，我将其称为"设计兴奋点"。

心理学研究表明：即使是自觉性、克制力都很强的成年人，也不可能在50分钟内自始至终都全神贯注、一分钟都不分心，更何况是刚走出中学校门的大学生（因为"中国历史文选"是在大学一年级开设）。这正如一位心理学家所指出的："持续不断地借助意志努力保持注意要求高度地紧张，导致十分疲倦。"①因此在教学中，教师就应有意识地在50分钟内安排2—3个兴奋点，这样每隔十几分钟出现一个兴奋点，学生的神经在整节课就可以达到很高的兴奋度，从而取得上佳的教学效果。

一般课程中我安排的"兴奋点"有几项内容，其中最主要的是常用词系列。对常用词，我当初的做法是随文讲解，结果既不突出，也毫无周期性可言，很难引起学生的充分注意。后来则对常用词追本溯源，重点讲授。具体做法如下：

第一步是选出要讲的课文中的常用词。如《尚书·盘庚》篇，我选的第一个词是"既爰宅于兹"的"既"，这是个出现频率很高的

---

① 彼得罗夫斯基：《普通心理学》，人民教育出版社1991年版，第262页。

常用词,在中学已学过。但当我提出“它的字形与字义有什么关系”这个问题时,却从未有学生能回答出来。而它的甲骨文字形却可以解开这个谜——其字形为一个人坐在装着食物的器具前,但这人的嘴却朝着相反的方向:古人用这个图形来表示抽象的意思:“吃完了”。因而它的本义就是“吃完了”——当这个字形出现在黑板上时,所有学生立刻都睁大了眼睛,并将它描画在笔记本上。

教育心理学强调:教学中应调动起学生的眼、耳、手都参与其中,才能取得最佳效果,而“长时间地通过听觉集中注意,较之通过视觉集中注意的困难要大得多”①。上述的一问、一看、一画,恰恰遵循了教育心理学的这一原理,“既”字的本义也在学生脑海里留下了深深的印记。这是第二步,即讲解这个词的本义。

第三步是讲解引申义。“既”的第二个义项“完了”,显然是从“吃完了”这个义项中抽象出来的;其第三义项“已经”,与第二义项的引申关系也较易理解。写出这三个义项的例句后,我再强调:“既”在古汉语中,基本上就是后两种用法,所以一般不必考虑它会有其他意思。这样学生今后在读原始材料时,难懂的句子中若有“既”字,就可将它作为已知项,而将注意力完全放在别的词上。

又如《左传》中的《宫之奇谏假道》,课文虽不长,却是个难点。这篇课文我安排的兴奋点之一就是常用词“荐”。“荐”的甲骨文字形是在四棵小草之中,有一形状怪诞的兽——这个字形一出现在黑板上,学生同样是都睁圆了眼睛,课堂气氛也立刻活跃起来,因为从简体“荐”字,他们完全想不到它的甲骨文字形会是如此复杂和有趣:这里又符合了另一条心理学原理——“某些刺激偏离……

① 彼得罗夫斯基:《普通心理学》,第263页。

人的预期效果，便会造成差异，使人有新颖感、复杂感、惊奇感或独特感”[①]，从而给人的印象也特别鲜明和深刻。

“荐”的义项，在《辞源》中共有 6 个，文选课上既无必要也不大可能都讲，这时就要选取 3 个左右讲授。其中第一义项为“兽所食的草”，而“荐”的甲骨文字形就是由小草和兽组成的，且其他 5 个义项与草、兽的关系显然要远一些，因此这个义项应是“荐”的本义或最接近本义的，即以其为第一义项。

《辞源》中的第二义项是“席，草垫”，第三是“频，一再”，均不常见，故不选。第四义项为“献，进”，颇为常见，选作第二义项；王力先生的解释为“向鬼神进献物品”[②]。但这一义项与第一义项的引申关系并不明显，遇到这种情况，就据实而言，说明这两个词之间的引申关系不甚明确。

《辞源》中的第五个义项是“推举”，颇常见，与“进献”的引申关系也比较明确，即选为第三义项。

像这样讲解常用词，一个学期可讲几十个，我又将它们编上号——这样做，首先是引起学生的充分注意；其次，要求学生将常用字的笔记专门记在一处，以便经常复习。我又将所讲的常用词作为作业，下次上课时检查；并作为期末考试的内容之一——这样做就符合了心理学关于记忆、遗忘规律的论述：只有反复记忆，才可达到长期记忆的目的[③]；而且这种记忆是建筑在理解基础之上的：“机械学习的材料表现出迅速的遗忘”，而“真正理解了的概念

---

① 邵瑞珍：《学与教的心理学》，华东师范大学出版社 1990 年版，第 36 页。

② 王力：《古代汉语》上册第一分册，中华书局 1962 年版，第 50 页。

③ 小田晋：《记忆力的科学》，华夏出版社 2001 年版，第 33—34 页。

或原理则不容易遗忘”。[1] 如此一个学期下来，学生不但牢牢掌握了这几十个词的本义、引申义，更为重要的是，学会了如何从甲骨文字形分析其本义的方法，以及区分某个汉字的本义、引申义、再引申义的方法，这样在今后的自学中，就会很自觉地运用这些方法去分析难懂的汉字，从而更为准确地把握其含义；其自学能力也就有了明显的提高——正如一位著名史学家所指出的：这种方法教给学生的不只是一杯水、一桶水，而是长流水的水源！

设置兴奋点的第二类内容是故事和趣闻——但它们一定要与课文有关，即对理解课文有帮助。如讲《秦始皇本纪》时，我就在适当的时机讲述秦兵马俑的制作是何等精微——新兵俑不但面庞稚嫩，而且鞋底上的每一个针脚都很清晰；老兵的则磨平了，但脚心部位的针脚仍在——这个小小的例子不但出人意料，且更可使学生认识到兵马俑不只是数量庞大，其工艺又是如此精妙，从而对中国第一位皇帝的气魄、当时的生产力状况、人俑的制作工艺等诸多方面都增加了印象深刻的感性认识。

又如讲《周易》时，可引出有关周文王的传奇故事，使学生了解举世闻名的《周易》的产生，经历了相当长的时间。

我国有几千年高度发达的文明史，类似的趣闻、故事可谓俯拾即是，教学中安排得当，则效果极佳。

有些古代的典章制度亦可成为兴奋点。如在讲《唐大诏令集》中的《戒厚葬诏》时，就可向学生介绍北京郊区大葆台汉墓的丧葬制度——黄肠题凑：汉代高官下葬时，要用数千株非常珍贵的黄柏树的木心，垒筑成一间教室大小的“房子”，里面再放棺椁——黄柏

---

① 邵瑞珍：《学与教的心理学》，第 36 页。

木心即为“黄肠”，将它们的一头都朝里就是“题凑”：以前学生只知道古代随葬品常常颇为丰厚，当他们听到修建一个墓室就要用几千株生长期很长的黄柏树时，古代丧葬时墓室本身的奢华也给他们留下深刻的印象。由此例还可引出汉字的部首“页”就是“头”，有此部首的字，如“题凑”的题，及颠、颐、顾、颓等等，其本义皆与头有关。这些内容学生们同样听得津津有味，同时又掌握了一个汉字部首。

这类有趣而生动的古代典制的例子亦颇多，只要安排得巧妙，对理解课文、活跃课堂气氛、帮助记忆等，都能收到很好的效果。正如陶行知先生所讲：“学生有了兴味，就肯用全副精神去做事，学与乐不可分。”①

设置兴奋点的方法还有许多，限于篇幅，这里就不一一列举了。如果这 2—3 个兴奋点设计得好，安排的时间也得当，那么整节课就会张弛有度、声情并茂，对学生来讲，听课就成为一种层次很高的精神享受。

还应指出的是：许多课文讲解本身就是兴奋点，如《史记》的列传，大都是很富戏剧性的精彩篇章；《周易》、《老子》、《中庸》等名篇蕴涵的高妙哲理，对学生的吸引力亦不逊于曲折跌宕的故事情节。严格讲，《历史文选》教材中的每一篇选文，都是历经千百年时间的淘汰，又经过编者精心筛选的名篇，因此每一篇皆有若干光彩照人之处，这些也都是教学中的兴奋点。然本文讨论的主要是如何设置兴奋点，而上述内容无须设置，故本文未加详论。在实际教学

---

① 陶行知：《新教育》，《陶行知全集》第一卷，湖南教育出版社 1985 年版，第 228 页。

中，上述设置的兴奋点与这些“天然”的兴奋点交替出现，整节课高潮迭起，教师与学生的情绪都极为兴奋，在这种心理状态下，教学效果必然是极佳的。

第二是每个单元的周期的安排。这里所谓的单元，由三至四节课组成，一般可按照课文的进度，即每讲一篇课文，算作一个单元，过短的课文可以两篇为一单元，过长的则可分作两个单元。

单元中周期的安排，主要是讲古汉语知识，如介绍常见工具书、古汉语语法等等。这些内容，“历史文选”课中如不讲，则不利于提高学生的能力；若讲得太多，又会喧宾夺主，影响讲解课文的进度。而恰当、巧妙的安排，则可形成周期，达到事半功倍的效果。具体做法是：每讲完一篇课文，就可安排讲解一项知识。工具书分为2—3次介绍，即讲解《辞海》、《辞源》、《说文解字》等常见工具书的特点、用途和查阅方法等，其中又以四角号码查字法为必讲内容，因为这种方法在历史工具书中大量运用，如《四库全书总目》、《二十四史纪传人名索引》、《历代职官表》、《中国人名大辞典》，等等，若不掌握这种方法，则对许多工具书就只能是束手无策，无法运用。

在介绍工具书时，为便于学生掌握，我又将其特点编成简短的口诀，如将《辞源》的优点归纳为：“借阅方便，查法简单，网罗周全，成效明显。”而《四角号码新词典》为：“携带方便，速度非凡，举一反三，词量突变”，等等。这些押韵的短句同样引起学生的兴趣，吸引他们去查阅工具书来验证这些特点。

语法部分也可分为4—5次讲解。语法是对古汉语许多语言现象的规律性总结，掌握古汉语的特殊语法，对提高学生分析语句的能力，从而对理解困难句子乃至全文，都大有裨益。

对古汉语语法，我重点讲解“词类活用”部分，因为这部分在古汉语中出现得最频繁，而例句亦尽量选取生动有趣的。如在讲解“名词的意动用法”时，选用的是一副名联：“师卧龙、友子龙，龙师龙友；弟翼德、兄玄德，德弟德兄”——对联写出后，先让学生猜这副对联是歌颂谁的。看过《三国演义》的学生，很快就会发现卧龙是诸葛亮，子龙是赵云，翼德是张飞，玄德是刘备，从而猜出对联歌颂的是“桃园三结义”的关羽，同时也很容易就记住了对联中“师、友、弟、兄”四个名词的意动用法。

在讲“形容词的意动用法”时，则引用“孔子登东山而小鲁，登泰山而小天下”及“明君贵五谷而贱金玉”这类学生较为熟悉的名句，以引起其心理上的亲切感，从而利于记忆。

第三是一个学期的周期性安排，主要安排实习与练习。历史文选是语言工具课，因此许多内容都带有很强的实践性。如上文讲到的常用工具书的使用，若只靠教师在课堂上讲，学生很难真正掌握；只有通过实习，才能真正学会。练习对学习古汉语的作用亦十分明显。

由于我系为历史文选课专门设置了“古文实习室”，室内不但有多种常见的工具书，而且有线装的二十四史、《资治通鉴》等常见史书，因此实习颇为方便。在一个学期里，一般安排 2—3 次实习。实习可以有多种类型，如四角号码查字法的实习，查《辞源》、《辞海》的实习，以及用线装书做当场标点、翻译的实习，等等。这些实习学生做起来同样是兴趣盎然。如线装书，大部分学生以前从未见过，一见到就很有新鲜感，对书的版式、书中的避讳字、各种行文格式等都很好奇，常常提出许多问题，教师当场加以解答，学生就可增长不少有关古籍的知识，为今后阅读古籍扫清一些障碍。

总之，实习是课堂教学必不可少的补充，许多在课堂上很难讲清的问题（如四角号码查字法等），到实习室一看、一操作，立刻就明白了。

近年来，我们还把实习扩展到校外，如带领学生到石刻博物馆、孔庙等处进行实地考察，让学生当场为一些碑文加标点——这种“实战演习”同样激起他们浓厚的兴趣。这类实习不但丰富了授课方法（这样就满足了教育心理学所强调的“必须采用多式多样的教学形式与方法”的要求①），把课堂扩展到社会上，而且开拓了学生的眼界，使他们真切认识到：要想读懂在祖国大地随处可见的石刻文字，就必须学好“历史文选”课，从而大大激发了学生对本课的学习热情。

做练习其实也是一种实习，而且在课堂内就可以完成。练习的内容同样要注意选取较为有趣的。例如我一般在每学期第一次课结束之前就安排做一个加标点符号和翻译的练习，所选的是语言大师赵元任先生的一篇戏作：《施氏食狮史》，其内容为：“石室诗士施氏嗜食狮誓食十狮氏时时适市视狮十时适十狮适市……食时始识是十狮尸实十石狮尸试释是事。”这篇只有百字的短文，完全由“是”的同音字组成，每次都是在抄写的过程中，学生一边念一边笑，在笑的过程中，则体会到中国文字真是奥妙无穷，古汉语原来是很有意思的！

心理学认为：人们在接触某一事物（或人）时，第一印象是极为重要的，如果第一印象不佳，以后想改变则相当困难。教学过程也是如此。上述短文练习，使学生在学期之初就对这门课产生了兴

---

① 彼得罗夫斯基：《普通心理学》，第263页。

趣，同时也对任课教师建立了信心——这些对以后的教学都是大有裨益的。

第四是更长时段的周期。如我们在三年级第二学期设立古汉语过关考试，不过关者不授予学士学位，这样在过关考试前共有五个学期，第一、二学期就是历史文选课，后三个学期则由系里安排一些相关课程，如《汉书研读》、《左传研读》、《资治通鉴研读》等，这些课程重点虽不是古汉语，但都有这方面的内容。这样在后三个学期里，古汉语仍然周期性地出现，同样满足了心理学对于长期记忆的要求，很好起到了复习、巩固乃至进一步提高的作用。

上述四种周期中，每节课的安排最为重要，因为它是教学的基本单位，一个学期就是由 60 或 80 节课组成的。所以只有把每一节课上得精彩，整个学期的教学才能生动、吸引人。这也正像是一砖一石与整座大厦的关系——每块砖石的高质量，再加上高水平的建筑结构，落成的大厦才能是质量上乘的，否则就只能是“豆腐渣工程”了。而后三种周期的安排，恰恰起到“建筑结构”的作用。

二

为什么在教学中周期性地安排教学内容就可以取得更好的效果？这种做法有无更深层的依据？

古代先哲为探索宇宙的奥秘，曾“仰则观象于天，俯则观法于地，观鸟兽之文与地之宜，近取诸身，远取诸物”①。为回答上述问题，让我们也从“仰观”、“俯察”开始。

人们稍加观察便可发现，大自然中充满了各种周期性变化。

---

① 高亨:《周易大传今注》，齐鲁书社 1998 年版，第 419 页。

如以日为周期的，有太阳的东升西落，月亮、星辰的昼隐夜现，潮汐的涨落等；以月为周期的，有月相的盈亏变化；以年为周期的，则为春夏秋冬的周而复始；更长周期的，有太阳黑子的爆发，某一彗星的出现，等等。

中华睿智的先哲们更注意到许多不易觉察的节奏，如群经之首的《周易》中就有这样的记载："'先甲三日，后甲三日'，终则有始，天行也。"①

高亨先生解释道：卦辞说的"先甲三日，后甲三日"，是以天道为依据的，因为从甲日的前三天（辛日）到甲日后的三天（丁日），一共是七天，"天道运行始于一而复于七，终则又始，往复循环。"而《彖传》认为的天道至七而往复循环，应该是以天道的四时为根据的——古代气候学认为：春夏两季是阳气统治时期，共六个月；秋冬两季是阴气统治时期，也是六个月。因此阴阳二气都是到第七个月交替，"终则又始，循环不已"，这也正是《彖传》所讲的"终则有始，天行也"②。

《周易・复》卦的卦辞中也指出："反复其道，七日来复。"而《彖传》同样以"天行也"来解释，意为："至七而复，乃天道运行循环之数。"③与《蛊》卦的解释相仿。

高亨先生又指出："《周易》卦之爻数亦至七而复：每卦六爻，初、二、三、四、五、上，依次数之，数至第七，则复于原爻，正是至七而复。然则《易传》认为《易》卦之爻数至七而复，乃代表天道。"④

---

① 高亨：《周易大传今注》，第154页。

② 同上。

③ 同上书，第182页。

④ 同上书，第154页。

综上:《周易》的作者认为,天道运行的规律就是“至七而复”,或说,是以“六”为周期的。

在我国古代的医学宝典《黄帝内经》中,更以数“篇”的篇幅,总结出天地间的许多种节奏,如:“日行一周,天气始于一刻;日行再周,天气始于二十六刻……终而复始。”又如:“甲子之岁,初之气,天数始于水下一刻,终于八十七刻半;二之气,始于八十七刻六分,终于七十五刻……常如是无已,周而复始。”①这两段讲的都是“气”的运行,有不同的“终而复始”的周期性变化。

上述这些都是先哲们对天地间各种周期性变化的观察与总结,而总结最为彻底的则是老子,他提出:“有物混成,先天地生……周行不殆……吾强为之名曰道。大曰逝,逝曰远,远曰返。”②“周行不殆”意为周而复始、无休止地运行,因此全句可以解释为:先于天地的道,“自身循环运行,而不停息”,我勉强给它一个称号叫做道,说它是大的,说它是运行的,说它是循环运行的③。

即老子认为:“先天地生”的“道”本身就是循环运行的,而世间万物都是“道”所产生出来的,即“道生一,一生二,二生三,三生万物”④,所以世间万物与道一样,也是循环运行的。老子所讲的“周行不殆”、“远曰返”,或曰“循环运行”,正是本文所讲的周期性变化。因此,老子所总结的并不是某一种或几种周期,而是大自然运行的总规律。

西方先哲同样注意到这一规律。如所周知,著名的德国哲学

---

①《黄帝内经》,四川科学技术出版社 1995 年版,第 97—98 页。

② 朱谦之:《老子校释》,中华书局 1984 年版,第 100—102 页。

③ 王宁:《评析本白话道家名著》,北京广播学院出版社 1992 年版,第 22 页。

④ 朱谦之:《老子校释》,第 174 页。

家黑格尔(1770—1831)提出了"否定的否定"的思想,即:"运动就是从一个否定的否定的过程到另一个否定的否定的过程。每一个否定的否定形成一个圆圈,黑格尔的整个哲学体系,就是由许多大小圆圈构成的。"[①]这里所讲的"圆圈",正是本文所论的周期。

马克思主义是人类智慧的结晶,其辩证唯物主义哲学全面继承和发展了以往西方哲学家的思想,它对宇宙变化总结出三大规律,其中的"否定之否定规律"即为:"一般地说,在事物发展的总过程中,经过两次否定……即否定之否定,事物的运动就表现为一个周期。""否定之否定是自然界、社会和思维发展的普遍规律。"[②]

更为有趣的是:艾思奇先生在解释这一规律时,就引述了《易经》和《道德经》:"《易经·爻辞》中讲:'无平不陂,无往不复。'老子说:'大曰逝,逝曰远,远曰返。'这都包含着事物经过否定而达到周期性变化的思想。"[③]

由此可见,东西方的贤哲尽管表述方法不同,然在对宇宙总规律的认识上,却是惊人的一致!

而我们在教学中周期性地安排内容,就正是遵循了这一总规律,因此才能取得更佳效果。

三

要在教学中周期性地安排内容,须基于两方面的研究:一为对教学内容的深入剖析,将其中最重要的内容作周期性安排。具体做法已见于前述,此不赘。一为对教学对象——人的心理特点的

① 张澄清:《黑格尔的唯心辩证法》,福建人民出版社1984年版,第167页。
② 艾思奇:《辩证唯物主义 历史唯物主义》,人民出版社1978年版,第118页。
③ 同上。

把握。

人类是万物之灵，是大自然最精妙的结晶，因此人体内部的运行也如自然界一般，充满了各种节奏：有周期很短的，如呼吸、脉搏；也有较长的，如白天工作、夜晚休息；还有更长的，如近年的科学研究发现，人的情绪、智能、体力状况，各有三十天左右不等的周期性变化。

正因为人类在身体的功能方面充满各种周期，所以在物质需求方面也呈现出种种周期。如昼起夜伏，一日三餐，五天工作、两天休息，等等。

在精神需求方面亦不例外。如看电影、电视剧，现在已成为人们娱乐的重要方式，而人们精神需求的特点在此时也表现得最为鲜明——情节发展的节奏太慢，观众就会哈欠连天；而情节过于紧张，又会使观众目不暇接。高明的导演深刻了解观众的心理需求，让紧张、刺激的情节与舒缓、抒情的画面有节奏地交替出现，从而使观众的情绪如波浪般忽高忽低，最终推向巅峰。

教学同样是精神活动，因此学生在课堂上的心理反应与看电影有不少相似之处，其中对周期性变化的需求即是明显一例——教学内容进展太缓慢，学生同样要打哈欠；而教学内容讲授得过快，学生也会应接不暇，难以接受。

学生在教学活动中对周期性的要求，究其原因则在于学生在课堂上的心理活动同样是“周行不殆”的，即也是遵循周而复始的运行规律，时而高度兴奋，时而相对抑制，正所谓“一张一弛，文武之道”也。教师若不能主动地把握这个特点，而让学生的神经自发地兴奋和抑制，那么学生就很有可能选错教学内容的重点，错失最关键的环节。因此，优秀的教师也应像高明的导演一般，在教学中始终把握住学生对周期性的心理需求,并据此来恰当安排各种教学内容。

*　　　　*　　　　*

古人常曰:学无止境。笔者则发现:“教”亦无止境——学生与教学内容都在随着时代的发展而变化,身为教师者也必须与时俱进,研究不断出现的新问题。只有这样,才能保证高质量的教学。

第三章　对陈垣教学之研究

第一节　陈垣先生的教育思想与教学特点

研讨陈老学术成就的论文已有许多篇，然对陈老在教育方面的建树，尚鲜见有专文论述。刘乃和先生曾指出："我们的陈垣老校长，从事教育工作达七十年，在我校担任校长前后四十七年，这在我国教育史上是极少见的。他一生为医学教育、工读教育、平民教育、师范教育、大中小学教育等多方面都作出过不少贡献。不少史学界著名学者都出自他的门下，多少优秀人才都曾得到过他亲手培育和指导，他在我国教育史上写下了光辉灿烂的一页。"[①]然而近年出版的多部颇为优秀的教育史专著中，均未见有论述陈老的教育成就或教育思想的专门章节[②]，这不能不说是一大遗憾，同时也从侧面反映出对老校长教育成就研究甚为匮乏这一现状。

---

① 纪念陈垣校长诞生 110 周年筹委会编：《纪念陈垣校长诞生 110 周年学术论文集》，北京师范大学出版社 1990 年版，第 529 页。

② 如华东师范大学教育系、教科所编《中国现代教育史》，华东师范大学出版社 1983 年版；王炳照等先生编写的《简明中国教育史》，北京师范大学出版社 1985 年版；高奇先生主编《中国现代教育史》，北京师范大学出版社 1985 年版；郭齐家先生著《中国教育思想史》，教育科学出版社 1987 年版；李桂林先生《中国现代教育史》，吉林教育出版社 1991 年版；毛礼锐等先生主编《中国教育通史》（六卷本），山东教育出版社 1995 年第 2 次印刷；孙培青等先生主编《中国教育思想史》（三卷本），华东师范大学出版社 1995 年版；王炳照等先生主编《中国教育思想通史》（八卷本），湖南教育出版社 1996 年第 2 次印刷；李华兴先生主编《民国教育史》，上海教育出版社 1997 年版。

本节试图通过剖析陈老创设“史学名著选读”和“历史名著评论”这两门课（以下略作“两课”）之事例，来揭示陈老在历史教育方面的一项成果，并由此管窥其部分教育思想与教学特点，以期进一步深化“历史文选”课的教学改革。

本节分三大部分：一、创设两课的时代背景与陈老的主观因素；二、两课的内容、授课方法，以及对老校长教育思想与教学特点之管窥；三、两课与陈老思想的深远影响。

一

对于两课产生的时代背景，刘乃和先生回忆道：“20 年代初期……过去青年作文写稿都用文言，五四运动后中等学堂也改为白话课本，社会风气为之一变。”在这种局势下，“陈垣……认为历史系今后更应有专门讲提高阅读文言文能力的课程。因此就提出设置这门新课，他起名为‘史学名著选读’”。“他还认为……历史系学生必须有目录学的知识，因此，不久他又提出设置另一门新课——‘历史名著评论’。”①

从主观方面讲，为何不是别人，而是陈老创设了两课呢？笔者以为至少有三点原因。其一即刘先生所指出的：“陈垣作为历史系中国古代史教师，逐渐感到青年们对读古书有了困难。”②许多回忆文章都指出：陈老是极富责任心的教师，因此他在当时众多的中国史教师中，敏锐感觉到历史系学生的文言文需要加强这个问题。

原因之二是陈老具备深厚的国学功底。陈老“五岁时”就“苦

---

① 刘乃和：《历史文选课设置的回顾》，载杨燕起等编：《中国历史文选教学研究》（第一集），第 275 页。

② 同上。

读经文”，很早便以《书目答问》为向导遍览群籍[①]，十三岁时，“更进而研究《四库全书总目提要》……为他后来从事史学研究和教学，打下了一个良好的基础”[②]。他从1915年开始研究《四库全书》，“前后断断续续用了十年时间”[③]。因此到20世纪20年代初期，陈老在国学方面已有很深的造诣，从而深知掌握文言文对历史研究之重要意义；而他自己的学术奠基，就是从目录学开始的，故由他提出开设两课绝非偶然。

原因之三是陈老特别重视基础知识的传授，这方面例证甚多，本文仅择其二。一为陈老对当时大学一年级的国文课（以下略作“大一国文”）的重视。赵守俨先生指出：在辅仁大学，“‘大一国文’是各系一年级学生的主课，这门基础课是由陈校长亲自主持的，自己还教了一班，并为这门课程编选了《论孟一脔》等教材。教授‘大一国文’的教师也是由陈校长自己选定的……年终考试，由陈校长亲自出题……由于老校长抓得紧……效果显著”[④]。这段文字说明：当时身为辅仁校长的陈老，不但将大一国文指定为“文理各系共同的必修课程”，而且亲自主持、亲自编教材、亲自教课、亲自选定教师、亲自出考题。上述五个“亲自”及其他方面生动体现出老校长对基础知识教学的高度重视。

---

① 刘乃和：《学而不厌诲人不倦》，《励耘书屋问学记》，三联书店1982年版，第164页。

② 陈智超：《史学家陈垣传略》，《晋阳学刊》1980年第2期。

③ 王明泽：《陈垣事迹著作编年》，载纪念陈垣校长诞生110周年筹委会编：《纪念陈垣校长诞生110周年学术论文集》，第462页。

④ 赵守俨：《陈援老对基础知识和历史科学基本建设工作的重视》，载纪念陈垣校长诞生110周年筹委会编：《纪念陈垣校长诞生110周年学术论文集》，第41页。又见史树青：《励耘书屋问学札记》，载《励耘书屋问学记》。

例证之二为陈老所撰的四种"关于基础知识的介绍和历史学基本建设的工具书","这就是《校勘学释例》、《史讳举例》、《中西回史日历》和《二十史朔闰表》"。赵先生最后还特别指出:"这虽是历史学的一项很重要的基本建设工程,而有些学者却是不愿意作的。"①

陈老正是如此重视基础知识,在教学中以身作则,从而带动师生都来重视;在研究中编写"有些学者不愿意作的"工具书。两课的内容都是基础知识,由此可见,当年是陈老而不是别人创设两课,也是颇耐人寻味的。

二

对"史学名著选读"课,刘乃和先生追述了其目的、内容、注释、选篇的排序及深远影响等情况,兹将与本文关系最密切者简述如下:

1. 设置此课的目的:"就是为了提高历史系学生的古文阅读能力。"——现在在历史文选学界对今天开设历史文选课的目的仍有不同看法,而老校长当年的开课宗旨对这些分歧意见应是有借鉴意义的。

2. 从"本课内容"可见其选篇之原则:A. 以史学名著名篇为主;B. 选篇上限为《春秋》三传;C. 对了解某一特定历史事件有助益的篇章。

3. 授课方法 :"他在有的学校(有条件的)开辟了实习室,在实

---

① 赵守俨:《陈援老对基础知识和历史科学基本建设工作的重视》,载纪念陈垣校长诞生 110 周年筹委会编:《纪念陈垣校长诞生 110 周年学术论文集》,第 43—44 页。

习室里从图书馆调来必要的工具书、参考书，同学到实习室自己动手，标点、分段、注释。同学自己准备，自己查书，印象深，也能提出问题。……”①

上述大部分内容，对今天的“历史文选”课仍具有现实意义（详后）。

对“历史名著评论”课，杨殿珣先生的叙述涉及：

1. 教材：“是由先生选定史学著述若干种，每书逐一评论”；

2. 授课方法：讲特点、讲心得、启发式等；

3. 治学方法：A. 如何收集资料；B. 如何鉴别与审定资料，“实际就是资料考证问题”；C. 如何安排资料；D. 读书的路径：“教师应当把自己走过的路径……一一讲授给学生……让学生自己走自己的路径”；E. “要勤于作笔记，勤于写作，但不要急于发表”；F. 戒浮夸风：“当时的青年喜欢把‘研究’两个字作口头禅，先生却不以为然。先生说研究工作首先要打好基础……再好好读上十年书，研究也不为迟吧？”②

两课的创建与授课内容等情况，反映出陈老的部分教育思想与教学特点。

其一为重视基础教育。这是老校长的一贯思想：“援老在担任辅仁大学校长的几十年中……一直非常重视学生的基础知识和基本训练。”③前文所述之两则例证说明：这一思想是陈老创设两课

① 刘乃和：《历史文选课设置的回顾》，载杨燕起等编：《中国历史文选教学研究》（第一集），第 277 页。

② 杨殿珣：《学而不厌诲人不倦》，载纪念陈垣校长诞生 110 周年筹委会编：《纪念陈垣校长诞生 110 周年学术论文集》，第 334—338 页。

③ 赵守俨：《陈援老对基础知识和历史科学基本建设工作的重视》，载纪念陈垣校长诞生 110 周年筹委会编：《纪念陈垣校长诞生 110 周年学术论文集》，第 41 页。

的重要原因之一；而两课的实施，又是这一思想的突出体现。

一个人学术基础的深厚与否决定着他今后可能达到之学术水平的高下。这恰如古人所言："其本乱而末治者，否矣。"[①]人们常用地基与大厦之间的关系作比喻，来说明基础的重要性。事实也正是如此。

这一原理甚至不仅适用于学术界，而且适用于任何一种内涵丰富的人类活动，如武术、京剧、舞蹈、乐器演奏等等，无一不强调扎扎实实的基本功训练，舍此则不可能达到高水平。

陈老重视基础教育，创立两课，培养出许多杰出的史学家："早年他的学生中，有很多都认为这两个课对他们后来的研究有很大好处，主要是打的基础扎实，我就听到过他的学生方田瑜(师大)、史念海(辅大)、朱士嘉(北大)、柴德赓、余逊等著名学者和我提过他们受益不少，这都是几十年后他们说的……都认为这两门基础课还是十分重要的。"[②]

陈老的这一思想对今天仍有重大的现实意义。现在我们已跨入21世纪，学生面临的是"知识大爆炸"的时代，知识更新的速度超过以往任何时代，其结果必然是：传统知识——如国学——在一般大学生的知识结构中所占比重日趋减少。然而艰深的史学研究对每一位研究者学术基础的要求却绝不会因此而有丝毫的降低。所以在新世纪里，打好基础的问题比80年前就显得更为突出和重要了。

"十年树木，百年树人"，今天某些人忽视乃至削弱基础课教学

---

① 《礼记》，《十三经注疏》，中华书局1980年版，第1673页。

② 刘乃和：《历史文选课设置的回顾》，载杨燕起等编：《中国历史文选教学研究》(第一集)，第277页。

的做法，短时间内很可能看不出有什么影响，然而绝大部分人在参加工作后，很难再有几年时间静下心来学习，因此在大学期间基础知识掌握得好坏，必然对绝大部分人的一生产生深远影响。正如上文所引刘先生文章中讲的：几十年后才能深刻体会出当年基础打得扎实的益处一样，打不好基础的恶果，同样也会在几十年中逐渐显现，而到那时却只能是悔之晚矣了！由此更可见陈老重视基础教育思想的深邃！

其二为重视能力的培养。这句话近年来几乎凡言教改者必言之，然能真正做到却绝非易事。而陈老在几十年前不但已具备这种思想，而且还将其成功地付诸实践，其典型事例即前所述之"历史名著评论"课中的"讲治学方法"。

按一般人理解，"历史名著评论"课不过是介绍和评价史书而已，而陈老讲授的内容却远不止此。上引杨先生的回忆中，仅关于资料者就占三条之多。历史研究的基础就是资料工作，陈老恰恰在这个问题上不遗余力地反复解说，从资料搜集到考证真伪，再到资料编排，讲授这些治学方法，就可切切实实地提高学生的研究能力。

陈老讲读书的路径，其实质则是引导学生找到适合自己走的治学门径。这更是一项提高能力的有效措施。治学门径是治学能否成功的关键之一，若只知埋头读书，而找不到正确的门径，其结果只能是事倍而功半，甚至是一事无成。

笔者认为，大学教学与中学教学的最本质区别之一即在于：中学是以传授知识为主，而大学是在传授知识的同时教会学习方法，解决本专业中难题的方法，以及其他治学方法。这点在陈老的教学中非常突出：他不但教给学生读书的方法，而且引导他们找到适合自己的读书路径和治学门径。这对于今天的教学仍是颇具启迪意义的。

其三为特别强调实践在教育中的作用。这点在陈老七十年的教学中尤为突出。在早年的医学教学中，他为了让学生对人体骨骼有生动的感性认识，就“曾带着学生到郊外乱坟堆中挖掘尸体，寻找核对骨骼，观察人体骨骼结构”[①]。为了让学生学会诊病治病，他自己首先“为群众诊病”，“积累了实际诊断经验，写出心得运用到课堂教学”，从而达到“丰富提高了教课内容，增加了同学学习兴趣”的效果。[②] 又如创设“史源学实习”课，也是颇为典型的事例。该课“是以一种史学名著为底本，追寻其史源，考订其讹误，以练习同学的读史能力。鼓励同学自己动手查书、找材料、作文章，隔周作练习一次”。其效果亦颇显著：“经过这样的严格训练，同学进步提高很快，而且对读书、查书、考证、写作都发生了兴趣。”[③]

在两课中，建立实习室是陈老的一大发明。与历史系其他课程相比，“名著选读”课的突出特点就是实践性强，许多内容，如对古文的标点、注释等，若只是由教师在课堂上讲解，学生不亲手实践，终有隔靴搔痒之感，很难切实掌握。陈老不但发现了这个问题，而且想出了很好的解决办法，即建立实习室。通过实习，许多课堂上难以讲清的问题都可迎刃而解了。

有些事情在今天看来似乎很简单，然而在当时情况下，敢

---

① 刘乃和：《陈垣老师勤奋的一生》，载《励耘承学录》，北京师范大学出版社1992年版，第7页。

② 同上。

③ 刘乃和：《陈援庵老师的教学、治学及其他》，载纪念陈垣校长诞生110周年筹委会编：《纪念陈垣校长诞生110周年学术论文集》，第220页。

为天下先者，不但需要勇气，更需要对这一事物的深刻了解。老校长若非多年钻研国学、多年潜心教学，若非一贯重视实践在教育中的重要作用，是不可能想出如此切实可行而又效果甚佳的办法的。

其四为自觉地将科研与教学紧密结合。创设两课本身，即是这种结合的产物——前述开设两课的主观原因之二、之三，皆源于老校长自身的科研：他在科研中奠定了深厚的国学功底，从而才能深切体会到掌握文言文与目录学知识对中国史研究至关重要；同样也是在他自己的学习与治学过程中，深感基础知识对于学术向高层次发展不可或缺，他才会如此重视基础课教学。

科研与教学的结合贯穿于老校长的各种教学活动中，如前述两课中的“讲治学方法”与“史源学实习”课的创立，皆源于他自己科研中的心得和体会。

陈老的教学“是异乎常人的……好像受业者所要知道的，他都能随时讲授出来……从来没有见到过这样会讲授的先生”[①]。达到这种教学效果的最大“秘诀”恰恰在于：他的教学是以其广袤而深邃的科研为基础的，因此无论在教学内容上，还是在教学方法上，他都能“异乎常人”。而这种将科研与教学紧密结合的思想与实践，无疑是我们的最佳典范。

其五为富于创新精神。两课的设立，既是课程设置的创新，又是教学内容的更新；而实习室的建立，更是教学方法上大胆的革新。这种精神在老校长七十年的教育生涯中处处闪现：开设“史源

---

① 史念海：《忆先师陈援庵先生》，载纪念陈垣校长诞生110周年筹委会编：《纪念陈垣校长诞生110周年学术论文集》，第290页。

学实习”课；将大一国文课作为“文理各系共同的必修课程”[①]；教国文的教师“在老校长的领导下……每周聚会一次，交换学习心得”[②]；将学生作文中的佳作在“校内开辟墙报专栏，分期张贴发表，以收观摩之效”[③]，等等，他在教学的各个环节上几乎都有所创新[④]。

更为重要的是：老校长在教学中的种种创新，都是建立在深厚的科研基础之上的，因此能够经得起时间的考验——两课于八十余年后的今天在九州遍地硕果累累，就是最具说服力的铁证（详后）。这种具备高度科学性的创新精神，在今天仍是极为宝贵的。

其六为注重思想教育。前述“勤于写作”与“戒浮夸风”即是生动例证。牟润孙先生回忆道：“先师教导学生……主要的使学生实事求是，脚踏实地用功读书。”[⑤]足见今日常讲的“教书育人”，老校长也早已付诸实践了。

这点在今天仍有重大的现实意义。现在距创立两课之时已过了八十余载，中国社会发生了翻天覆地的变化。当今商品经济大潮对社会各个领域都有很大冲击，学校亦不能幸免，不少学生读书期间就开始经商，有些学生做学问也是急功近利，总想少耕耘，多收获。在这种形势下，学风教育就显得尤为重要了。

---

① 赵守俨：《陈援老对基础知识和历史科学基本建设工作的重视》，载纪念陈垣校长诞生110周年筹委会编：《纪念陈垣校长诞生110周年学术论文集》，第41页。

② 张恒寿：《回忆陈援翁校长的一件小事》，载纪念陈垣校长诞生110周年筹委会编：《纪念陈垣校长诞生110周年学术论文集》，第220页。

③ 史树青：《励耘书屋问学札记》，载《励耘书屋问学记》，第78页。

④ 汝企和：《陈垣先生的教育成就与教学方法初探》，载龚书铎主编：《励耘学术承习录（纪念陈垣先生诞辰120周年）》，北京师范大学出版社2000年版，第203—213页。

⑤ 牟润孙：《励耘书屋问学回忆》，载《励耘书屋问学记》，第89页。

要想做好学问，首先就要做好人。古人常讲的"格物"、"致知"、"诚意"、"正心"、"修身"、"齐家"、"治国"、"平天下"[①]，其本意固然是要治国平天下，然而研究学问也是同样道理：不能正心修身，总想投机取巧的人，是做不好学问的。因此，陈老这种既教书又教做人的思想和做法，正是今天为人师者应大力发扬的。

三

老校长创设的两课产生了极为深远的影响。建国前，"每年他自己为一二年级讲授这门课，并在师大、辅仁、燕京各大学都曾讲授"[②]。聆听过两课的许多学者都感到受益匪浅（见前文）。"建国后，教育部召开会议，讨论课程设置，他设的这两门课，就成为历史文选和要籍介绍二课。"[③]

由于两课被确定为必修课，因此受到各高校历史系的普遍重视。其中《中国历史文选》课仅教材一项，据笔者的不完全统计，迄今就已出版了 30 余种[④]。许多未出教材的历史系也已开设此课多年。老校长当年开设的这门课，而今已在全国各地结出了硕果。

30 余种教材中，自 1949 年 10 月至 1962 年 12 月的 13 年里，仅有 7 种付梓；而 1982 年 9 月至 1995 年，23 年间就出版了 20 余部[⑤]。

---

① 见《礼记·大学》，《十三经注疏》，中华书局 1980 年版。

② 刘乃和：《陈垣老师勤奋的一生》，载《励耘承学录》，第 9 页。

③ 刘乃和：《历史文选课设置的回顾》，载杨燕起等编：《中国历史文选教学研究》（第一集），第 276 页。

④ 汝企和：《对建国以来〈中国历史文选〉教材的回顾与思考》，载《史学论衡》第三集，北京师范大学出版社 1999 年版，第 262—269 页。

⑤ 汝企和：《对建国以来〈中国历史文选〉教材的回顾与思考》，载《史学论衡》第三集，第 262—271 页。文中提到"又将有汪受宽先生、张大可先生以及北师大的教材问世"，这三种现均已面世，加上当时已出版的 26 种，共计 29 种。后又有新教材付梓。

从这些数字不难看出："文革"后全国拨乱反正，人们对传统文化的价值有了正确认识，这门课随之迸发出前所未有的活力。

从教材内容上看，随着近年来历史研究视野的不断拓展，历史文选教材的选篇范围也从以经部、史部为主，扩展到经史子集四部兼收，其中史部选篇也从以正史为主而逐渐深入到史部的各门类。尽管如此，老校长当年的选篇原则之一"以名著名篇为主"，仍是所有教材的共同特点，由此亦可见陈老的选篇原则具有深刻的合理性。

此外，这种内容上的发展，恰是老校长将科研与教学紧密结合思想的生动体现——"文革"后，史学界也敞开大门，吸收西方先进的史学思想，历史研究的领域从单一的政治史、阶级斗争史拓展到社会的各个层面。正是基于这一科研上的重大发展，历史文选的选篇范围随之逐渐扩大，教学内容也随着科研的深入而不断深化。

教材选篇的编排从初期按时间顺序的单一体例发展为多种体例并存的局势。教材里的辅助内容与初期相比也大大增加，如古文化常识，工具书介绍，旧注选篇，文字学、音韵学、训诂学常识及选篇，等等，都分别出现于一些新教材中①。这些发展正是老校长创新精神发扬光大的结果。

这门课受到重视，还表现在已召开了全国性的研讨会四次，且都得到教育部领导的大力支持——像这样专门讨论一门课教学的全国性会议尚不多见。四次会议对这门课的性质、目的、任务、地位、教材编写、教学方法、教学改革、该课与相关课程的关系等等，

---

① 汝企和：《对建国以来〈中国历史文选〉教材的回顾与思考》，载《史学论衡》第三集，第262—271页。

几乎与之相关的所有问题，都进行了畅所欲言的讨论，讨论的成果集结为四部论文集出版。老校长重视培养学生能力与注重思想教育的思想，成为贯穿四部文集的一条红线。

陈老在北京师范大学担任校长达47年之久，师大人继承老校长的事业是义不容辞的。历史文选课在历史系一贯受到重视："陈垣之后，柴德赓、白寿彝、何兹全、赵光贤、尹敬坊几位老先生都教过历史文选，我也教过，李秋媛、杨燕起老师都教过或正在教。"①此后这门课一直由历史文献教研室的教师承担。1994年我系被评为历史学教学基地后，系领导特为我室开辟了实习室，内容为标点、注释、工具书、文字学等等——陈老强调实践在教育中的作用的思想与实践，在这里得以继承和发展。同时我系还专为本课设立过关考试，不过关者则不授予学士学位。这项措施在1997年桂林会议上受到同行们的一致好评。

1996年我室承担了国家教委"高等人文社会科学教育面向21世纪教学内容和课程体系改革计划"的立项项目，于1999年6月出版了新教材，并提前完成项目。新教材从指导思想到选篇等都多有创新②，是努力发扬老校长创新精神的结果。2001年我室获北京市级教学成果一等奖。

至于"历史名著评论"课，建国后更名为"历史要籍介绍"后亦在许多院校开设，如柴德赓先生建国之初就在北师大讲"要籍介绍"，"若干年后他出版的《史籍举要》，即在陈老讲稿的基础上增补

---

①　刘乃和：《历史文选课设置的回顾》，载杨燕起等编：《中国历史文选教学研究》（第一集），第278页。

②　见刘乃和、汝企和：《中国历史文选·前言》，北京图书馆出版社1999年版，第1—12页。

而成”。[①]

在陈老“历史名著评论”课影响下，还产生了其他专著：“（我）讲此课时……就是依据援老讲法。长期积累的讲稿，后来压缩成为一本《史部要籍解题》，与《廿二史札记校证》都在中华书局出版了，两书中实际上都渗透着援老的思想和看法。”[②]足见这门课的影响亦颇为深远。

*　　　　*　　　　*

“援庵师是一位著名的超卓的史学家和教育家”，“称得起是一代宗师”[③]，其学问博大精深，其教育思想亦深邃广袤，其教学更是异彩纷成。本文仅就他创设两课一事来管窥其教育思想与教学特色，而这些教育思想与特色对我们今天应如何进行“历史文选”课教学改革，仍然有着深刻的启迪意义。

第二节　陈垣先生的教育成就与教学方法

近年来，回忆陈老的文章、研究其学术成就的论文已不下百篇，然尚少有专文探研陈老的教育成果。有文章指出：“先生不仅是史学名家，更是一位卓越的教育家……先生是把教育祖国年轻一代，作为义不容辞的神圣职责……真正是作到了‘诲人不倦’的

---

① 汝企和：《对建国以来〈中国历史文选〉教材的回顾与思考》，载汝企和、张升编：《中国历史文选教学研究》（第四集），高等教育出版社 2003 年版，第 267 页。

② 王树民：《励耘书屋门外问学记》，载纪念陈垣校长诞生 110 周年筹委会编：《纪念陈垣校长诞生 110 周年学术论文集》，第 294 页。

③ 周祖谟：《怀念一代宗师援庵先生》，载纪念陈垣校长诞生 110 周年筹委会编：《纪念陈垣校长诞生 110 周年学术论文集》，第 295 页。

地步。”[①]但是在《民国教育史》[②]、《中国教育通史》[③]、《中国现代教育史》[④]、《中国教育思想史》[⑤]，甚至北京师范大学出版社出版的《中国现代教育史》[⑥]中，皆未见有专门章节论述陈老的教育成就或教育思想。这种状况实与陈老对教育事业所作出的巨大贡献相去远甚，同时也反映出对陈老教育成就的研究极为匮乏。有鉴于此，笔者不揣浅陋，试图通过本节，简要概述陈老教育方面的成就，并通过回忆文章中的资料，对其教学方法作一初探，以期抛砖引玉，使更多学者都来关注与研究陈老的教育成就。

一

老校长在教育方面成就斐然，至少有如下一些特点：

1. 教育生涯久长：陈老“当他自己还是学馆里就读的学生时，就已被一家‘蒙馆’请去教书了。这年他18岁。这次教书，可以说是他几十年教学工作的第一章”[⑦]。由此直至他以九十一高龄辞世，从事教育工作达七十年。可以说，通观古今中外，有如此之长教育生涯的教育家，都是颇为罕见的。

2. 涉足领域宽广：陈老是史学泰斗，然其教学园地除史学外，

---

① 杨殿珣：《学而不厌　诲人不倦》，载纪念陈垣校长诞生110周年筹委会编：《纪念陈垣校长诞生110周年学术论文集》，第334页。

② 李华兴：《民国教育史》，上海教育出版社1997年版。

③ 毛礼锐等：《中国教育通史》，山东教育出版社1995年版。

④ 华东师范大学教育系、教科所编：《中国现代教育史》，华东师范大学出版社1983年版。

⑤ 孙培青等：《中国教育思想史》，华东师范大学出版社1995年版。

⑥ 高奇：《中国现代教育史》，北京师范大学出版社1985年版。

⑦ 刘乃和：《陈垣传》，载《中国现代教育家传》(第一卷)，湖南教育出版社1986年版，第215页。

还"为医学教育、工读教育、平民教育、师范教育、大中小学教育等多方面都作出过不少贡献"①。一生中涉足如此众多教育领域的教育家，也是不多见的。

3.担任角色繁多：在课堂里，从蒙馆的教书先生，到小学教师、中学教师、大学教授，各种教师岗位上都出现过陈老的身影。此外，陈老还曾"集资办起一座工读学校，名为'北京孤儿工读园'……他担任园长，并负责教务"②。后又"创办了平民中学……他任校长，并兼教国文、历史和中国文学史等课程"③。他还曾任教育部次长（相当于副部长），辞职后"到各大学去教课"。"他前后在北京大学、北平师范大学、燕京大学、辅仁大学历史系任教"④，并"在我校担任校长前后四十七年"⑤。陈老所做过的教育工作自远不止此，然仅这里所述，已足见他一生中在各种岗位、从各种角度为教育事业鞠躬尽瘁的概貌。

4.教育思想深邃：陈老一生中对教育事业极为重视，在七十年的教育实践中凝聚出许多深邃的教育思想，如：重视基础教育，重视能力的培养，特别强调实践在教育中的作用，注重思想教育，强调科研与实践的紧密结合，注重在教学中不断创新，等等。对此笔者已于上节予以论述，本节就不赘言了。

5.教学方法超卓：陈老在教学中娴熟地运用各种方法，据笔者

---

① 刘乃和：《编者的话》，载纪念陈垣校长诞生110周年筹委会编：《纪念陈垣校长诞生110周年学术论文集》，第529页。

② 刘乃和：《陈垣传》，载《中国现代教育家传》（第一卷），第222页。

③ 同上。

④ 同上书，第223页。

⑤ 刘乃和：《编者的话》，载纪念陈垣校长诞生110周年筹委会编：《纪念陈垣校长诞生110周年学术论文集》，第529页。

初步概括，就达 14 种之多（详见下文）。这些教学方法，既是陈老对教学高度负责的生动体现，又是他不墨守成规、锐意创新的具体写照。

6. 桃李九州芬芳：老校长一生中不知培养出多少精英。从几部纪念陈老的文集中不难看出，当年老校长的许多学生，如今都已成为著名学者。“五十年代到六十年代初，全国各著名大学历史系的系主任，几乎都是他的学生。如，北京师范大学的白寿彝，南开大学的郑天挺，南京大学的韩儒林，云南大学的方国瑜，江苏师范学院的柴德庚等。”①

陈老在教育园地辛勤耕耘七十个春秋，在许多方面都有超卓的建树，这些辉煌成就，为现代教育史增添了灿烂的一页。

二

老校长七十载教育生涯中，积累了极为丰富的教学经验，笔者对其教学方法初步归纳，即有 14 条之多，兹简要论述如下。

1. 计划性强：教学计划直接关系到教学质量：“教学是有目的、有步骤的工作……按照教学进度的要求进行教学，始能按部就班，如期完成教学活动，有效地达成教学目的。”②

现在课堂教学制订教学计划极为普遍，然“在旧社会，教师讲课并不一定有教学计划，有的教师就是漫无边际地随意讲授”。“但是陈垣的课，学年开始就订好这年的教学计划，这门课一年共多少课时，准备在这个课解决什么问题，每堂课讲授什么内容，都

---

① 刘乃和：《陈垣传》，载《中国现代教育家传》（第一卷），第 229 页。

② 周发增：《普通教学法》，北京师范学院出版社 1994 年版，第 146 页。

有一定计划和要求。他的教学计划作得非常周密。”[①]

如果把一个学期的教学内容比作是一部专著，那么教学计划就像是专著的提纲，它既规定了每节课的内容，又限定了每项内容所讲授的时间。计划制订得完善，授课必然是全局性强，各局部之间也容易配合，这样自然可以更好地达到教学目的。

陈老在当时很少有人制订教学计划的情况下，能够如此精密地规划教学，这充分反映出他对教学高度负责的态度。

2. 精选教材：教材“是完成教学目的的材料和工具”[②]。一部电影如果剧本很差，无论导演和演员是何等优秀，也很难吸引观众。而教材与教学的关系正像是剧本与电影，其内容的优劣是教学水平高下的先决条件。陈老对此非常关注，如当时的“国文”课：“各班的课本是统一的，选哪些作品，哪篇是为何而选，哪篇中讲什么要点，通过这篇要使学生受到哪方面的教育，都经过仔细考虑，并向任课的人加以说明。”[③]老校长的做法，为其后的全部课堂教学奠定了坚实基础。

3. 备课充分：“他对教课总是认真负责，没有一堂课不是认真准备，纵是教过几次的课程，他也是要认真备课，或修改补充内容。”[④]他曾讲过：“教一课书要把这一课的各方面都预备到，设想学生会问什么。陈老师还多次说过，自己研究几个月的一项结果，有时并不够一堂时间讲的。”[⑤]

① 刘乃和：《陈垣老师勤奋的一生》，载《励耘承学录》，第 9 页。
② 周发增：《普通教学法》，第 13—14 页。
③ 启功：《夫子循循然善诱人》，载《励耘书屋问学记》，第 94 页。
④ 刘乃和：《陈垣老师勤奋的一生》，载《励耘承学录》，第 9 页。
⑤ 启功：《夫子循循然善诱人》，载《励耘书屋问学记》，第 93 页。

备课对于课堂教学的意义毋庸多言，然能够做到像陈老这样、经常将几个月的研究成果浓缩到50分钟之内讲授，就绝非易事了——这大概正是老校长讲课超乎常人的最大"秘诀"之所在。他的备课，是以丰硕的研究成果为基础的，这样的课又怎能不引人入胜呢？

4.创新授课类型：陈老一生讲过多种课程，他不满足于已有的授课方式，针对某些课自身的特点，开创了"实习课"这一崭新的类型。这方面的突出事例即"史源学实习"："因为（这门课）是实验性质，所以不重在讲，而重在做练习，方法是对选定的教材（书）'预先告学生端楷抄之，虽自有书亦须抄'，'抄好后即自点句，将人名、故事出处考出，晦者释之，误者正之……'这类课程对古文献整理者是一种最有效的基本训练，非常必要。"[①]

这一创新，既基于陈老深厚的学术功底，又生动体现出他在教学上锐意创新的胆识。

此外，他还于二十年代初创设了"史学名著选读"和"历史名著评论"两门新课[②]，为历史学的基础教育建立了卓越功勋。

以上四项，是课堂教学前的准备工作，它们为精彩的课堂讲授做了最好铺垫。

在课堂教学方面，老校长对一些常见的教学方法不仅运用自如，而且超乎常人。这方面至少有如下几项：

5.培养兴趣："陈老师对后学因材施教，在课堂上对学生用种

---

① 赵守俨：《陈援老对基础知识和历史科学基本建设工作的重视》，载纪念陈垣校长诞生110周年筹委会编：《纪念陈垣校长诞生110周年学术论文集》，第42—43页。

② 参见刘乃和：《陈垣传》，载《中国现代教育家传》（第一卷），第227页。

种方法提高他们的学习兴趣。”[①]例如:“陈先生教课是,一方面讲授考史方法,一方面叫我们写文章练习。”他出的文章题目就有:“述月来检书之兴趣”等,而“写这些考证文章,是很有兴趣的事……如果不是这样寻根追源,怎么能发现这些错误呢?这样就逐渐引起了学生们的兴趣。”[②]

教育界常讲一句话:“兴趣是最好的老师”,说明兴趣在教学中是何等重要。有的老师为引起学生兴趣,在语言上下了很大功夫,使之颇富幽默感,这样做已属不易。而老校长则是通过精心设计的内容来引发学生兴趣,这显然是达到了更高层次。

6.“度人金针”:即现在常讲的教会学生做学问的方法。在这方面老校长也为我们树立了典范:“援庵先生不仅讲授他的学说,更进一步说明他取得这些学说的由来。源源本本,一个脚步,一个环节,都不轻易放过。虽说是要言不烦,却是巨细靡遗。以前有人说过:‘鸳鸯绣罢从君看,不把金针度于人。’援庵先生不仅要人看鸳鸯绣,而且是在度人以金针。”[③]

老校长所教的方法,是他自身多年精深学术研究所用方法的珍贵结晶,这又是一般教师难以企及的。

7.详略得当:“援庵先生的讲授,是异乎常人的,从来是要言不烦,而且是面面俱到。……好些受业者都这样说过:从来没有见到过这样会讲授的先生。这句话出之众口,应不是几个少数人的私

① 启功:《夫子循循然善诱人》,载《励耘书屋问学记》,第94页。

② 李瑚:《疾风知劲节　小草沐春晖》,载《陈垣校长诞生百年纪念文集》,北京师范大学1980年版,第43页。

③ 史念海:《忆先师陈援庵先生》,载纪念陈垣校长诞生110周年筹委会编:《纪念陈垣校长诞生110周年学术论文集》,第289页。

言。可见人同此心，心同此理。"①

讲课达到这种效果，一方面自然是源于对所讲内容有极为透彻的了解，不但深刻把握了所讲内容，而且熟知这些内容的层次，何者先讲，何者置后，这样才会使听者有"要言不烦"而又"面面俱到"之感。另一方面则要对听者有深入了解。从某种意义上讲，授课如治军作战，须知己知彼，方能百战不殆。即不但熟悉听者的接受能力，而且了解其接受方式，才可达到"好像受业者所要知道的，他都能随时讲授出来"②的效果。这确实是教学方法的极高层次了。

8.板书秀美精练：中学教学一贯重视板书，近年来大学也开始强调这个问题。而陈老七十年前就已为我们做出了榜样："他的板书整齐清丽，刚劲有神，似真有'力透纸背'之功，坐在教室最后，也能看得清清楚楚。由于字体秀美多姿，同学面对黑板上字迹，一似欣赏书法字幅。下课后，时有同学在黑板上摹仿其字迹，学习其笔法。"③

"板书作为一种重要的教学手段，其好坏直接影响到教学的效果。它对学生的影响是全方位的。"④更有学者认为："板书是反映课文内容的'镜子'，是展示作品场面的'屏幕'，是教师教学时引人入胜的'导游图'，是学生学习中掌握真谛的'显微镜'，是开启学生思路的'钥匙'，是进入知识宝库的'大门'，是一堂课的'眼睛'，是

---

① 史念海：《忆先师陈援庵先生》，载纪念陈垣校长诞生 110 周年筹委会编：《纪念陈垣校长诞生 110 周年学术论文集》，第 290 页。

② 同上。

③ 刘乃和：《陈垣老师勤奋的一生》，载《励耘承学录》，第 10 页。

④ 胡淑珍等：《教学技能》，湖南师范大学出版社 1996 年版，第 123 页。

学以致用的‘津梁’。”[①]由此可见板书之重要作用。

其他不少回忆文章中也都提到陈老的板书。其板书不仅优美，而且详略适度：“每次只把重点写在黑板上，从不大段抄写资料。遇到同学应当了解或应参考的资料，在堂上指出，然后要同学自己动手到图书馆去查去抄。”[②]陈老的这种做法，也是值得今天借鉴的。

9. 教态：这是课堂教学中不容忽视的一个方面。陈老的教态亦很独特：“援庵先生的严肃认真是不时被人道及的。可是在讲授课程时，却又是使人感到和蔼可亲。按说这严肃认真和和蔼可亲是两个不同的概念，两个不同的概念是不容易合拢为一的。但是在援庵先生却不仅合拢为一，而且还显不出合拢的痕迹。就是亲从受业者也说不出所以然来。”[③]

教师的教态直接影响到课堂气氛——过于严肃则气氛易于凝滞呆板，学生虽不会“顾左右而言他”，但其思想却未必能跟着教师的思路活跃地思维；过于和蔼则气氛趋于放任自流，更难于取得好的教学效果。这种分寸确实很不好把握。而陈老将严肃与和蔼结合得浑然天成，甚至连听者都“说不出所以然来”，正所谓是“妙不可言”了！

10. 课堂气氛：老校长曾对其他教师讲过：“要疏通课堂空气，你总在台上坐着，学生总在台下听着，成了套子。学生打呵欠，或者在抄别人的作业，或看小说，你讲得多么用力也是白费。不但作

---

① 王松泉：《板书学》，上海交通大学出版社 1995 年版，第 64 页。

② 刘乃和：《陈垣传》，载《中国现代教育家传》（第一卷），第 228 页。

③ 史念海：《忆先师陈援庵先生》，载纪念陈垣校长诞生 110 周年筹委会编：《纪念陈垣校长诞生 110 周年学术论文集》，第 290 页。

文课要在学生座位行间走走，讲课时，写了板书之后，也可下台看看。”①

老校长上课时是什么情景呢？对此史先生有一段生动描述：“从上课伊始，从未听到援庵先生对课堂秩序立过什么规矩，但援庵先生上课时却迥然和其他人不同，另是一番景象。我清楚地记得：在援庵先生讲授的课堂上，听讲者如果不是在记笔记，没有伏在案头的，而是端正坐着，双手皆平放在大腿上。普遍如此，竟无一人例外。我们也曾互相问询过，最初是哪一位这样作的？……问来问去，难得结果，实际上就是不约而同的作法。这说明大家都在用心听讲。这样坐法虽非奇特，却应是用心听讲的一种表现。除去援庵先生自己讲课声和援庵先生提问时的回答声外，课堂上就再无其他声音。如果要说有的话，就是听讲者记笔记，钢笔着纸时发出细微的沙音和援庵先生自己写黑板时发出的在板上书写的声音。这样的情景应该说是少有的。”②

文学巨擘巴金先生曾说过：文学的最高境界是无修饰。陈老的课也是这样：他并未刻意营造什么课堂气氛，但结果却是如此奇妙，乃至听者的坐姿都是不约而同的。这恰是以上诸条教法的综合效应，也是一种最高境界了吧！

除去一般教学方法外，老校长还运用了一些文科教学中少见的方法，下列两条即是例证：

11. 实验法：即“在教师指导下，学生运用一定仪器设备，进行独立作业，在一定条件下，使学生亲自看到所学对象的某些变化过

---

① 启功：《夫子循循然善诱人》，载《励耘书屋问学记》，第 93 页。

② 史念海：《忆先师陈援庵先生》，载纪念陈垣校长诞生 110 周年筹委会编：《纪念陈垣校长诞生 110 周年学术论文集》，第 287 页。

程，使其从直接观察事物和现象的变化过程来验证所学的知识或获得直接知识的一种教学方法”[①]。

这显然是理科课程的教学方法，陈老却将这种方法巧妙移植到文科教学中，只是将“仪器设备”变为书本罢了：“学自然科学的，都要在实验室里作实验，那么学历史的是否也能够作实验呢？这门课程对此作了肯定的回答，因为是实验性质，所以不重在讲，而重在作练习。”[②]“这门课程”即“史源学实习”，其具体做法已见前文（第四条），此处不赘。

与之相类的还有：“先师为研究生开了一门课，名‘清代史学考证法’，以《日知录》为教本。他不讲书，要学生自己读，要求学生去寻找书中所论述的每一条史事或议论的出处，并写出笔记。先师亲自看学生的笔记，并在课堂上指出某处对，某处不对……事后才懂得，这是通过实践来学习如何寻找史料，如何运用史料，……在作中学习。这实在是初学史学的基本功。”[③]

在文科教学中运用这种方法实为一大创新，它同样需要深厚的学术功底。即使在数十年后的今天，能运用这种方法教学的文科教师亦不多见，由此更可见陈老当年运用这些方法之不易了。

12. 自学、议论、引导教学法：此法的“主旨之一，是探索如何培养学生的自学能力。……其形式有个体自学和群体自学两种。个

---

① 沈思义等主编：《当代教学方法》（上册），中国物资出版社 1989 年版，第 10 页。

② 赵守俨：《陈援老对基础知识和历史科学基本建设工作的重视》，载纪念陈垣校长诞生 110 周年筹委会编：《纪念陈垣校长诞生 110 周年学术论文集》，第 42 页。

③ 赵光贤：《我是怎样向援庵师学习的》，载纪念陈垣校长诞生 110 周年筹委会编：《纪念陈垣校长诞生 110 周年学术论文集》，第 341 页。

体自学是学生在教师引导下独立地进行学习;群体自学是以小组或大组为单位,通过交流、讨论等形式学习新知识"[①]。

老校长在自己创设的新课——"史学名著选读"中,就很好地运用了这种方法:"初上课时他先讲几篇短的范文,以后留下作业让同学自己点句,同学要事先准备老师指定的文章,……自己查书,印象深,也能提出问题。再上课时,点名起讲,其他同学可纠正,然后他给全文补充,改正错误。"[②]

在创新的课程中运用创新的方法,这一事例突出体现了老校长在教学中不墨守成规,锐意改革的精神。今天在教育界言改革已成司空见惯之事,然在七十年前,陈老就能在教学中如此革故鼎新,其胆识确实是远过常人的。

课堂教学之外,作业是巩固所学知识的重要手段。老校长在这方面的做法至少有两点值得一书:

13.点睛式批改作业:老校长曾讲:"批改作文,不要多改,多改了不如你替他作一篇。改多了他们也不看。要改重要的关键处。"[③]他批改作业极为用心:"陈先生对于学生们的文章,总是亲自批改。他常说,当他看到比较好的文章时,就很高兴,看到了文中稍有内容或稍有新材料的地方,就在眉批中加以表扬,如'探骊得珠'、'诸卷所无,足征独到'、'先用思想,对'等。对于文章总的评语则写在文章最后,如'举止安详,立言不苟','此文乃精心结构之作'等。最后在文章开头处画上标记,最好的画三个圈,其次是

---

① 沈思义等主编:《当代教学方法》(上册),第36页。

② 刘乃和:《历史文选课设置的回顾》,载《中国历史文选教学研究》,第277页。

③ 启功:《夫子循循然善诱人》,载《励耘书屋问学记》,第93页。

两个圈一个三角……等。”[1]

这种批改作业的方式,犹如学生画龙,陈老则以少许笔墨点出其睛,对学生极富指导意义。对此今日之教师亦当借鉴。

14.讲评作业,区别对待:老校长曾讲:“发作文时,要举例讲解。缺点尽力在堂下个别谈;缺点改好了,有所进步的,尽力在堂上表扬。”[2]他也正是这样实践的:“学生作文经教师批改后,进行讲评,其中佳作,先生指示校内开辟墙报专栏,分期张贴发表,以收观摩之效,称之为‘以文会友’。此项措施,鼓舞了同学对国文的爱好,提高了许多同学的写作水平。”[3]

这种展示作业的做法其实是对心理学原理的巧妙运用——大学生心理的突出特点是好胜心特别强,课堂上予以表扬,固可起到鼓励作用;而张贴于专栏中向全校展示,其激励作用自远过于前者,收效甚佳实乃必然之事。而批评意见则个别谈,从而维护了学生的自尊心。

上述14条教学方法,恐仅能反映出陈老教学的局部状况,然从中亦可看出:他教学的成功,首先得益于他在学术方面的精深研究,对所讲内容理解至深,从而在讲课时就可左右逢源。在深厚的学术基础上,他又极为认真地对待教学过程中的每一细微环节,从课前的各种准备,到课上的讲授、板书等等,再到课后的作业,环环相扣,真正是一丝不苟,最终达到使学生普遍觉得“从来没有见到过这样会讲授的先生”、“好象受业者所要知道的,他都能随时讲授出来”这种出神入化的境界。陈老的教学,确实达到了内容与形式

---

① 李瑚:《励耘书屋受业偶记》,载《励耘书屋问学记》,第129页。
② 启功:《夫子循循然善诱人》,载《励耘书屋问学记》,第93页。
③ 史树青:《励耘书屋问学札记》,载《励耘书屋问学记》,第78页。

的高度完美的统一，对今日之教学仍有深刻的启迪意义。

* * *

老校长在教育方面功勋卓著，远非一两篇文章所能尽言。且笔者所阅资料有限，难免挂一漏万，恳请研究陈老的专家斧正。并诚望曾有幸聆听陈老讲课的老前辈能提供更多的相关资料，使对陈老在教育方面贡献的研究更为深入。

第四章 总论

第一节 推动"历史文选"教学改革不断深化的探索

近年来,高等院校的教学改革在全国蓬勃开展,如何深化教学改革已成为许多教师思考的问题。中国科学院路甬祥院长指出:"教育不仅应坚持教育内容的科学性,而且应遵循认知的规律,研究和遵循教育的规律,追求教育思想、教育内容和教育方法的科学性。"[①]教学改革也应对教学的各个环节加以研究,以达到最终实现这些科学性的目的。

我国高校教学改革的全面成功,有赖于一门一门课程教改的突破。我们"中国历史文选"课在这方面作了一些探索,诚望这些探索能成为其他课程改革的铺路砖石。

为使教学改革有明确的指导思想,我们在多方面研究的基础之上,首先提出了教改的新思路,并且近照新思路编纂了新教材:这些情况请见本篇第一章第二节,故本节仅论述如下几个方面。

一、教学方法与考试的重大改革

在教学方法方面,我们作了多项改革,主要如下:

---

① 路甬祥:《时代、科学与教育的未来》,《中国大学教学》1999 年第 5 期。

1.在全国首创实习室与实习内容的不断深化。实习的重要性已如前面所述。1994年,在北京师范大学历史系领导的支持下,我们在全国首创历史文选课的实习室。开始时仅进行工具书实习;自1997年确立了教改的新思路后,实习中逐渐增入"小学"内容,这是上述研究的又一成果(具体做法见本篇第一章第二节)。这些实习消除了学生对大部头工具书、线装古书的陌生感和畏惧感,切实提高了学生的动手能力,为其今后的自学铺平了道路。

历史文选课是陈垣先生在20世纪20年代初创设的。为把历史文选教学搞得更好,笔者自1999年起,对陈老当年创设此课及其教学情况进行了考察研究,并发现:陈老为此课设立实习室绝非偶然,这是他"强调实践在教育中的作用"的一贯思想的结晶。这一教育思想对今天的教改仍具启迪意义,它使我们进一步确认:这门课的最大特点之一即实践性强,建立实习室就是满足这一特点的最佳手段。由此我们在实习室条件暂时很差的情况下仍坚持实习,而且还将实习范围扩展到校外,带领学生到石刻博物馆、孔庙等处进行实地考察。这些实习开拓了学生的眼界,使他们真切认识到:要想读懂在祖国大地随处可见的石刻文字,就必须学好"历史文选"课,从而大大激发了学生对本课的兴趣。

2.在全国首创古汉语过关考试。各院校迄今为止只有英语设过关考试,对历史系至关重要的古汉语却未设。我们首次在大学三年级中期安排古汉语过关考试,不能过关者则不授予学士学位,因此其意义远胜于一般考试。特别是我系已被教育部确立为文科人才培养基地,过关考试也成为培养高层次史学人才的有效手段。自1998年始,我们已成功组织了七次过关考试,每次考毕都要求教师写出"考试分析",及时总结出题方面的得失,以便使之逐渐完善，最终建立起一套科学、完整的古汉语检测题库。1999 年 6 月 30 日又专门召开了“《历史文选》过关考试专家研讨会”，专家们对如何建立过关考试题库，以及对本课程各方面改革的许多珍贵意见，已对教改起到重大推动作用。

3. 近年对其他教学方法改革的新研究与新实践。几年前笔者就运用教育心理学原理对大学一年级学生进行了分析，认识到兴趣在大一学生认知内趋力中所占比重要比高年级远为突出这一特点，并以此为指导来安排教学。笔者还发表了论文《以教育心理学的原理指导历史文选教学》，将这一认识上升到理性高度。

近年笔者对陈老的研究，总结出其 6 点教育思想和 14 条教学方法。这项研究对今天和未来的教改都具有直接的指导意义。如陈老“重视基础教育”的思想和当年创设“历史文选”课的实践，使我们进一步认识到这门课在历史系具有独特的重要性，削减本课学分则不利于历史系学生的基础教育，因此我们一直在为恢复本课学分而不懈努力着。

陈老“重视能力培养”的思想，使我们对突出“小学”内容的思路有了更加明确的理性认识，而且有了新措施——王力先生《古代汉语》中，已设常用词一项，我们在此基础上，又作了四项突出“小学”内容的改革：一为引入甲骨文；二为介绍文字学知识；三为引入音韵学常识；四为讲解一些训诂学方法。从而将学生对字词的感性认识提高到理性高度。

又如四角号码在许多历史学工具书中广泛运用，为此我们专门向学生讲授了这种查字法，近年来笔者数次组织全班学生进行用四角号码查繁体字的比赛，优胜者给予奖励。这项措施对提高学生查找工具书的能力非常见效。

陈老“将科研与教学紧密结合”的思想，对教改亦有启迪：教研室的几位教师，学术各有专长，在这次研究之后，我们明确要求每位教师将自己的学术专长体现于历史文选教学之中，这样在基础知识传授方面大体一致的前提下，又可形成每位教师的特色与风格。这是使教学向高层次迈进的有效手段。

总之，这次对陈老教学的研究，实际上也成为对我们教学的一次全面总结，使我们将以往的教改实践上升到理论高度来认识，从而使今后的方向更为明确，措施更具科学性。

二、改革的效果与反馈

上述诸项措施均已取得明显效果，突出表现于：

首先，最具说服力的是过关考试成绩。七届过关考试与以往历届考试截然不同之处在于：历年试题均以课本为主，而过关试题则以从未讲过的篇章为主，完全是水平测试，其难度远远超过历届试题。而七次过关考试的结果为：70%以上的同学都获得了80分以上的好成绩，而无一不及格者。这些数字雄辩证明：几年来我们的教改又上了一个新台阶，学生的古汉语水平确实有了明显提高。

其次为教改的项目与获奖情况。我们历史文选课的教学改革于1996年被批准为国家教委“高等人文社会科学教育面向21世纪教学内容和课程体系改革计划”之第一批立项项目，1999年已提前结项，受到教育部的通报嘉奖；于1998年被批准为北京师范大学“面向21世纪教学改革”立项项目，1999年已结项。2002年新编的《中国历史文选》获全国普通高等学校优秀教材一等奖。这项教改的成果则于1996年获北师大优秀教学成果奖，1997年获北京市级教学成果奖二等奖，2000年获北师大教育教学成果奖一等奖,2001 年获北京市高等教育教学成果奖一等奖。

第三是专家的评价。新教材出版后,至少有四位专家主动打来电话,对教材给予肯定和赞扬(最长的电话达 20 余分钟)。他们说:"突出'小学'内容是从未有过的独特的特色,为学生今后的深造打下了坚实基础。""全书结构很新颖。""'小学'选篇选得精当。""遍选四书五经对学生的历史学习有导向性的作用。""选取佛经道藏很有新意,也很必要。""实习系列是一项独创,对培养学生能力大有裨益。"本系许多教授亦当面加以赞许。北京师范大学古籍所的博士生导师曾贻芬教授为新教材撰写了两千余字的评论,她总结道:"这部教材在体例、选篇方面有不少创意,就'历史文选'教材而言,上了一个新台阶,确实是一部好教材。"

此外,在 1997 年全国性历史文选教学研讨会上,与会者对过关考试极感兴趣,他们说:"这项措施第一次将历史文选课的地位提到与英语相同的高度,可以大大提高各校的系领导和学生对这门课的重视程度,是一项有利教学的重大措施,应尽快向全国推广。"

第四是教师的反映。用过新教材的几位教师一致反映:"新教材特别便于展开讲授'小学'内容,对提高学生能力和素质非常见效。"

第五是学生的反馈。多数学生在对本课的评议中都写下类似话语:"这门课使我学到了许多掌握古汉语的技巧和方法";"过去我觉得文言文课很难学,现在才发现这门课很有意思";"我知道今后应该怎样继续学习古汉语了"等等。

三、几点思考

从上述教改过程不难看出,要想科学地进行一门课程的教学改革,就必须进行多方面的研究。

首先,要制定教改的新思路,至少要进行四项研究,即:1. 明确本课程目的,以及本课程在全系课程中的定位;2. 对本课程内容的深入探研:寻觅出内容中最重要、最关键的部分,从而研究出最为有效的突破方案;3. 研究以往的教学经验:不仅是本校的,更应研究全国各院校的,以便从纵横两方面汲取经验教训;4. 本课程在中学的状况,尤其是近年来的发展,以便与之很好地"接轨"。

其次,如编纂新教材,又需对本课程涵盖的知识范围进行研究,从而才能真正选取其中最具代表性、最能体现教改新思路的内容;编写文科教材,则应考察这门课与灿烂的中华文化间深层次的联系,这样才能发现应拓展的新内容;同时须对全国的教材(包括相关学科的)进行研究,使新教材广泛汲取经验教训,"站在巨人的肩膀上"。

第三,若该课程历史悠久,则应对其历史发展状况进行研究。这项研究不仅有助于吸收先辈们的经验教训,进一步明确教改方向,更有可能发现教改的新突破点。

第四,及时总结甚为必要。不但要经常总结教学过程中的经验教训,更要及时总结各方面的研究成果,这样才能够将改革进程中的点滴体会和感性认识上升到理性高度,从而指导下一步的改革。笔者在1993年就曾撰写《以教育心理学的原理指导历史文选教学》,对当时的教学心得加以总结;在编纂新教材的过程中,又发表了《对建国以来〈中国历史文选〉教材的回顾与思考》及《对〈中国历史文选〉教材编写的思考与探索》;1999年在研究陈垣先生的教学的过程中,又撰写了《陈垣先生的教育成就与教学方法初探》和《论陈垣先生对历史教学的一大贡献——管窥陈老的教育思想与教学特点》。这些研究与较为及时的总结,推动教学改革不断深化，也从根本上保证了教改的科学性。

总之，要进行一门课程的教改，就要对其各个环节进行深入研究，找出每个环节的关键所在，并予以突破；还要经常总结这些研究与突破，以使今后的道路更为顺畅。

*　　　　*　　　　*

“路漫漫其修远兮，吾将上下而求索。”改革之路还很长远，如运用多媒体手段辅助教学等不少方面，还有许多问题需要研究，这些将是我们今后努力的方向。

第二节　对“中国历史文选”教学改革的展望与思考

“中国历史文选”课自陈垣先生于20世纪20年代创建至今，已八十余年了，其间中国社会发生了翻天覆地般的深刻变化，而这门课不但没有衰落，反而在越来越多的大专院校开设，这充分表明此课的旺盛生命力。迈入新世纪后，时代对这门课不但提出了新的挑战，而且也提供了新的有利条件。我们必须清醒认识这些挑战，才能恰当地应对；我们也必须深入了解这些有利条件，才能充分地加以运用。本节即试图对此进行分析，并对本课今后的改革提出一些设想，以期使这门课在新世纪取得更为辉煌的进展（几年前，就有学者提出要建立“历史文选学科”，因此本节中也使用“学科”一词）。

一、深化历史文选教学改革的必要性与有利条件

首先是我国加入世贸组织后，局势的要求。2001年被誉为中国年，申奥成功、“入世”等一系列喜庆的大事，使中国以前所未有

的矫健步伐迈向世界。“入世”后，国外的教育方式、教育理念将对国内教育界产生很大冲击——“入世”所带来的挑战和机遇，是国内教育界所必须应对的，也是我们每一位教育工作者必须思考的问题。我们的历史文选课，只有不断深化改革，才能面对这种挑战，抓住这一机遇。

周远清先生曾指出：“中国加入WTO以后……必然带来文化的多元化。学生广泛接触世界各国的文化，如何保持和发扬我国优秀民族文化传统，教育学生有一个正确的价值观、世界观，也为高等教育提出了更新的课题。”[①]我们的历史文选课，与“保持和发扬……优秀……传统”密切相关（这个问题将在本节的第三部分详述），因此我们的教学必须不断创新，才能适应新的形势，真正肩负起发扬优秀传统的重任。

其次是社会各方面的要求。教育部2002年颁发的四号文件中指出：“随着社会主义市场经济体制的完善和经济结构的战略性调整，社会各方面都对高等教育人才培养的质量提出了新的更高的要求。”“高等学校要……不断满足人民群众日益增长的教育要求，把提高教育质量放在更突出的重要位置，实现我国高等教育的可持续发展。”

我们国家近百年，特别是近五十年来，经历了天翻地覆的变化，整个社会从经济基础到上层建筑，都发生了巨大变革，因此社会对高等教育的需求也与以往大不相同了。我们必须面对这一现实，在课程体系和教学方法诸方面继续改进，才能跟上时代的步

---

① 周远清：《21世纪：建设一个什么样的高等教育？》，《中国高教研究》2001年第3期。

伐，才能真正满足社会对高等教育不断发展的要求。

第三，是加强本科教学工作的需求。

2002年下半年，教育部颁发了《关于加强高等学校本科教学工作，提高教学质量的若干意见》（即“四号文件”），对大学教学工作来讲，这份文件具有里程碑的意义。

教育部四号文件明确指出：“高等学校的根本任务是培养人才，教学工作始终是学校的中心工作”，“本科教育是高等教育的主体和基础，抓好本科教学是提高整个高等教育质量的重点和关键。当前，必须高度重视高等教育的质量建设，把加强本科教学工作列入重要工作日程”。

文件中还特别提出：“教师以育人为天职，教学工作的好坏是衡量教师工作的主要标准，也是考核教师工作和教师职务聘任的关键条件。在教师职务评聘中，实行教学考核一票否决制。”“教师要把主要精力投入到人才培养和教学工作中。”

大学本来就是教书育人的地方，其首要任务本应是教学。然而不知从何时起，科研在大学中的地位远远超过了教学——最牵动每一位教师神经的职称评聘，多年来都是偏重于科研；对某一大学或某一个系的评价，也是以科研成果为主。四号文件明确了大学的中心工作始终是教学工作，并强调教师职务聘任的关键条件是教学工作的好坏，这些对于扭转上述不正确的倾向，提高教学工作在大学中的地位，强化本科教学，无疑都将发挥极为重要的作用。

中国历史文选课是历史系本科教学中一门非常重要的基础课，其教学质量直接关系到学生阅读古文史料的能力和历史研究能力。因此，要提高本科教学的质量，历史文选教学改革的深化就是必不可少的重要环节。

本学科在新世纪面对种种严峻挑战的同时，也具备了不少有利条件：

首先，教育部领导对本学科和教学工作空前重视。空前重视的标志之一：教育部对我们于2002年召开的会议不但同往届一样，专门颁发文件，而且还给予资助；当时教育部高教司的有关领导也来参加我们的开幕式，更表明教育部领导对我们会议的空前支持。

标志之二：教育部对教学基地的评估和加大投资力度。以我系为例，1995年教育部在我系建立文科教学基地，并予以资助，这些资金在我系几年来的发展中，起到关键性的作用。2001年教育部又对文科基地进行了评估，对合格者继续投资，对优秀者则增加投资幅度。参加2002年会议的不少教师也是文科基地的。这些举措提高了教学工作的地位，也为本学科的继续发展铺平了道路。

标志之三即教育部四号文件的颁布，已如上述。

今后发展的有利条件之二是近年来教学研究项目的逐渐增加。上世纪90年代以前，一般学科中基本上没有教学研究项目。90年代以来，开始出现这类项目，我们北师大的历史文选教学改革就由于被批准成为当时国家教委“高等人文社会科学教育面向21世纪教学内容和课程体系改革计划”之第一批立项项目，而解决了资金困难，取得了不少进展。新世纪以来，教学研究项目更有增加之势。如从2001年下半年到2002年初，就连续设立了三个教学研究项目。相信在当前重视教学的大环境下，教学研究项目今后仍能保持增长势头——这对于本学科的研究和发展，无疑是极为有利的。

有利条件之三是相邻学科专家、学者的支持与帮助。以我系为例，在1999年召开“过关考试专家研讨会”时，就请来了史学所、中文系、古籍所的多位专家，他们对古汉语过关考试和历史文选教学的各个方面都提出了许多高屋建瓴的意见，对我们的教学改革起到很大推动作用。在此也对各位专家再次表示由衷的感谢!!

各大学的中文系有着丰富的古汉语教学经验，其中许多都是我们历史文选教学可以借鉴的。例如我校中文系的专家邹晓丽先生，多年从事教学工作，她撰写的数部古汉语专著深入浅出，对我们的教学改革极具启迪意义。在2002年的会议上，许多相邻文科系、所的领导和专家光临，这本身对我们就是很大的支持和鼓舞。本学科在今后的道路上，仍要不断向相邻学科的专家请教，汲取相邻学科的好经验。

二、对今后深化教学改革的一些初步想法

其一是要更加注重将教育学、教育心理学原理运用于教学改革之中。教育部《全国教育科学十五规划要点》中明确指出：“教育学、心理学理论知识的普及工作，应当作为教育科学事业的重要组成部分。”又指出：“在事关21世纪初我国教育改革和发展的具有战略性、全局性、前瞻性重大问题的研究上，要比较及时地拿出有价值、有分量的新成果；积极探索有中国特色教育的发展规律。”这些对于本学科同样是完全适合的。

我们“中国历史文选教学研讨会”从第一次召开至今，已有18年了。18年内出版的四部论文集，广泛探讨了与历史文选有关的各方面理论问题，充分显示出本学科同仁们在理论方面的孜孜求索。

从上述四部论文集中不难看出：许多优秀教师已经将教育学、教育心理学原理运用于课堂教学，如果今后能有更多教师更加自觉地这样做，并将这方面的好措施、好经验及时升华为论文，那么一定会将本学科的理论水平提升到一个新境界。

其二是应加大课程深度。近年来中学文言文课水平不断提高，已发生很大变化。对于这些变化，有人进行了深入研究与精确统计，并编纂成《中学文言文索引词典》，其编纂动机，就是因发现“十年间（大学古代汉语的）教学效果之所以愈来愈不能尽如人意，关键在于我们对中学文言文教学的实际情况不明，教学的立足点与出发点偏低了”[①]。此言虽为中文系教师所发，但他对中学有关情况的统计与分析，对历史文选课同样具有深刻意义，因为两系学生在中学的文言文基础是完全相同的。

近年来出版的教材多数已注意到了这个问题，并采取了若干改革措施，主要有：

1. 扩展选篇的广度：早期的《历史文选》，选篇绝大部分是史部文献；而近些年的教材几乎都是经、史、子、集四部兼收，这种做法显然加大了选篇的难度。

2. 增加辅助内容：辅助内容是指要籍介绍、古汉语语法、工具书简介等等选篇以外的内容。在 1982 年至 1997 年出版的 19 种教材中，辅助内容合计为 7 项；而其后五年出版的 6 种教材中，辅助内容又有发展，如北师大历史系因专门为本课开设了实习室，所以在教材中又增设了实习系列；而张大可先生、郑之洪先生主编的教材中，更编纂了《导读》一书，集中介绍辅助内容。这些无疑也增

---

① 韩峥嵘：《古汉语文献导读》，《前言》第 5 页。

加了课本的深度。

3. 是北京师范大学的教材中，将编纂的新思路确定为“以‘小学’的内容（主要是实用部分）统领历史文选教学，以达到切实提高学生素质与能力的目的”。这样确定编纂思路的主要目的之一就是要加大教材的深度，从而使新教材适应中学的变化。

据悉，现在又有一些院校在筹备编写新教材，相信他们也会充分注意这一问题的。

其三是要进一步改革教学方法，切实提高学生的能力。以往的四部论文集中，不乏这方面的精彩篇章；在 2005 年的会议上，也有不少同仁在这方面给我们带来了惊喜。

我们教研室在这方面也作了两项尝试。一是建立古文实习室。1994 年，国家教委在我系建立文科基地，当时在系领导大力支持下，我们为历史文选课专门开设了“古文实习室”，至今已有十一年，其间几位任课教师组织了多种形式的实习，每学期至少两次。关于这些实习的总结，在 2002 年会议期间我们已印成材料，供与会者批评。

二是古汉语过关考试。自我系成为文科基地后，就已确定要进行古汉语过关考试，不过关者不授予学士学位。而当时的学生 1998 年才毕业，因此过关考试的实施也是在 1998 年，至今已进行了七届。

设立古汉语过关考试，对提升历史文选课在各院校中的地位，特别是提高本课在学生心目中的地位，都颇有益处。这方面的材料在 2002 年的会议上也印发了，以便各位与会者品评。并希望今后古汉语过关考试也能像英语四级、六级那样，分出等级，而且推广到所有相关学科。

其四是要更多地运用现代化教学手段。"四号文件"指出:"在教学活动中应用现代信息技术,是提高本科教学质量的重要手段和措施。""国家重点建设的高等学校所开设的必修课程,使用多媒体授课的课时比例应达到30%以上,其他高等学校应达到15%以上。"我们历史文选课的教师,以往主要是钻故纸堆,四号文件的要求,对我们来讲可能比其他学科要更为困难些。然而我们也高兴地看到:几年前就已有同仁在这方面作出了努力,如制作历史文选课的多媒体课件等。今后这方面仍是我们教学改革的努力方向。

其五是让历史文选课更大规模地走向世界。近年来本学科已呈现出走向世界的趋势:如复旦大学国际文化交流学院专门为留学生开设了历史文选课,2002年会议上他们提交的论文《外国留学生历史文选教学略论》,就是他们教学经验的升华。此外,北师大历史系一名长期在日本任教的学者,也将我系的《中国历史文选》教材带到了日本,准备向日本的中国史研究生讲授。这些情况都显示出本学科已经走出了国门、迈向了世界。

近年来随着我国经济的高速发展,国际地位不断提升,其他国家对中国的关注度也日益增长,"进入九十年代之后……世界对汉语的需求猛增"①,2004年奥运会之后,由于中国取得了令人瞩目的好成绩,从而使中国的国际形象大为提升:"2004年,外国人到中国学汉语的一共7.7万人。与此同时,全世界五大洲学习汉语的人数是3000万。"②全世界开设汉语课国家的数量也明显增长。2008年奥运会已指日可待,这次体育盛会必将更大幅度地提升中

① 许嘉璐在北京师范大学汉语文化学院"十一五"规划研究制定会上的讲话,《北京师范大学校报》2005年12月15日,第一版。

② 同上。

国在世界民族之林的地位，使世界各国更加关注中国，由此也必将给我们学科的发展带来新的机遇："根据国外的需求和我们的接收能力，大概到2010年，来华学习汉语的人数要翻一番，那就是到15到16万人……全世界学汉语的（人数）要达到1亿。"[①]上面这些数字生动表明了世界各国对汉语需求的迅猛增长之势，而外国人对历史文选课的需求必然会随着这一增长而不断增强。今后我们在教学改革中，必须认清这种形势，摸索新的教学方法，从而使我们的教学能够适应外籍学生的特殊要求；与此同时，积极与海外的大学联系和交流，使我们的历史文选课在更多国家和地区开花结果。

三、本学科发展的特殊重要意义

历史文选课是历史系的基础课。大学里基础课很多，然而笔者以为，这门基础课却有着极为特殊的重要意义——它与弘扬中华文化息息相关。

中华几千年的灿烂文化，在实物方面，有震惊世界、被誉为第八大奇迹的秦始皇兵马俑，有在月球上用肉眼能观察到的两种人类建筑物之一的万里长城，有改写世界音乐史的大型编钟，有不断出土的大量竹简，以及尚未发掘的秦始皇陵、唐陵、宋陵、明陵，等等等等；文献方面，全世界研究彗星、地震等自然现象的学者，都要到中国的文献中寻觅世界仅存的两千多年来的原始记录；思想方面，更有以《周易》、《老子》、《孙子兵法》、《黄帝内经》等为代表的极

① 许嘉璐在北京师范大学汉语文化学院"十一五"规划研究制定会上的讲话，《北京师范大学校报》2005年12月15日，第一版。

为深邃的智慧结晶，它们不但吸引了我国数千年来几乎所有最优秀的思想家、知识分子的关注与研究，而且对世界上最杰出的思想家、科学家，如黑格尔、爱因斯坦、莱布尼茨、李政道等等，都有过深刻的启迪。这些辉煌成就，今天仍在为祖国的物质文明、精神文明建设不断发挥着重大作用。

我常常对学生讲：诚然，与发达国家相比，我们国家目前在不少方面是落后了，但是总有一天，我们能够赶上甚至超过它们先进的科学技术。而上述中华文明几千年的辉煌成就，却是任何发达国家永生永世都无法企及的！为此，作为一名中国人，我感到无比的骄傲，无比的自豪！

而要研究这些中华文明的成就，除对实物的发掘、研究外，对出土与传世文献的研究就是最重要的途径。从这种意义上讲，历史文选课的传授、本学科的发展，就是直接关系到中华文明的继承与弘扬的大事，关系到新世纪里中华民族腾飞的大事！

如果说，英语学习是通向国外文明的道路，那么，历史文选、古汉语的学习就是打开中华几千年文明宝库的金钥匙，是通向先哲智慧的阶梯，是新世纪里中华民族腾飞的一双翅膀！

想到这些，我们更加感到肩上担子的分量，我们的教学改革也因此而充满了前进的动力！！

附 后：

绵绵不绝的思念

——忆父亲汝龙先生和母亲文颖女士

巴金说："他让中国读者懂得热爱那位反对庸俗的俄罗斯作家。他为翻译事业奉献了自己的下半生，奉献了一切，甚至他的健康，他配得上翻译家这个称号。"他——汝龙，今天的读者似乎正远离这个名字，但肯定还有不少家庭的书柜里，摆着他翻译的契诃夫小说、托尔斯泰的《复活》、高尔基的《人间》……

我的父亲汝龙先生在1991年7月13日22时45分告别了这个世界，至今已15年了，然而直到现在，每过一些天，我都要在梦中与他相见——

他深居简出，社交活动少得不能再少，每天除了吃饭睡觉，就是翻译。在一般人看来，他的生活实在是太单调了，没有周末，没有娱乐，几乎与世隔绝。

父亲用大半生的精力翻译了契诃夫的全部作品，以及托尔斯泰的《复活》，高尔基的《人间》(又名《在人间》)、《阿尔塔莫诺夫家的事业》等许多名著，是国内文学译作数量最多的翻译家之一。他的译作非常流畅，像是创作的小说一样，深得广大读者的喜爱，正如巴金先生所指出的："他让中国读者懂得热爱那位反对庸俗的俄罗斯作家。他为翻译事业奉献了自己的下半生，奉献了一切，甚至他的健康，他配得上翻译家这个称号。”(《文艺报》1996 年 8 月 16 日)

“几十年如一日”这几个字似乎已被人们用滥了，然而真正能在工作中做到这一点却谈何容易。父亲的翻译工作就正是这样。

父亲深居简出，社交活动少得不能再少，每天除了吃饭睡觉，就是翻译。在一般人看来，他的生活实在是太单调了，没有周末，没有娱乐，几乎与世隔绝。翻译是他生活中最重要的内容，也是他最大的乐趣。

解放前父亲是中学教师，身边又有我的两个姐姐，因此白天很忙，只有夜里他才能做自己喜爱的翻译工作，所以年轻时就养成了熬夜的习惯。解放后条件好多了，但他觉得还是夜里干扰少、精力更容易集中。我家住的是独院，每到夜深时，只有父亲屋里的灯光还亮着，透过绿色的灯罩，把玻璃窗也染成莹莹的绿色——现在一闭上眼睛，我还能看到那片柔和碧绿的灯光。

几十年来彻夜工作已经成了父亲的惯例——我常常想象父亲独自一人坐在书桌前，孤灯苦读的情景：周围没有灯红酒绿，没有声色犬马，连一个人影都没有，他面对的只有堆满桌子的书籍，环绕着他的只是贴墙而立的十几个大书柜——几千个这样极端寂静而又无尽冷清的漫漫长夜，他是如何度过的啊！

中国古代的士大夫们很早就提出要“慎独”，意思是说一个人在大庭广众之间做一个谦谦君子还比较容易，而在任何人都看不见的独处之时仍能“不逾矩”，才是最困难的。父亲为了专心翻译，在 20 世纪 50 年代就辞去了大学副教授和系主任的工作，后来的岁月基本上都是在独处的情况下度过的。当时的稿费相当优厚，他有太充分的条件可以享受，然而他却从未停止过辛勤的翻译工作。

由于长年伏案，他患有严重的痔疮，发病时裤子都被血染红了，苦不堪言。这时他仍不休息，而是在椅子上放一个垫子，继续工作。他说，对疾病就得像打仗一样，不能退让；你退一尺，它就要进三尺；你咬牙顶住，它就退缩了。

父亲受到的最沉重的打击是在“文化大革命”开始之后，人民文学出版社贴出了批判他的大字报，说他是反动学术权威；我家也被红卫兵抄了。记得有一天，父亲呆呆坐在屋外的台阶上，目光呆滞，表情木然，一坐就是两个多小时，仿佛灵魂已经离开了他的身体……父亲的精神几乎崩溃了。后来他说起，当时真的认为自己一生的路都走错了，本来以为翻译是在为社会、为人民做好事，结果却是宣扬“封资修”，辛勤劳动的成果却成了罪证，心里的痛楚和无尽的自责是语言所无法表达的。

这样的情况并没有持续很久，各种渠道传来的“小道消息”使他逐渐认识到：“文革”可能是错误的，而他过去的工作仍是有价值的。

从那时起，他又拿起了笔。当时全家人都被赶到达智西巷六号的两间小屋里，和我奶奶挤在一起。唯一的一张大床留给老人用，父亲母亲只能把两张小床摞在一起，睡上下铺。屋子里很挤，走动都要十分小心，才不致碰翻东西。父亲只能在一张很小的桌子上翻译。当时完全没有出版翻译小说的可能，也看不到任何希望，但父亲相信总有一天他翻译的书会出版。

由于“文革”初期的沉重打击，父亲那时的身体已大不如前，经常觉得脑力不够，只好拼命抽烟来提神，结果哮喘病越来越厉害，一犯起来脸都憋成铁青色。当时父亲的稿费也全都上缴了，每个月就靠人民文学出版社给的 100 元“生活费”度日，吃得很差，他的病也得不到很好的医治。然而正是在这段时间里，他完成了契诃夫全部作品的翻译工作，并且开始翻译陀思妥耶夫斯基的《罪与罚》。

“文革”后，父亲得到平反昭雪，房子也解决了，全家人都搬到西便门的高层楼里，父亲的稿费又退还给他，藏书也大部分归还了。父亲为此专门定做了十几个前后能放三层书的大书柜，都塞得满满的。又买了两个大写字台，一个用来翻译陀思妥耶夫斯基的《罪与罚》，一个用来修改契诃夫文集。当时他心情特别愉快，计划着还要翻译陀思妥耶夫斯基的全集。然而由于重病缠身，他未能实现这个愿望。在临终前的那些日子里，他最挂念的就是尚未完成的翻译工作。

父亲对翻译有他独特的理解。他常说，文学翻译不仅要耗费脑力，更要耗费感情；文学就是人学，是研究人的世界观的，是反映人世间的喜怒哀乐的，“你要想感动读者，你自己就要加倍地投入感情，你翻译出的小说才能感人肺腑”。

父亲的遗言中要求我们不要保留他的骨灰，然而他丰富的译作和将事业看得高于生命的精神却永远陪伴着我们。

父亲平时就是一个感情丰富的人，嬉笑怒骂全挂在脸上，高兴起来哈哈大笑，他爽朗的笑声给许多人留下深刻的印象；看电视看到感人之处，他又会像孩子一样泪流满面。

父亲对古今中外的小说都非常熟悉，每当谈起文学名著，他总是眉飞色舞，如数家珍。他最喜欢的书则是《红楼梦》，他常说，每当脑子发木、感到翻译的语言不流畅时，他就要拿出《红楼梦》读上几页，再回来翻译，笔下就顺畅了。

他对当代文学也很关注。晚年时，我姐姐借来了金庸的小说，他一看起来就放不下，常常一口气看到天亮。他看了老鬼的《血色黄昏》后说，这本书受《水浒》的影响很深，对人物的刻画既深刻又生动。对张洁、蒋子龙等当代小说家的作品，他也十分赞赏。

母亲在负担全部家务的同时，也翻译了若干部俄国小说。他们常在一起讨论翻译中遇到的问题。每当电视里播放反映俄国社会的电影时，他们都看得非常仔细，父亲常会指着荧屏上的一件器物对母亲说："快看！这就是书上写的那种东西。"

为使译作更为生动，父亲十分注意提高自己的艺术修养。20世纪50年代时还没有现在这样的音响，他买了当时最好的一种美国进口的收唱机，那收唱机看上去像个厚厚的书柜，左上部分是收音机，除中波外，还有八个短波波段，右上部分是一个能自动送唱片的唱机，左下部分是硕大的低音音箱，右下部分是一个很大的柜子，里面放满了古典音乐的唱片。每当父亲觉得没有翻译出原作激情的时候，就停下笔，听几张激扬的古典音乐唱片，再回来翻译。

他还以高价买了一套日本出版的《世界美术全集》，共20余巨册，里面收藏了世界各国各个时期的名画，精美绝伦。他在翻译感到疲劳时，就取出来翻阅。

父亲对自己的译作要求极为严格，每次出版前都要反反复复修改。他一生中仅废弃的译稿就多达百万字。

父亲的往事中有一幕深深刻在我的脑海里，根本无法忘却——虽然已时隔15年了，然而仍然像昨天刚发生的那样清晰——

那是在父亲去世前的五个多月，他住在北京朝阳医院呼吸科的一间不大的病房，房间两侧各摆了四张病床，父亲的床位离门口很近。当时由于肺气肿、肺心病、肺脑病、糖尿病等一系列重症，引起大脑严重缺氧，他已经是一阵清醒、一阵昏迷了。八张病床的病房不但相当挤，而且时时有人大声说话，很是嘈杂。大约是下午三点多，一位老大夫领着四位年轻大夫来查房，正倚在被子上休息的父亲眼睛突然一亮，指着那位老大夫对我清晰地说："你看！那是位著名的导演，他一生中执导了许多部精彩的电影。"他随口背出了一长串影响深远的电影片名，然后说："企和，你要记住他，以他为你做学问的榜样啊！"——我听着心里止不住一阵阵的酸楚，泪水模糊了视线……

骑车回家的路上我想：文学艺术已经浸透了父亲的每一个细胞，以至他在说胡话的时候都是那么清晰，那么高雅，那么富有诗情画意——这是何等难以企及的境界啊！

父亲的遗言中要求我们不要保留他的骨灰，然而他丰富的译作和将事业看得高于生命的精神却永远陪伴着我们。

巴金为当时苦闷的青年指出了一条光明大道，就是为人类服务，甚至为人类献身。这个高尚的人生目标把父亲从悬崖边上拉回来，使他看到了崭新的、真正有价值、有意义的人生。

父亲曾不止一次地回忆过他年轻时的荒唐与苦闷："那时我整天无所事事，说是在一个'野鸡中学'念书，其实大部分时间都是泡在戏园子里听戏。你爷爷经常教导我要做大官、光宗耀祖，我心里却想：祖宗我根本没见过，凭什么要为他们活着啊！而且看着周围那些大官，尽管飞黄腾达、穿金戴银，却丝毫引不起我的兴趣。”父亲说由于看不到出路，找不到人生的意义，心里极为苦闷，他几乎要堕落了。

这时，是巴金的书拯救了他——巴金为当时苦闷的青年指出了一条光明大道，就是为人类服务，甚至为人类献身。这个高尚的人生目标把父亲从悬崖边上拉回来，使他看到了崭新的、真正有价值、有意义的人生——“正是这个理想挽救了我，使我没有变成坏人。她更支持了我一辈子。”

巴金挽救了我的父亲，也成为他终生的良师和最好的朋友。父亲常常对我们讲起：当年选定做文学翻译工作之后，他曾为选择莫泊桑还是契诃夫而感到困惑，是巴老的指点，才使他数十年里翻译了契诃夫的几乎全部作品。

20 世纪 50 年代，巴老常常到我家来做客，他与父亲一谈就是几个小时，有时甚至会有激烈的争论。父亲常说，尽管巴老是他的老师，可是他觉得对的还是要坚持，“我们是越争越亲近啊”。可惜我那时太小，完全听不懂他们在说些什么。

父亲心中一直以巴老为榜样，他经常说：“李伯伯(巴老本名李芾甘，所以我们叫他‘李伯伯’)最谦虚，最不喜欢别人吹捧他。”他自己也是这样。“文革”那场十年浩劫，夺走了许多文学巨匠的生命，“文革”后，比父亲资历更深或相仿的文学家、翻译家已经所剩无几了，因此十几家报社、杂志社的记者先后到我家来采访父亲，请他谈人生的经历、对文学的感悟、对契诃夫及其作品的理解等，父亲一概婉辞谢绝，只是给每位记者一张巴掌大的复印件，上面是三四百字的学术简历。记者走后父亲常说：“李伯伯那么高的成就，都没有写回忆录，我还有什么资格谈文学、谈人生啊！”

父亲不止一次讲起巴老和我的一段趣事：一次巴老前来找父亲，不巧他和母亲都出去了，只有我在家里，我那时大概是五六岁吧，看到这位笑眯眯的老人，不知该怎么招待他，就把我平时最爱看的几本小人书都拿了出来。父亲说他们回到家时，看见巴老和我都趴在大沙发前的矮茶几上，津津有味地看小人书呢。父亲不禁哈哈大笑……七八天后，巴老又来做客，他双手抱着一个木箱，里面装着满满一箱崭新的五彩缤纷的小人书！那是他专门送给我的礼物，我高兴得快蹦上了天——每次听父亲讲起这段往事，我都为巴老那博爱的胸怀和纯真的童心所深深感动！

父亲常对我们说，契诃夫最痛恨的就是平庸的市侩，碌碌无为地过一辈子，那简直和猪狗没什么两样。他特别希望我们不要受社会上庸俗风气的浸染，保持心灵的纯净，全身心地投入到事业中去。

我家有四个孩子，我是唯一的男孩，年龄又最小，父亲不但从未娇惯过我，而且小时候我从父亲那里得到比姐姐们更多的，只是严厉的训斥。

父亲的严厉是期望我们成为国家的栋梁之才。从姐姐很小的时候起，父亲就买了许多科学家的传记，如爱因斯坦、居里夫人等等，让我们认真阅读。他常对我们说，契诃夫最痛恨的就是平庸的市侩，碌碌无为地过一辈子，那简直和猪狗没什么两样。他特别希望我们不要受社会上庸俗风气的浸染，保持心灵的纯净，全身心地投入到事业中去。

《哥德巴赫猜想》一文发表后，父亲特别兴奋，不但让我们认真阅读，而且后来多次提到文章中的许多细节。我读后立刻感到：陈景润正是父亲多年来让我们学习的最佳典范——对事业达到极端痴迷的程度，就连日常生活都与一般人大不相同了。父亲也常说，人和人的智力条件并没有很大的差别；你只有比常人多付出几倍的努力，才能做出超乎常人的成就。

“身教胜于言教”，父亲用自己的一生，为我们树立了最好的榜样。

除了勤奋之外，父亲给我印象最深的一点就是他的渊博。从小时候一直到我上大学以后，每当我问起某个中国或外国历史事件，尤其是人物，他总能绘声绘色地告诉我来龙去脉。父亲非常善于言辞，一件平平淡淡的事经他一讲，就会变得声情并茂。我甚至想过：父亲怎么什么都知道呢？直到父亲去世后，整理他近20个大书柜的藏书时，我才找到了答案。

父亲还是我数学方面的启蒙教师。小学三四年级时，我们开始学习解应用题，开始我并不太感兴趣，父亲就买了许多习题集让我做。每当我做不出来时，父亲从来不直接告诉我答案，而是一点一点地启发我，直到我自己找出解题的方法。在这样的培养下，我的解题能力提高很快，对算术的兴趣也越来越浓。后来我以算术100分的成绩考入北京最好的中学——北京四中，显然是父亲培养的结果。只可惜其后的“文化大革命”，粉碎了我成为数学家的美好的梦。

大学毕业后，我留在系里教书。在教学方面给我指导和忠告最多的也是父亲。

他解放前一直是中学教师，解放后又曾在大学任教。听说我留校后，他非常严肃地和我谈了四五次话。第一次是在我上课之前，他对我说：“学生就是上帝——学生不爱听课，永远是老师的错。你永远要去适应学生，而不能让学生适应你！”“不要总以为自己高明，学生理解能力差。”他还说，解放前他们教书时，学生是自己花钱来听课的，老师教得不好，学生就要起哄，告到校长那里，那个老师就得卷铺盖卷走人；他曾多次目睹一些教不好课的老师抹着眼泪离开学校的悲惨情景。“你现在虽然没有饭碗问题，但仍然要对学生负责。他们就是国家的未来，你可不能误人子弟啊！”

后几次谈话时，他第一句话总是问我：“学生的反映怎么样？”然后再把自己多年的教学经验一一传授给我。正是由于父亲的谆谆教诲，我从一开始就特别重视教学工作，投入了大量精力；我教的课，学生都很爱听。近年来，我们的教学工作先后两次荣获北京市级高等教育教学奖，新编教材也获得国家级优秀教材奖。看着金灿灿的奖状，我耳边又响起父亲当年苦口婆心的教导——在教学方面，父亲也是我最好的老师！

父亲对我们的关爱不仅表现在日常的生活小事上，更表现在决定我们命运的关键时刻，其中最令人难忘的就是我插队最后一年发生的事情了。

那是1977年底，我已在远离北京五千里地外的黑龙江兵团“军垦”了漫长的九年。那时“四人帮”已被粉碎，当年支持我们抵御东北的严寒、严重超负荷的劳动、极其单调的生活理想早已破灭了。身边的同伴95%以上都回到温暖的家中，剩下的人越来越少，当时我们唯一的盼望就是回北京。父亲母亲对我们的悲凉景况非常了解，一直在为我办“困退”(即以家里父母生活无人照料为由要求调回插队的孩子)。就在这时，1978年高考的消息传来了：“老三届”的学生仍然可以报考，而且可以直接报考北京的大学。没过多久，我收到父亲的来信，告诉我办“困退”彻底失败了。我拿着信呆愣了许久,意识到要想回北京,就剩下考大学一条路了。

只有背水一战了。我又翻出阔别十几年的中学课本,父母也寄来许多复习资料,天天用业余时间拼命地背。几个月后,我终于以380分的成绩考上了北京师范大学历史系。收到录取通知书时,我一个人钻到小树林里嚎啕大哭……

回到家里之后,母亲才告诉我:就在高考前的两个月,我家的“困退”终于办成了;家里一直瞒着我,是因为父亲担心我一回到北京就不想考大学了。

今天回想起这件事,我仍对父亲充满感激之情——因为当年假如先回到北京,高考之前正在路上奔波,即使参加考试,也绝对考不出这样的好成绩。

母亲的书柜里,摆满了父亲的译作,从解放前出版的库普林的《玛亚》,到近年出版的《契诃夫文集》、《契诃夫小说全集》,以及各种版本的《复活》、《契诃夫小说选》等。每当看到这个书柜,我就仿佛看到父亲那生动的面庞,仿佛听到他娓娓动听的言谈。父亲辛勤笔耕的一生,永远是激励我前进的动力。

母亲是非常典型的贤妻良母,父亲之所以能够取得很高的成就,与母亲毕生的无私奉献显然是密不可分的。

人们常说:一位成功的男人背后,必定有一位贤惠的妻子。我母亲就正是这样一位贤淑而伟大的女性。

母亲本名周佩珍,笔名文颖。她是非常典型的贤妻良母,父亲之所以能够取得很高的成就,与母亲毕生的无私奉献显然是密不可分的。

父母在解放前的情况我了解得很少。他们都是1916年生人，都属龙。他们的家境都很好：祖父曾经做过大同机务段的段长，外祖父更是当时北京精益眼镜公司的经理，因此他们从小都是吃穿不愁，生活相当优裕。我祖父和外祖父还是好朋友，曾在关键时刻相互帮过忙，所以父母很早就认识。父亲没有念大学，母亲则在大学的数理系学习。抗日战争爆发后，他们不愿做亡国奴，毅然抛弃了舒适的生活，双双逃离北京，本来是随妈妈上的西北联大走的，后来因为母亲怀上了我大姐，就到了大后方四川。父亲曾在去四川的路上写了一篇小说《一日》，而且在当时的一份杂志上发表了[但是那时他们在偏远的小镇教书，所以直到解放后才知道。父亲去世后，我在北京图书馆（即今天的中国国家图书馆）找到了那本杂志，纸张已经泛黄了，我小心翼翼地复印了这篇小说。后来它在1996年的《作家》杂志上再次发表]。那篇小说所描写的正是当时他们的真实情况和心境——生活无着落，看不到前途，而又怀揣一颗火热的心。

八年抗战期间，父母一直在四川，以教书为生。他们在那里没有一个亲人或朋友，生活各方面都要靠自己。那八年里给他们印象最深的事情就是躲避日本飞机的狂轰滥炸——母亲曾说他们能够活到今天已经很不容易了，许多人就倒在他们面前——这些惨状成为追随他们终生的噩梦。当时由于父亲脾气太过耿直，常常因为支持学生的正义要求而与校长发生矛盾，所以经常更换学校。八年颠沛流离的生活，再加上母亲又生养了三个孩子，其艰难可想而知——更何况母亲从小过的是衣来伸手、饭来张口的大小姐生活，这八年对她来讲就更加不容易了，母亲的身体也因此几乎拖垮：她患上了严重的胃溃疡，解放那年又得了肺结核，这在当时是致命的疾病。后来结核病虽然治愈，但胃病却日渐严重，因此身体一直很虚弱。

几十年来她就是用病弱的身体支撑着我们全家。父亲整日埋头书斋，家里的一切事情都要母亲操持。我出生时，只有我大姐上小学了，三姐、四姐（二姐在四川早夭，父母保留了她的排行以寄托思念）都还小，当时母亲的操劳程度也就可想而知了。

母亲对父亲的照料真正是无微不至。父亲由于工作中消耗很大，对一日三餐要求比较高，母亲不但千方百计地变换每天的菜肴，而且每逢去餐馆用餐时，都要详细询问父亲爱吃的菜的烹饪方法，回家后一一做给父亲品尝。若干年后我才知道，那些菜肴的烹制方法都是非常繁杂的。

由于父亲习惯熬夜工作，母亲每天睡前都要精心为父亲准备夜宵。父亲生病时，她更是寸步不离，像照顾孩子那样照料着父亲。

母亲解放后没有在单位工作过，但是在服侍好父亲和全家老小的同时，她也翻译了三部著作，即陀思妥耶夫斯基的《穷人》、《少年》和马卡连柯的《塔上旗》。父亲常对我们说，母亲译文中感情的细腻、行文的纤巧，都是他远不能及的。

父亲去世后，母亲没有说什么想念父亲的话语，却是大病了一场……

母亲心里总是挂念着别人，却很少为自己打算。她在人生的最后时刻，放心不下的还是我的姐姐们。

母亲给我们的最深印象就是她那颗善良无私的心，这种善良和无私不仅表现在为父亲作出的毕生奉献，也表现在她给予周围一切人的慈爱上。

母亲对周围的邻居都很友善。由于父亲的忘我工作,“文革”前就出版了大量译作,稿酬自然相当可观,因此我家当时很惹眼,经常有人向母亲借钱。时间一长,母亲总结出了一条借钱的“法则”:“借钱的时候,你就不要指望着还钱。”

20世纪60年代初,街道上为孩子们办课外学校,请母亲去当老师。一个八九岁的男孩经常在课堂上胡闹,还时常欺负弱小的同学。母亲对他的管教不但没有得到他家长的配合,反而使他们心怀不满,一有机会就向母亲寻衅闹事。母亲把委屈埋在心里,从不和他们正面冲突,而是以德报怨,在管束孩子的同时给他更多的关爱。母亲的宽宏大度使孩子的家长最终明白她所做的一切都是出于对孩子的爱护,从而消除了误解。

母亲从不介入邻居间的矛盾与不和,而且总是利用一切可能的机会去化解双方的不满。母亲的宽厚使得邻居们和我家的关系都很好——这点在那场大浩劫中却意外地起了很大作用:父亲母亲因此而没有受到来自街道“红卫兵”的任何批斗或体罚,否则以他们的性格,一定会像老舍那样宁可死也不受侮辱。

人们总说婆媳关系最难处,而我祖父母自“文革”前就由父亲接来北京,一直到最后去世,二十多年里,祖母和母亲从来没有红过脸,相处得还十分融洽。母亲像照顾自己的双亲那样呵护着两位老人,使他们度过了宁静而幸福的晚年。祖母活到92岁高龄,由于高血压中风,她在走前的几天失去了自理能力,母亲深知她特别喜欢干净,就天天为她擦洗,直到她离开人世。

母亲对我的妻子也很宽厚,她们相互间是真诚的尊重和关心,没有丝毫的芥蒂。每次妻子来看望老人,母亲总是关切地询问她各方面的情况，最后总要叮嘱她注意身体，不要因为年轻而过度消耗。妻子也不止一次由衷地对我说：婆婆真是一位了不起的女性！

父亲和我五叔的关系很好，“文革”前五叔已有三个孩子，他们常常是全家一齐来我家做客，那时也是母亲最繁忙的时候：要做十来个人的饭菜，还要招呼好几个小孩。即使是在家里有保姆的时候，母亲也要忙得满头大汗，甚至累得第二天才能缓过劲来，然而母亲对此从来没有怨言。

她对我们几个孩子的照顾更是细致入微，在父母的关爱下，我们度过了金色的童年时光和无忧无虑的少年时代。“文革”中，我和四姐都到五千里以外的黑龙江兵团“军垦”，生活极为艰苦。探亲时母亲看到我穿的衣服都很旧，想给我买件新衣服。可那时全家的生活费仅有一百元，根本买不起，于是母亲就开始学习剪裁。两年后我再探亲时，母亲拿出亲手缝制的新衣服给我穿上。穿着母亲一针一线做的新制服，看着母亲双鬓新长出的白发，我心中不禁一阵酸楚……

母亲心里总是挂念着别人，却很少为自己打算，正因为如此，她对生死问题的态度非常豁达，对死亡没有丝毫的畏惧。20 世纪 70 年代中期，母亲被诊断为胃癌，一下子把胃切除了三分之二。一般人胃部肿瘤直径超过一厘米就要发生癌变，她的胃瘤已超过 2.5 厘米，却居然是良性的，医生们都认为实在是个奇迹，而生活在她周围的我们却并不感到吃惊——正是她豁达的心胸，抑制了癌细胞的猖獗。

80 年代末，她又得了类风湿，不仅手脚上的小关节又肿又疼，而且四肢上的各大关节都变了形，经常剧痛难忍，行动也越来越不方便。在最后的半年多里，她拒绝吃已经服用了十几年的治类风湿的药，而且经常挂在嘴边上的一句话就是"老天爷怎么还不让我走啊"。

然而在2005年10月15日，就是她辞世那天，傍晚六点钟，她停止了呼吸。六七位大夫护士跑来急救，在呼吸机的帮助下，她又两次恢复了自主呼吸，久久不能咽下最后一口气。负责为她抢救的是一位有几十年急救经验的老大夫，她说："你母亲出现了两次奇迹！"沉吟片刻，她又说道："据我的经验，这就是老百姓常说的心里有事放不下啊！"她一说，守候在母亲身旁的四姐和我立刻明白了——我大姐和三姐都远在万里之遥的国外，母亲在生命的最后时刻，放心不下的还是她们啊！

母亲的善良现在流淌在我们四个子女的血液中，成为留给我们最珍贵的遗产。

由于很少私心，母亲时常像局外人一样，清醒而冷静地观察着世界，从而得出一些发人深省的结论。

比如对那场史无前例的"文化大革命"，母亲有一个最简洁明了的概括，那就是："把一切神圣、美好的事物都破坏了"——可不是吗，解放以后涌现出许多杰出人物和典型，如科学界有众多著名科学家，文艺界有诸多艺术家，等等，他们在百姓心目中拥有神圣的地位，"文革"中却统统被打成"反动权威"、"封资修的孝子贤孙"，被"打翻在地又踏上一只脚"，而那些往日躲在阴暗角落里的无赖瘪三却摇身一变成了造反英雄。

"文革"以后，在发展生产力的同时，社会上拜金的思潮也空前泛滥，这时母亲又常常对我们说："人把钱看得太重，就会没有感情了。"这句看似平淡无奇的话，恰恰入木三分地道出了现实社会中所上演的一幕幕人间悲剧的根源。她讲这话的意思，也是在告诫我们：人间最值得珍惜的是人与人之间的感情，而绝不是金钱。

母亲的一生实在是太平凡了，她走时没有引起任何新闻媒体的注意，然而在熟悉她的人们心中，特别是在我们儿女心目中，她永远是那么高雅，那么美丽，永远活在我们心灵的最深处……

丙戌清明敬上